U0518441

21世纪普通高等院校系列规划教材

出纳实务教程

Chuna Shiwu Jiaocheng

（第二版）

主　编　胡世强　杨明娜　刘金彬　王积慧

西南财经大学出版社

图书在版编目(CIP)数据

出纳实务教程/胡世强等主编. —2 版. —成都:西南财经大学出版社,
2017.4

ISBN 978 - 7 - 5504 - 2932 - 1

Ⅰ.①出… Ⅱ.①胡… Ⅲ.①出纳—会计实务—教材 Ⅳ.①F233

中国版本图书馆 CIP 数据核字(2017)第 082048 号

出纳实务教程(第二版)

主编:胡世强 杨明娜 刘金彬 王积慧

责任编辑:孙 婧
封面设计:杨红鹰 张姗姗
责任印制:封俊川

出版发行	西南财经大学出版社(四川省成都市光华村街 55 号) 四川远程电子出版社
网 址	http://www.bookcj.com
电子邮件	bookcj@foxmail.com
邮政编码	610074
电 话	028 - 87353785 87352368
照 排	四川胜翔数码印务设计有限公司
印 刷	四川森林印务有限责任公司
成品尺寸	185mm × 260mm
印 张	18.75
字 数	395 千字
版 次	2017 年 4 月第 2 版
印 次	2017 年 4 月第 1 次印刷
印 数	1— 3000 册
书 号	ISBN 978 - 7 - 5504 - 2932 - 1
定 价	37.50 元

1. 版权所有,翻印必究。

2. 如有印刷、装订等差错,可向本社营销部调换。

3. 本书封底无本社数码防伪标识,不得销售。

第二版前言

出纳实务是会计学专业和财务管理专业的主要专业技能课程，作为该课程的配套教材，《出纳实务教程》第一版出版至今，会计、出纳环境发生了较大变化。我国会计、税收、金融等改革深入进行：2016年我国全面实行税收"营业税改增值税"政策，第五套人民币2015版发行，互联网结算方式被广泛应用，《企业会计准则第39号——公允价值计量》《企业会计准则第40号——合营安排》发布，《企业会计准则第30号——财务报表列报》《企业会计准则第9号——职工薪酬》《企业会计准则第33号——合并财务报表》和《企业会计准则——基本准则》得以修订，财政部陆续发布了《企业会计准则解释第5号》《企业会计准则解释第6号》《企业会计准则解释第7号》等。

这些改革不仅给出纳与会计实务带来了变化，也对高校的出纳实务与会计教学提出了新的要求，进而要求我们的教材必须适应这些变化。

根据会计环境的变化，加之对出纳实务教学规律的进一步认识，我们对本教材第一版进行了全面修订，形成了《出纳实务教程（第二版）》。

在市场经济条件下，货币资金渗透于社会经济生活的各个领域，任何单位的经济活动都是以货币为交换手段来实现的，都必须通过出纳进行现金和银行存款的收支活动来完成。出纳工作是企事业单位经济工作和会计核算的前哨阵地，同时出纳工作受国家的经济政策影响较大，出纳工作必须适应国家会计、金融、财政、税收等政策的变化。作为企事业单位会计人员的主要组成人员——出纳人员要成为各单位的好管家必须具备基本素质和技能；作为会计专业的学生必须具备出纳人员的基本素质，掌握出纳人员必须具备的知识与职业技能。出纳实务课程将有助于实现这些目标。

出纳实务是会计学专业独立设置的专业课程，并在成都大学2005级会计学专业开设。经过9年教学、实践与研究，该课程已形成完善的理论体系和知识体系，得到了广泛的认可，已成为会计学专业的主干专业技能课程。该课程是培养应用型会计人才、提高会计专业学生专业技能的重要途径和手段，受到了师生们的一致好评，促进了会计学专业建设。出纳实务课程于 2009 年成功申报成为四川省省级精品课程，于 2015 年申报成为四川省课程。

为了适应出纳实务课程教学与研究的需要，胡世强编著了《出纳实务》一书，用于课程教学。该书于 2007 年由西南财经大学出版社出版发行，于 2008 年第 2 次印刷；2009 年修改后出版《出纳实务》（第二版）；2012 年又修订出版《出纳实务》（第三版），2013 年该书第 2 次印刷。该书 2014 年 5 月入选第二批四川省"十二五"普通高等教育本科规划教材。随着出纳实务课程建设的不断发展，该书在教学上存在一定的不足；同时随着我国会计、银行、税收等改革的深入进行，对出纳实务工作与出纳人员素质都提出了新的、更高的要求，其教材必须与时俱进。因此必须更新现有教材。

我们在《出纳实务（第三版）》的基础上，结合最近几年来的研究成果以及四川省省级精品课程出纳实务课程建设需要与教学实践情况，遵循教学规律，按照应用型会计专门人才培养目标的要求，重新编排体系，编写了一本全新的、与精品课程建设配套的出纳实务专业教材。

本教材是《出纳实务》的升级版，继承了它的先进理念和科学合理的内容；同时增添了新的研究成果与内容，并对教材体系进行了重新编排，更加注重在会计、出纳理论的指导下，强化职业技能的应用与实验，教材每一章后面都有配有思考题、讨论题，并安排了强化出纳技能的实验项目。

这次出版的《出纳实务教程（第二版)》对第一版的部分内容进行了修订，特别是根据电子网络技术的高速发展，互联网支付结算的不断创新与广泛应用，增加了互联网结算方式等相关内容。

本教材分为四篇十章：第一篇为理论篇（含第一章绪论），第二篇为技能篇（含第二章八种出纳技能），第三篇为规范篇（含第三、四章现金和银行存款管理规范），第四篇为实务篇（含第五至十章，包括发票、现金、银行存款、银行支付结算、办税、票据等实务）。

本教材创新点在于将出纳理论、知识、方法形成了较完善的体系，系统、全面地研究与总结我国出纳的基本理论与方法，结合我国会计、金融、税收等改革最新成果及最新法规，融入国内外最新出纳与会计的理论与方法；同时我们在深入研究我国出纳实务课程教学的现状及发展趋势，分析学生学习出纳实务知识与技能的特点基础之上，紧密结合出纳实际工作和会计改革实际编写了本教材，

本教材的特色是针对性强和适应度高。本教材针对应用型高校培养高素质、应用型的会计学、财务管理专业人才目标，适应该专业本科教学的实际情况，特别注重出纳理论对出纳实践的指导作用，不仅对专业课程教学具有积极意义，而且促进了应用型会计专业人才培养目标的实现；教材中概念准确、清晰，结构合理，层次

分明，条理清楚，深入浅出，通俗易懂，讲求实效，特别是每一章后面的实验项目，对出纳技能的养成具有积极的引导与示范效用。

本教材不仅能够满足会计学专业、财务管理专业以及其他相关专业学生学习出纳实务课程之需要，而且对指导出纳实际工作作用明显、有效，故也可作为广大会计人员的参考用书。

本次修订工作由成都大学胡世强教授和王积慧高级会计师完成。

本教材由成都大学胡世强教授、杨明娜教授、刘金彬副教授、王积慧高级会计师担任主编。本教材具体写作分工如下：胡世强撰写第一、二、三、五、七、八、十章，杨明娜撰写第四章，刘金彬撰写第六章，王积慧撰写第九章。最后由胡世强对全书进行了修改、补充和总纂定稿。

由于编者水平有限，加之我国会计、金融、税收等改革正在深入进行，书中难免有疏漏和不足之处，恳请广大读者批评、指正。

胡世强

2017 年 3 月于成都

目录

Contents

第三篇　规范篇

第一篇　理论篇

- 出纳的内涵与外延
- 出纳理论基础
- 出纳工作的内容及核算方法
- 出纳人员与出纳机构
- 出纳的工作流程

第一章 绪论

第一节 出纳的内涵与外延

一、出纳的内涵

（一）出纳的含义

在现代经济生活中，出纳是所有企业、事业、机关、团体及组织等单位会计工作中最基础，也是最具体的事务工作。它是利用货币形式对各单位的经济活动过程中的现金及银行存款收入、支出和结存的管理与核算活动，其目的是实现单位货币资金的良性循环和周转，确保单位现金、银行存款和有价证券及票据等财产的安全。具体来讲，出纳包括三层含义，即出纳工作、出纳核算和出纳人员。

1. 出纳工作

出纳工作是指按照有关财经法规及规章制度，办理本单位的现金收付、银行结算、保管库存现金、有价证券、财务印章及有关票据的具体工作。它是每个单位经济工作的重要内容，也是会计工作中最具体的事务性工作。

2. 出纳核算

出纳核算是对出纳工作的对象即货币资金及其运动进行的确认、计量、记录和报告的财务处理活动，是会计核算的重要组成部分。

3. 出纳人员

出纳人员习惯上简称出纳或出纳员，是指担任出纳核算，从事出纳工作的会计人员。

（二）出纳的意义

在市场经济条件下，货币资金渗透于社会经济生活的各个领域，它具有最易流动和最易被人们普遍接受的特点。无论是企业还是事业单位或是机关团体，任何单位的经济活动都是以货币为交换手段来实现的，都必须通过出纳进行现金或银行存款的收支活动完成。由此可见，出纳工作就是利用货币形式对各单位的经济活动过程进行的货币资金的收入、支出和结存的核算。出纳工作贯穿于会计工作的起始和终结，出纳工作是单位会计的第一道关口，各单位的一切与货币资金有关的经济活动首先都要经过出纳这一"关口"。所以，选好出纳人员，做好出纳工作，正确进行出纳核算，守住这一关口，对于确保单位的财产安全，搞好单位的整个会计工作直至做好单位的各项管理工作都有着十分重要的意义。

但是，在现实中，很多单位并没有认识到这一点，普遍存在着对出纳工作重视不够的现象，认为出纳是会计工作中最容易做的一项工作，所做的事不外乎是收收付付，点钞开柜，谁都能干。只要是领导信任、责任心强的人都能担任出纳。所以，有的单位配备的出纳不经过出纳的会计专业培训，素质差、业务能力较低，有的甚至缺乏最起码的出纳工作常识。平时单位对出纳的职业道德也没有引起足够的重视，以至于货币收支手续不清，账目不全，账实不符，贪污盗窃的现象时有发生。因此，每个单位都必须配备合格的出纳会计人员，加强出纳核算，做好出纳工作，促进整个财务会计核算水平和管理水平的不断提高。

二、出纳的外延

（一）出纳工作的对象

出纳对经济业务的核算主要是通过确认、计量、记录和报告等手段来完成的。出纳工作的对象就是指出纳所要核算和监督的内容。从上述出纳的含义中我们可以看出，出纳核算和监督的内容就是货币资金及其运动。出纳工作的对象就是各单位的货币资金运动以及用货币形式表现的所有经济业务活动。所以，出纳的外延涉及各单位所有的现金和银行存款及其运动形式，也可以说，只要存在货币资金及其运动，就必然有存在出纳工作，必然要有出纳人员进行出纳核算。

货币资金就是广义上的现金，是指各单位停留在货币形态上的那部分流动资产。从出纳的角度来看，包括实际持有的库存现金和银行存款两部分；从货币资金的具体形式看，包括铸币、纸币、银行存款、本票、支票、银行汇票等；从实际工作来看，对货币资金的核算都是通过单位的出纳人员来办理的。所以说，出纳工作的对象就是货币资金及其运动，并通过"现金"和"银行存款"日记账的收、支和结存来反映。其中，货币的收入和支出是货币资金运动的动态表现形式；货币的结存是货币资金运动的静态表现形式。

出纳工作的具体对象表现为以下四个方面：

1. 收入货币资金

货币资金收入即货币资金流入本单位。比如，企业收到投资者以现金或银行存款形式对企业的投资，企业向银行等金融机构的借款、取得的各种现金收入等；事业单位取得的各项收费和行政单位取得的财政拨款都属于货币资金收入的形式。货币资金收入一般都表现为单位库存现金或银行存款的增加。

2. 支出货币资金

支出货币资金即货币资金流出本单位。比如，企业向投资者分配利润、归还贷款、购买原材料、支付个人工资、缴纳各种税款；行政事业单位的各项经费开支都是货币支出的具体形式。货币支出一般表现为单位库存现金或银行存款的减少。

3. 货币资金在银行的存入和提取

按照财务会计的规定，各单位的货币现金收支，必须实行收支两条线，不得"坐支"。为了保证现金资产的安全和完整，不受损失，按照现金管理制度的规定，各单位库存现金的存量不能超过银行核定的限额，单位对业务收入和其他收入的现金，必须当日存入银行。现金存入银行，就表现为单位的库存现金减少，银行存款增加。单位支付差旅费和其他费用以及发放工资等需用的现金，不能从业务收入的现金中支取，应该向银行提取现金后使用。向银行提取现金，表现为库存现金的增加，银行存款的减少。因此，货币资金在银行的存入和提取，也是出纳反映和监督的重要内容。

4. 货币资金的结存

货币资金的结存，表现为各单位在某一时点上库存现金和银行存款的结存余额。现金和银行存款的余额表示该单位目前所拥有的货币性资产的实际数量。从某种意义上讲，现金和银行存款的余额，代表了该单位从事正常生产经营和其他业务活动的必备条件，反映了单位的某种财务状况。

（二）出纳工作的特点

从以上出纳的对象可以看出，每个单位的出纳都是货币资金即现金和银行存款运动的中转站，单位的会计核算首先是从出纳核算开始的，通过出纳办理每笔现金和银行存款的收付业务，并为其他业务核算奠定基础。这样，就形成了出纳工作和出纳会计核算的明显特点。

1. 基础性

出纳工作是整个会计工作最基础的环节，出纳是会计人员的基本组成部分。任何从事过会计工作或有经济头脑的人都明白，出纳工作是会计核算工作的起点，也是最基础的环节。每个单位都必须配备出纳。这是因为企事业单位的资金运动都必须是从现金或银行存款的收付业务开始；通过出纳业务和出纳会计核算，不仅为其他会计核算提供了会计凭证等重要依据，而且还为单位的最终核算奠定了基础。所以，企事业单位的会计核算是从出纳业务核算开始的。出纳是整个会计工作的前哨阵地和基础工作，没有出纳业务，就无法组织本单位的会计核算。出纳是会计队伍中不可缺少的组成人员，许多会计人员参加工作首先是从出纳工作岗位做起的。正是因为出纳具有基础性的特点，说明了出纳工作的重要性：做好单位的出纳工作和配备合格的出纳，就等于奠定了做好本单位财务会计工作的基础，单位财务会计工作就可以收到事半功倍的效果。

2. 频繁和大量存在性

货币资金渗透于社会经济生活的各个领域，最易流动和最易被人们普遍接受。企事业单位经济业务的频繁出现导致现金和银行存款业务频繁发生、大量存在，而且在许多情况下都是借助于各单位的出纳业务来完成的。因此，出纳工作比其他会计业务更容易发生。频繁、具体和大量存在，是出纳工作的主要特点。

3. 责任性

从系统论的观点出发，出纳工作是会计工作这个大系统的一个子系统，是会计核算体系的有机组成部分，而且责任非常重大。前面已经谈到，出纳业务是会计工作的最基础的工作，现金和银行存款收入与付出又很频繁，工作量较大，涉及的人员多，容易产生收付数额方面的差错，特别要求出纳员细心办理并承担相应的责任；同时，出纳员保管着单位的货币性财产，担负着保证单位的货币财产安全责任，是单位的管家之一。从出纳的实际工作来看，出纳的职位不高、权力不大，会计技能也要求不太高，但是责任却非常大。所以，出纳人员一定要有较强的责任心。

4. 专业性

出纳工作作为会计工作的一个重要岗位，有着专门的工作技能和规则，凭证如何填，出纳账怎样记都很有学问，就连保险柜的使用与管理也是很讲究的。出纳人员必须经过出纳专业培训和职业教育，掌握出纳工作的专业知识和技能，并在实践工作中不断积累经验，掌握其工作要领，提高专业水平，熟练使用现代化办公工具，做一个合格的出纳人员。

5. 政策性

出纳是一项政策性非常强的经济工作，每一个环节、每一项业务处理都必须严格按照国家的财经法规办事。例如，办理现金收、付、存必须遵循现金管理规定；办理银行结算业务必须根据国家的支付结算办法和票据法等规定进行；在具体核算各项出纳业务时必须遵循《中华人民共和国会计法》（以下简称《会计法》）、《会计基础工作规范》《企业会计准则》《支付结算办法》以及各种财经法规。出纳人员不掌握这些政策法规，就做不好出纳工作；不按这些政策法规办事，就违反了财经纪律。

6. 时间性

出纳工作具有很强的时间性，何时发放职工工资，何时核对银行对账单等，都有严格的时间要求，一天都不能延误。因此，出纳员心里应有个时间表，及时办理各项工作，保证出纳工作质量。

（三）出纳工作的任务

出纳工作的任务是由出纳工作的对象即出纳反映和监督的内容所决定的，但同时又受国家的现金管理规定和银行支付结算办法的制约。出纳工作要维护党和国家的各项法规和财经政策、制度，出纳工作通过记账、算账、报账、用账等手段，做好货币资金的核算，加强现金和银行存款的管理，严格控制货币支出，节约使用现金，保证单位的货币资金的安全和完整。归纳起来，出纳工作的基本任务有以下四个方面：

1. 如实反映货币资金收付存状况

真实性是会计信息质量的第一个特征，也是出纳工作的首要任务。出纳要正确、及时地记录、计算货币资金的来龙去脉，全面反映各单位在一定时期内现金和银行存款的增加、减少和结存的全貌，并定期编制出纳收支报表。

2. 实行出纳监督——监督单位依法处理与货币资金有关的业务

从宏观角度上讲，出纳是国家整个货币管理体系中的一个子体系，是国家管理货币的一种工具。从微观上讲，它不仅要及时反映各单位的货币收支、结存活动，而且要检查和监督。所以，出纳的第二个任务就是在如实反映现金及银行存款收付变化的同时，以党和国家的方针政策、法律法令及财经纪律为依据，实行出纳监督。监督企事业单位是否严格遵守现金管理和银行支付结算规定；是否遵守费用、成本开支标准和范围；是否设有小金库等。

3. 正确处理各种经济关系

在货币资金及运动中，企事业单位要与许多单位或个人发生现金和银行存款的经济往来。例如，企业与税务部门无偿纳税的经济关系，与银行的资金借贷关系和货币结算关系，与其他单位之间的商品买卖与货币结算关系；企事业单位内部各部门之间货币资金的分配和结算关系，企事业单位与内部职工的关系，包括支付职工工资、职工报销各种费用等都要涉及现金或银行存款的收付。如何正确处理好这些经济关系并监督这些关系正常的发展，也是出纳的基本任务之一。

4. 保证货币资金的合理使用和安全、完整

货币资金是企业、事业等单位的支付手段，也是各单位经营资金的重要组成项目。出纳工作的任务之四就是防止贪污盗窃，制止铺张浪费，确保单位的现金和银行存款的安全、完整。

第二节　出纳理论基础

出纳工作是会计工作的重要组成部分。出纳人员也是会计人员的重要组成人员。所以出纳的理论基础是会计理论基础范围内的，但由于出纳工作的特殊性，其理论基础也有其特殊性。

一、会计的理论框架

根据我国《企业会计准则——基本准则》的规范，我国构建的是以会计假设、财务报表构成要素、会计信息质量要求、会计确认、会计计量、会计基础、财务报

表为核心的会计理论框架结构。

（一）会计假设

会计的基本假设是指会计存在、运行和发展的基本假定，是进行会计工作的基本前提。它是对会计核算的合理设定，是人们对会计实践进行长期认识和分析后所做出的合乎理性的判断和推论。会计要在一定的假设条件下才能确认、计量、记录和报告会计信息，所以会计假设也称为会计核算的基本前提。

《企业会计准则——基本准则》确定了四项会计假设：会计主体、持续经营、会计分期和货币计量。

（二）财务报表构成要素

财务报表的构成要素：资产、负债、所有者权益、收入、费用、利润以及利得和损失。

资产是企业过去的交易或者事项形成的、由企业拥有或控制的、预期会给企业带来经济利益的资源。

负债，是指企业过去的交易或者事项形成的、预期会导致经济利益流出企业的现时义务。

所有者权益是指企业资产扣除负债后由所有者享有的剩余权益。

收入是指企业在日常活动中形成的、会导致所有者权益增加的、与所有者投入资本无关的经济利益的总流入。

费用是指企业在日常活动中发生的、会导致所有者权益减少的、与向所有者分配利润无关的经济利益的总流出。

利润是指企业在一定会计期间的经营成果。

利得是指由企业非日常活动所形成的、会导致所有者权益增加的、与所有者投入资本无关的经济利益的流入。

损失是指由企业非日常活动所发生的、会导致所有者权益减少的、与向所有者分配利润无关的经济利益的流出。

（三）会计信息质量要求

会计信息质量要求是对企业财务会计报告所提供的会计信息质量的基本要求，也是这些会计信息对投资者等会计信息使用者进行决策应当具备的基本质量特征。根据企业会计基本准则的规定，企业会计信息质量要求包括可靠性、相关性、可理解性、可比性、实质重于形式、重要性、谨慎性和及时性八个方面。

（四）会计确认与会计计量

（1）会计确认是指确定将交易或事项中的某一项目作为一项会计要素加以记录和列入财务报表的过程，是财务会计的一项重要程序。会计确认主要解决某一个项目应否确认、如何确认和何时确认三个问题，包括在会计记录中的初始确认和在会计报表中的最终确认。我国的《企业会计准则——基本准则》采用了国际会计准则的确认标准。

（2）会计计量是指为了在会计账户记录和财务报表中确认、计列有关会计要素，而以货币或其他度量单位确定其货币金额或其他数量的过程。《企业会计准则——基本准则》规范了五个会计计量属性：历史成本、重置成本、可变现净利值、现值、公允价值。

（五）会计基础

财务会计核算是建立在一定的会计基础之上，企业应当以权责发生制为基础进行会计确认、计量、记录和报告。

权责发生制又称应收应付制，是以收入和费用是否已经发生为标准来确认本期收入和费用的一种会计基础。权责发生制要求：凡是当期已经实现的收入和已经发生或应当负担的费用，不论款项是否收付，都应当作为当期的收入和费用计入利润表；凡是不属于当期的收入和费用，即使款项已在当期收付，也不应当作为当期的收入和费用。

权责发生制是与收付实现制相对的一种确认和记账基础，是从时间选择上确定的基础，其核心是根据权责关系的实际发生和影响期间来确认企业的收入和费用。建立在该基础上的会计模式可以正确地将收入与费用相配比，正确地计算企业的经营成果。

（六）财务报表

财务报表又称会计报表，是指企业对外提供的、以日常会计核算资料为主要依据，反映企业某一特定日期的财务状况和某一会计期间的经营成果、现金流量等会计信息的文件，是对企业财务状况、经营成果和现金流量的结构性表述。目前我国建立的是以资产负债表为核心的报表体系，包括资产负债表、利润表、现金流量表、所有者权益变动表以及附注。

二、出纳的理论基础

（一）会计假设

1. 出纳服务的会计主体唯一性

现代经济的发展和会计环境的变化促进了会计主体假设的拓展：产生了多层次、多方位的会计主体。比如，企业合并业务导致了企业集团的出现，并分别形成了母、子公司，会计为之服务的主体就具有双重性，会计核算的空间范围已经处于一种模糊状态。这些理论的拓展在高级财务会计中必须加以研究。作为母公司的会计人员既要为具有法人地位的母公司服务，同时又要为不具有法人地位的集团公司服务。所以它产生了超越前述空间主体假设的新的会计业务，比如合并报表、分部报告等。这些都必须在会计核算中予以体现。

但对于出纳核算而言，必须保持服务会计主体的唯一性，不能产生多层次、多方位的会计主体，否则企业的货币资金将无法准确核算与有效管理。

2. 货币计量的超然性

会计核算中，我们强调以货币作为主要计量手段，辅之其他计量手段；同时强调货币币值的稳定性。

但在市场经济的发展变化中，货币的币值不变也由于持续的物价变动而动摇，因此出现了物价变动会计；而在记账本位币制度下的一种货币被另一种货币所计量已成为现实，以及外币折算等也超越了货币计量假设。

出纳工作在计量中使用唯一的计量尺度及货币，不得采用其他计量尺度；同时无论物价如何变动以及记账本位币如何变化，对出纳核算而言是没有任何实质性影响的，它都会按实际发生的货币金额进行核算。

（二）会计信息质量要求

对于出纳核算而言，更强调可靠性与及时性这两个会计信息质量要求。

1. 可靠性

可靠性是指企业应当以实际发生的交易或者事项为依据进行会计确认、计量和报告，如实反映符合确认和计量要求的各项会计要素及其他相关信息，保证会计信息真实可靠、内容完整。出纳核算更注重真实性和可验证性两个方面。

（1）真实性是指出纳人员必须以企业实际发生的货币资金业务为依据进行出纳会计核算。

（2）可验证性是指会计数据和会计记录具有可验证的证据，特别是填制原始凭证的可验证度。

2. 及时性

及时性是指企业对于已经发生的交易或者事项，应当及时进行会计确认、计量和报告，不得提前或者延后。

出纳核算的时效性非常重要，所以该要求对出纳工作具有较大的约束力。

及时性要求企业在出纳核算中应当在货币资金业务发生时及时进行，不得提前或延后，并按规定的时间提供会计信息，以便会计信息得到及时利用。及时性要求有如下三层含义：

一是要求及时收集货币资金信息，即在货币资金业务发生后，出纳人员应当及时收集整理各种原始单据和凭证。

二是要求及时处理货币资金信息，即按会计准则的规定，及时对这些货币资金进行确认、计量、记录，及时编制出纳报表。

三是要求及时传递货币资金信息，便于企业有效管理货币资金，促进货币资金的流动。

（三）会计确认与会计计量

（1）在企业会计实务中，一般情况下，出纳人员只确认库存现金与银行存款，其他的会计要素都是由会计人员进行确认的。而对货币资金的确认是建立在收付实现制基础上的。

（2）会计计量属性的超然性。在会计核算中有五种计量属性，但对于出纳而言，无论采用何种计量属性，出纳人员都只能按其实际收到或付出的货币资金额进行核算，它超然于五种计量属性之上。

（四）会计基础

总体来讲，会计核算是以权责发生制为基础的，但对于出纳而言，应当是以现金收付实现制为核算基础，只能按其实际收到或付出的货币资金额为核算对象，确认其库存现金和银行存款的增加与减少。

（五）财务报表

出纳核算与企业定期编制的对外财务报表并无直接联系，出纳编制的报表并不对外，是典型的内部报表，主要是现金、银行存款的日报、旬报、月报等货币资金报表。所以出纳报表是以管理与控制理论为基础编制的，而且是根据现金收付制直接编制完成的，报表使用者主要是企业的高层管理者。

第三节 出纳工作的内容及核算方法

一、出纳工作的内容

出纳工作是整个会计工作的重要组成部分，其主要内容包括以下七个方面：

（一）做好现金收付的核算与管理

这项工作包括：严格按照国家现金管理制度的要求，根据会计稽核人员审核签章的收、付款凭证，进行复核，办理各款项现金的收入与支出。出纳要严格执行单位内部有关现金管理的具体规定，没有领导的审核批准及签名盖章，不得随意收支现金。同时，编制现金日报表、现金旬报表、现金月报表等。

（二）做好银行存款的收付核算与管理

这项工作包括：严格按照银行《支付结算办法》的各项规定，按照审核无误的收入支出凭证，进行复核，办理银行存款的收付，经常与银行传递来的对账单进行核对，并编制银行存款余额调节表。

（三）设置并登记出纳账

各单位的出纳工作都必须设置现金日记账和银行存款日记账，并按照现金和银行存款收入、支出的相关凭证，按照会计的记账规则，逐笔序时登记现金和银行存款出纳账。现金账要每日结出余额，与实际库存现金核对，银行存款也要每天结出余额，经常与银行存款对账单核对，保证账证、账账、账实相符。

（四）保管好库存现金、金银和各种有价证券以及印章、空白支票和收据

这项内容包括：按照库存现金管理限额的规定，预留库存现金数量并保管好库存现金，经常与日记账余额核对，不得挪用库存现金，或用白条抵库，如有短缺，

出纳人员要负责赔偿或出具报告报批处理；按照金银管理的有关规定保管好金银财产；注意防盗，确保现金、金银与各种有价证券、印章、空白收据、空白支票等财产的安全和完整。对于出纳会计分管的印鉴，必须按规定用途使用并妥善保管；对于空白支票等专用票据应严格管理，一般应专设登记簿进行领用和注销登记；对于单位库存现金保险柜密码、开户账号及取款密码等，更应该严肃纪律，不得泄露秘密，更不能转交他人。

（五）与税务部门建立良好的经济关系

在实际工作中，企业的报税、纳税等工作，有的是会计在做，但目前多数单位都是出纳在从事这些工作。这些工作主要包括税务登记、报税、缴纳税款等。

（六）拟定和改进单位的货币资金收入付出业务管理的办法

根据出纳工作的经验和教训，提出改进出纳工作及其他相关工作的建设性意见，为拟定和改进单位的货币资金收入付出业务管理办法提供第一手资料。

（七）检查、监督本单位执行国家的财经纪律情况，保证出纳工作的合法性、合规性和合理性

出纳在办理现金和银行存款各项业务中要严格按照财经法规进行，违反规定的业务一律拒绝办理。随时检查和监督财经纪律的执行情况，使单位的各项货币资金业务合法、合规、合理。

二、出纳核算的方法

出纳核算是单位会计核算的主要内容之一，出纳核算方法是用来反映、监督和管理出纳的对象，保证完成出纳核算任务的手段。它是以货币为统一的计量尺度，对各单位的经济交易或事项进行确认、计量、记录和报告，以全面、系统、连续、综合地核算与监督单位的现金和银行存款等货币资金及其运动的方法。其目的是为单位内部管理者及其他会计核算提供准确、可靠的货币资金信息资料。它主要包括以下四种方法：

（一）填制和审核各种凭证

这是一种为了监督各项货币资金的收付是否真实、正确而采用的专门方法。凭证是记录货币收付业务，明确经济责任的书面证明，也是登记账簿的唯一依据。

任何一项货币收支活动的发生与完成，都要填制凭证。凭证可能是从外单位来的，也可能是本单位非出纳人员填制的。这两种情况下产生的凭证要在出纳人员处办理货币收支业务，出纳必须进行严格的审核。只有经过严格审核并确认为合法的会计凭证，出纳才能据以收付货币并作为登记账簿的依据。另外一些凭证是由出纳人员自己填制的。这些凭证出纳必须按规定和要求认真、正确地填写，并据以进行货币资金的收入、付出与结存业务，以及登记账簿。通过如实填制和严格审核凭证，一是可以及时发现企事业单位的货币收支业务的有关问题并加以改正；二是才能保

证账簿记录的可靠性和真实性；三是才能保证单位货币资金的安全，减少损失，加强经济核算。

（二）设置和登记出纳账

出纳掌管的账簿主要是现金日记账和银行存款日记账。会计核算采用的记账方法是复式借贷记账法，出纳核算也不例外。但从出纳工作的实际来看，出纳在登记日记账时，只在一个账户或几个互不联系的会计账户记载，比如"库存现金""银行存款"账户，形似单式记账，但它反映的内容是复式的。现金和银行存款日记账是序时账，俗称"流水账"。所以，出纳人员根据经过审核无误的、与现金和银行存款有关的会计凭证，按先后顺序逐日逐笔进行登记，并根据"昨日余额＋本日收入额－本日付出额＝本日余额"的公式，逐日结出余额。其中，每日的现金余额都要与库存现金实存数核对，以检查每日现金收付是否有误，库存现金是否真实；银行存款余额要定期与开户银行核对账目，编制出银行存款余额调节表。

（三）货币资金清查

货币资金清查是指通过实地盘点库存现金和核对银行存款账目，保证账款相符、账账相符的一种专门方法。

对库存现金的清查是定期或不定期采用实地盘点法进行的。主要清查库存现金有无挪用、贪污；有无假造用途，套取现金等现象。通过清查，发现问题、分析原因、追究责任、总结经验、加强管理，保证现金安全无损。

对银行存款的清查主要采用银行账（用银行对账单代替）与单位账（银行存款日记账）核对的方法，对银行存款的收支业务，逐日逐笔核对。如有未达账项，应及时调整，并编制银行存款余额调节表，保证账账相符。

（四）编制出纳收支报表

编制出纳收支报表是指定期以报表的形式，集中反映货币资金的动态与静态状况的一种专门方法。出纳收支报表主要是库存现金和银行存款日报、旬报、月报等。它们是以日记账为依据并做进一步的加工整理后，以表格的形式表现单位在某一个时期内货币资金运动的状况即货币收付情况；同时也反映在某一时点上单位货币资金的静态状况即库存现金和银行存款的实际拥有数（期末余额）。出纳收支报表是各个单位经济管理和会计核算的重要手段。

第四节　出纳人员与出纳机构

一、出纳人员应具备的基本条件

由于出纳职业的特殊性，出纳人员整天和大量的金钱打交道，所以必须具有良好的职业道德，才能适应复杂的社会经济环境，抵制金钱的诱惑；同时具有出纳工作的基本知识和基本技能才能胜任烦琐而细致的出纳工作。

（一）具有良好的出纳职业道德

（1）爱岗敬业。出纳人员要热爱本职工作，安心于出纳岗位，并为做好出纳工作尽心尽力、尽职尽责，将身心与本职工作融为一体。

（2）诚实守信，不弄虚作假，不为利益与金钱所诱惑，保守本单位的商业秘密。

（3）廉洁自律，公私分明，不贪不占，遵纪守法，忠于职守。

（4）客观公正，依法办事，实事求是，不偏不倚。

（5）拥有良好的职业品质、严谨的工作作风，严守工作纪律，努力提高工作效率和工作质量。

（6）提高出纳技能，努力钻研出纳业务，不断提高理论水平和业务能力，使自己的知识和技能适应出纳工作的要求。

（二）具有出纳工作的基本资格

出纳人员是会计人员的重要组成部分，应该具备会计人员的上岗资格及取得会计从业资格证书。

根据我国《会计法》的要求，会计人员上岗实行会计从业资格证书管理制度。出纳人员和所有的会计人员一样必须持有财政部门颁发的会计从业资格证书，未取得会计从业资格证书的人员不得从事出纳工作。任何单位和个人不得聘用无会计从业资格证书的人员从事出纳工作，不得伪造、转借会计从业资格证书。

会计人员经省级财政部门批准的培训点培训，并参加省级财政部门组织的统一会计从业资格考试，合格后，由省级财政部门发给会计从业资格证书。

（三）具有出纳工作的基本业务素质

出纳工作是一项政策性和技术性并重的工作，出纳人员必须具备一定程度的专业知识和基本技能，才能适应其出纳工作。有关出纳技能的内容将在第二章中专门介绍。

（四）不能担任出纳工作的人员

按照《会计基础工作规范》的要求，会计机构负责人、会计主管人员的直系亲属不得在本单位会计机构中担任出纳工作。

二、出纳工作的原则

出纳工作的原则是出纳人员开展工作必须遵循的一般规范。其主要原则有以下五个：

（一）依法办事的原则

出纳工作是一项政策性很强的工作，各单位一切现金和银行存款及外汇的收付、结存，都必须以国家的法律、法令和制度为依据，绝不允许感情用事或以权谋私、以钱谋私。

（二）真实性原则

真实性是指出纳在处理货币资金的收、付、存业务中，必须以企事业单位的客观事实为依据，有真凭实据，出纳核算的结果同企事业单位实际的现金和银行存款等财产物资相符。

（三）钱账分管原则

钱账分管就是指管账（总账）的会计人员不得同时兼管出纳工作；而管钱的出纳人员不得兼管收入、费用、债权债务账簿和会计档案工作。做到钱账分管、责任明确，防患于未然。

（四）服务与监督统一原则

出纳工作的宗旨是为本单位的经济活动服务，管好单位的货币资产；同时，在服务的基础上，利用出纳特殊的手段对本单位的经济活动进行严格监督，以维护财经纪律。没有服务就不可能有监督，没有监督也就谈不上更好的服务。因此，出纳工作应注意服务与监督并重，坚持两者有机统一的原则。

（五）实行岗位责任制原则

出纳工作涉及现金、银行存款等货币资产的收入、支出与保管。而这些工作与整个单位的经济效益、职工的个人利益有极大关系，也容易出现差错。一旦出现差错，将造成不可挽回的损失。所以，各单位应该建立出纳人员工作岗位责任制，明确出纳人员的行政责任、经济责任和法律责任，保证出纳工作正常进行，保护单位的货币财产安全。

三、出纳机构的设置与出纳人员配备

（一）出纳机构的设置

必要的出纳机构是合理组织出纳工作、发挥出纳职能、完成出纳任务、提高出纳工作质量的重要保证。每个单位由于实际情况不同，出纳机构的设置及出纳工作的组织也不尽相同，但是都应当结合自身的经济活动规模、特点以及业务量的大小和会计人员的数量来设置符合本单位实际的出纳机构，配备必要的出纳人员，建立和健全出纳规章制度和岗位责任制。

出纳机构是整个会计机构的重要组成部分，所以出纳机构都是设置在会计部门内。比如在公司的会计（财务）部门内专门设置处理出纳业务的出纳科、出纳组、出纳室；规模小的单位也可以只指定一名专职的出纳人员。无论采用何种形式，因出纳工作的特殊性，公司都要设立专门的出纳办公场所，习惯上称出纳室或出纳工作室。

（二）出纳与会计的关系

出纳工作是整个会计工作中的重要一环，出纳人员又是会计人员不可缺少的部分。可以这样讲，如果一个单位只有两名会计人员，那么其中一人必定是出纳；如果只有一名会计人员（这种单位的会计做账是委托持有代理记账许可证的代理记账机构进行的），那么此人必定是出纳。从广义上讲，会计包括了出纳和狭义上的会计；从狭义上讲，会计是相对出纳以外的会计核算人员。财政部在《会计基础工作规范》中规定，会计工作岗位一般可分为：会计机构负责人或者会计主管人员，出纳，财产物资核算，工资核算，成本费用核算，财务成果核算，资金核算，往来结算，总账报表，稽核，档案管理等。在上述会计工作岗位中，除出纳外，其他的岗位在企事业单位上一般都称为会计。会计工作岗位，可以一人一岗、一人多岗或一岗多人。但出纳分管单位的货币性资产，因而不得兼管账目（日记账除外）、稽核、档案等。出纳与会计是一个统一体下的两个方面，既相互联系，又相互制约、相互监督。通俗地讲，出纳与会计就是管钱与管账的关系，两者是不相容的职务。所以，出纳与会计岗位一定要分设并由不同的会计人员担任，否则，后患无穷。通过两者的互相牵制，从制度上、组织上保证货币性资产的安全。

在单位内部任用出纳应该实行回避制度，即会计负责人或会计主管人员的直系亲属不得在本单位会计机构中担任出纳工作。这里需要回避的直系亲属是：夫妻关系、直系血亲关系、三代以内旁系血亲以及配偶血亲关系。

（三）出纳人员的配备与分工

出纳人员配备的多少，主要取决于本单位出纳业务量的大小及繁简程度。其设置的基本原则是：既满足单位经济活动及出纳工作的需要，又要避免徒具形式、人浮于事。出纳人员的配备可根据实际情况采用一人一岗、一人多岗、一岗多人等形式。

1. 一人一岗

一人一岗适用于规模不大、出纳工作量不大的单位，可设置一名专职出纳人员。

2. 一人多岗

在规模较小、货币资金业务又较少的单位，可设置兼职出纳人员一名。比如，在无条件单独设置会计机构的单位，至少应当在有关机构（如单位的办公室、后勤机构）中配备兼职出纳人员一名。但该出纳人员不得兼管分类账簿的登记工作，不得兼管稽核工作和会计档案保管工作。

3. 一岗多人

在规模较大的单位，出纳工作量较大，可设置多名出纳人员，并指定一名总出纳或出纳组长。多名出纳人员的具体分工应当根据本单位的实际情况进行，比如分设现金出纳和银行存款出纳，或按经济活动项目分别设置项目出纳等。

● 第五节　出纳的工作流程

出纳人员每天要处理大量的货币资金业务，如何才能提高工作效率，保证出纳工作质量？这就要求制定合理有效的工作流程，使得出纳工作有条不紊地进行，确保单位货币资金的安全完整，满足单位会计管理的要求。

（一）货币资金收支的一般程序

出纳人员在办理货币资金的收支业务只有按照既定的流程处理业务，才能保证出纳工作有条不紊地进行，保证出纳工作的质量，保证单位货币资金的完好无缺。

1. 货币资金收入的处理程序

货币资金收入的处理程序可分为三个阶段，即弄清收入金额及来源、清点收入金额、收入退回。

第一步，弄清收入金额及来源。出纳人员收到每一笔货币资金，都必须弄清应当收到多少钱，钱从何处来，钱的性质是什么。具体可根据不同情况处理：

（1）确定收入的具体金额。如为现金收入，应当考虑库存限额的要求；如为银行存款，要与相应的银行票据、单据相一致。

（2）明确付款人。出纳人员应当明确了解付款人的全称和有关情况，对于收到的背书转让的支票、汇票等银行票据以及其他代为付款的情况，应当由经办人加以注明。

（3）收到单位的各项收入款项，出纳人员应当根据有关的销售（或劳务）合同确定收款额是否按合同、协议执行，并对预收账款、当期实现的收入和收回以前欠款分别进行处理，保证账实一致。

（4）对于收回的代垫付的款项，出纳人员应当根据账务记录确定收款额是否相符。比如单位代职工垫付的个人所得税、房租、保险费以及职工借款等。

第二步，清点收入金额。在了解了收入的来源及具体金额后，就进行清点核对，清点工作要细心，确保准确无误。

（1）现金的清点。出纳人员在清点现金时，必须当着经办人的面进行，如发现短缺，由经办人负责，发现假钞按国家规定处理。

（2）银行结算收入的清点。出纳人员在收入银行存款时，必须清点具体的银行票据和单据，只有取得了银行的有关收款凭证后，才能确认收入，进行账务处理。

（3）收入金额核对无误后，出纳人员方可按规定开具发票或收据，并在有关收款凭证上加盖"现金收讫"或"银行收讫"或"收讫"印章。

（4）在清点核对并开出发票、收据后，再发现现金短缺或假钞，就应当由出纳人员负责了。

第三步，收入退回。如遇特殊原因导致收入退回，比如支票印鉴不清、收款单位账号错误等，出纳人员应当及时与有关经办人或对方单位联系，重新办理收款业务。

2. 货币资金支出的处理程序

货币资金支出的处理程序可分为四个阶段，即明确支出的金额、承受人及用途，付款审批，办理付款，付款退回。

第一步，明确支出的金额、承受人及用途。

（1）出纳人员支付每一笔资金都必须弄清资金的具体金额，合理安排资金。

（2）明确收款人。出纳人员必须严格按照有关合同、协议、发票、收据等原始凭证上记载的收款人进行付款；对于代收款的，应当出具原收款人的证明材料并与原收款人核实后，方可办理付款手续。

（3）明确付款用途。对于不合理、不合法的付款行为应当坚决抵制，并向有关领导汇报，行使出纳人员的工作权力；用途不明的一律拒绝付款。

第二步，付款审批。

（1）由经办人填制有关的付款单证，如借款单、报销单或提供收款人的发票或收据等，注明付款的具体金额和用途，并对付款事项的真实性、准确性负债。

（2）有关证明人的签章。当经办人的付款用途涉及实物的，应当有仓库保管人或实物负责人的签收证明。

（3）有关领导的签字。根据单位货币资金授权控制的规定，出纳人员每付出一笔款项，都必须根据手续完备的付款单证付款，这些单证上都应当有领导的签字。

第三步，办理付款。

出纳人员或审核会计对手续完备的付款单证进行审核后，出纳人员就可以办理付款了。

（1）进一步核算付款金额、用途及审批手续。

（2）现金付款必须与经办人当面点清，在清点过程中出现现金短缺、假钞由出纳人员负责。

（3）银行付款开具支票时，出纳人员应当认真填写各项内容，保证支票要素完整、印鉴清晰、书写正确。

（4）付款金额经确认后，由收款人或经办人在有关付款凭证上签字，并由出纳人员加盖"现金付讫"或"银行付讫"或"付讫"印章。

第四步，付款退回。

如遇特殊原因造成支票或汇款退回的，出纳人员应当及时查明原因，如系我方责任造成的，应换开支票或重新汇款，不得借故拖延；如系对方责任引起的，应由对方重新办理有关手续后再付款。

（二）出纳的一般工作流程

由于各个单位的经济活动及会计人员的配置不同，出纳的工作流程也可能不同，下面介绍两种基本的工作流程。

1. 出纳与会计分开办公的工作流程

有一些单位的出纳和会计是分开办公的，一般情况下，货币资金的收付业务都是先由出纳进行处理后，再将收付款的原始凭证传递给会计，会计再据此编制记账凭证，登记分类账簿。这种情况下，出纳的工作流程如图 1-1 所示。

图 1-1　出纳工作流程图 1

2. 出纳与会计同时办公的工作流程

很多单位的出纳和会计是同时办公的，所以货币资金的收付业务是由出纳和会计同时处理的。一般情况下，都是先由会计对现金或银行存款的收付原始单证进行审核，并根据这些收付款的原始凭证编制记账凭证，再传递给出纳人员；出纳人员据此进行现金或银行存款的收付，并登记现金日记账和银行存款日记账，随后再将这些记账凭证返回给会计，会计再做账务处理。这种情况下，出纳的工作流程如图 1-2 所示。

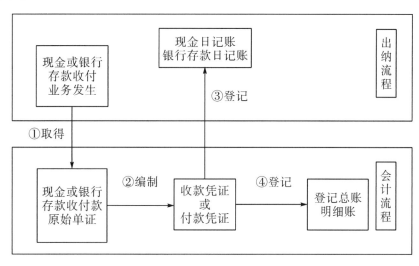

图 1-2　出纳工作流程图 2

（三）出纳的账务处理程序

出纳的账务处理程序与其他会计处理程序基本一致，相对而言要简单一些。

第一，设置现金日记账和银行存款日记账及有价证券等有关备查账簿。

第二，根据与现金和银行存款有关的经济业务填制或审核原始凭证。

第三，直接根据原始凭证或根据会计转来的记账凭证登记现金日记账、银行存款日记账和有关备查账簿，每天都必须结出余额。

第四，定期或不定期进行现金、银行存款和有价证券的清查。比如库存现金与现金日记账的核对，银行对账单与银行存款日记账的核对，现金日记账、银行存款日记账与现金总账、银行存款总账的核对等，保证账实相符、账账相符。

第五，期末结账，结出现金日记账和银行存款日记账的期末余额。

第六，编制出纳报告。货币资金发生比较频繁的单位，一般要求出纳人员编制出纳日报或周报、旬报等。每个单位都要编制出纳月报。

第七，报告出纳资料，定期按规定办理移交。

（四）出纳工作的时间日程安排

1. 每天的日程安排

（1）上班第一时间，检查库存现金、有价证券、印鉴及其他贵重物品。

（2）向有关领导及会计主管请示资金安排计划。

（3）列出当天应当处理的事项，分清轻重缓急，合理安排时间顺序。

（4）按顺序办理各项收付款业务。

（5）根据所有的货币资金收付原始凭证或会计转来的收付记账凭证登记现金日记账和银行存款日记账，并结出当天的余额。

（6）下班前出纳人员必须做好下面几件事：

①应清点库存现金，并将其与现金日记账余额进行核对，保证现金实有数与现金日记账余额相符。

②在收到银行对账单当天，出纳人员要将对账单与银行存款日记账进行逐笔核对，编制银行存款余额调节表，保证银行存款账实相符。

③将多余现金存入银行。

④根据需要编制当天的现金和银行存款日报表，报送有关领导。

⑤应整理好办公用品，锁好保险柜及抽屉，保管好有关凭证，保持办公场所整洁，无资料遗漏或乱放现象。

2. 其他时间安排

（1）每月初，结转现金日记账和银行存款日记账期初余额，清点支票、有价证券或其他贵重物品结存数。

（2）平时，每天根据货币资金收支业务进行实物收付和账务处理，登记现金日记账、银行存款日记账及有关备查账簿，并结存当天余额，编制出纳日报表。

（3）定期或不定期进行现金日记账与现金总账、银行存款日记账与银行存款总账核对，保证账账相符。

（4）定期或不定期接受会计人员或上级人员对现金和银行存款的实地盘点检查。

（5）月度或年度终了，出纳人员结清现金日记账和银行存款日记账，结存余额，并与库存现金、银行存款余额相符，与现金总账、银行存款总账相符；对其保管的支票、发票、有价证券、重要结算凭证进行清点，按顺序进行登记核对。

（6）编制月度、季度、年度出纳报告。

（7）保管出纳会计资料。

思考题

1. 出纳在现代社会中具有什么样的意义？

2. 出纳的内涵是什么？

3. 出纳工作的特点是什么？工作内容包括哪些？

 讨论题

1. 你对出纳的认识有多少？什么样的人才能成为出纳人员？应当具备什么样的基本素质才可以成为一名好的"管家"？

2. 你认为在企业中应当怎样设置出纳机构和配备出纳人员才能满足企业对出纳工作的需求，并能够保证企业货币资金的安全完整？

第二篇 技能篇

- 人民币真假识别技能
- 点钞技术
- 数字的书写与计算技能
- 出纳凭证填制和审核技能
- 出纳账的设置与核算技能
- 出纳发生错误查找和更正技能
- 出纳的保管技能
- 办理银行票据和结算凭证技能

第二章　出纳的基本技能

如前所述，现金和银行存款几乎渗透于社会经济生活的各个方面，出纳业务是实现商品生产与商品交换必不可少的经济活动之一，是会计工作最基础、最具体的岗位。货币资金的收付由于业务频繁，手续琐碎，重复劳动多，涉及面广，接触人员杂，极易出错。因此，出纳人员必须责任心强，工作态度认真，心细手快，收付准确。这对出纳人员的基本技能提出了较高的要求。各单位绝不能轻视出纳工作的基本技能，应该不断加强出纳基本技能的培训与提高。下面从出纳实际操作技能和技巧方面做介绍。

● 第一节　人民币真假识别技能

各单位的出纳人员几乎每天都要收付人民币（有外币业务的还要收付外币），学会和掌握人民币真伪的识别技术不仅可以维护国家货币的安全和人民币的信誉，还可以保护单位的现金安全，而且对出纳人员而言，可以保护自己的合法权益，减少自己的经济损失。所以，识别人民币的真伪是出纳人员的基本功之一，必须学会并熟练地掌握这种技能。

一、假人民币的类型及特点

（一）假人民币的类型

假人民币是指利用各种手段，仿照真人民币的形象非法印刷、影印、描绘、加工制作的票币。假人民币包括伪造人民币和变造人民币两种。

1. 伪造人民币

伪造人民币是指通过机械印刷、拓印、刻印、照相、描绘等手段制作的假人民币。其中，电子扫描分色制版印刷的机制假人民币数量最多，危害性最大。

2. 变造人民币

变造人民币是指在真人民币的基础上，采用挖补、揭页、涂改、拼凑、移位、重印等多种方法制作，构成变态升值的假人民币。

（二）假币的特征

1. 伪造假币的特征

（1）假币纸张采用普通书写纸，在紫外灯光照射下，票面呈蓝白色荧光反应。

（2）有一种假币水印为浅色油墨印盖在币纸正面或背面，还有一种假币水印是将币纸揭层后在夹层中涂上白色糊状物，再在上面压盖上水印印模，水印轮廓模糊，没有浮雕立体效果。假币水印缺乏立体感，多为线条组成，或过于清晰，或过于模糊。

（3）假币印刷采用胶版印刷，表面平滑，票面主要图案无凹版印刷效果，墨色平滑不厚实；票面颜色较浅；票面主景线条粗糙，立体感差；票面线条均由网点组成，呈点状结构；无红、蓝彩色纤维。

（4）假币的安全线采用无色油墨印在票面正面纸的表面，迎光透视，模糊不清；缩微文字模糊不清；无磁性。

（5）假币的古钱币阴阳互补对印图案错位、重叠。

（6）假币的胶印缩微文字模糊不清。

（7）假币的凹印缩微文字模糊不清。

（8）假币无隐形面额数字。

（9）假币的光变油墨面额数字不变色。

（10）假币无色荧光油墨印刷图案，在紫外灯光照射下，无色荧光油墨"100"（或其他数字）较暗淡，颜色浓度及荧光强度较差。

（11）假币的有色荧光油墨印刷图案在紫外灯光照射下，色彩单一、较暗淡，颜色浓度及荧光强度较差。

（12）假币无无色荧光纤维。

2. 变制假币的特征

变制假币是在真人民币的基础上，经过人为的加工、变形而成的，即用纸进行粘补、拼凑。比如拼凑币，是将真正的人民币经过人为分割破坏后，再进行拼凑，以少拼多，达到多换的目的。

二、识别真假人民币的基本方法

直观地鉴定人民币真伪，主要还是采用在实践中总结出来的"一看、二摸、三听、四测"的方法。

（一）看

它包括看水印、看安全线、看光变油墨、看钞面图案色彩、看光彩光变数字。

1. 看水印

第五套人民币有两种水印：固定人像或花卉水印和固定数字水印。

（1）看固定人像或花卉水印，就是将人民币迎光照看，十元以上的人民币可在水印窗处看到人头像或花卉水印。第五套人民币各券别纸币的固定水印位于各券别纸币票面正面左侧的空白处，迎光透视，可以看到立体感很强的水印。100元、50元纸币的固定水印为毛泽东头像图案。20元、10元、5元、1元纸币的固定水印分别为荷花、月季花、水仙花和兰花花卉图案。真币水印生动传神，立体感强。

（2）看固定数字水印，就是将人民币迎光照看，在每种纸币（1元纸币除外）双色横号码下方，可以看到透光性很强的与各种面值一致的数字图案白色水印。

真币是在纸张抄造中形成的人像、花卉和数字水印，层次丰富，立体感很强。

2. 看安全线

第五套人民币纸币在各券别票面正面中间偏左，均有一条安全线。1999年版的100元、50元纸币的安全线是微缩文字安全线，迎光透视，分别可以看到缩微文字"RMB100""RMB50"的微小文字，仪器检测均有磁性；20元纸币，迎光透视，是一条明暗相间的安全线；10元、5元、1元纸币安全线为全息磁性开窗式安全线，即安全线局部埋入纸张中，局部裸露在纸面上，开窗部分分别可以看到由微缩字符"￥10""￥5""￥1"组成的全息图案，仪器检测有磁性。2005年版人民币的100元、50元和20元币的安全线全部由1999年版的微缩文字安全线改为全息磁性开窗式安全线。

2015版的100元，采用了光变镂空开窗安全线和磁性全埋安全线两条安全线。光变镂空开窗安全线线宽4毫米，位于票面正面右侧。当观察角度由直视变为斜视时，安全线颜色由品红色变为绿色；当透光观察时，可见安全线中正反交替排列的镂空文字"￥100"。磁性全埋安全线采用了特殊磁性材料和先进技术，机读性能更好。

而假币的"安全线"或是用浅色油墨印成，模糊不清，或是用手工夹入一条银色塑料线，容易在币纸边缘发现未经剪齐的银白色线头。第五套人民币的安全线有微缩文字，假币仿造的文字不清晰，线条活动容易抽出。

3. 看光变油墨

第五套人民币100元和50元纸币正面左下方的面额数字采用光变油墨印刷。将垂直观察的票面倾斜到一定角度时，100元券的面额数字会由绿变为蓝色，50元券的面额数字则会由金色变为绿色。

4. 看钞面图案色彩

看钞面图案色彩是否鲜明，线条是否清晰，对接图案线是否对接完好，有无留白或空隙。第五套人民币1999年版纸币的阴阳互补对印图案应用于100元、50元和10元券中。这三种券别的正面左下方和背面右下方都印有一个圆形局部图案。迎光透视，两幅图案准确对接，组合成一个完整的古钱币图案。2005年版的纸币将阴阳互补对印图案应用于100元、50元、20元和10元券中。20元、10元的阴阳互补对印图案的位置还是在正面左下方和背面右下方；而100元和50元的阴阳互补对印图案的位置由正面左下方和背面右下方移到毛泽东水印头像的耳朵旁了。

2015版100元背面的胶印对印图案由古钱币图案改为面额数字"100"，并由票面右侧中间位置调整至右下角。面额数字"100"上半部颜色由深紫色调整为浅紫色，下半部由大红色调整为橘红色。线纹结构也得到调整。

5. 看光彩光变数字

光彩光变技术是国际钞票防伪领域公认的前沿公众防伪技术之一，公众更容易识别。2015年版第五套人民币100元纸币在票面正面中部印有光彩光变数字。垂直观察票面时，数字"100"以金色为主；平视观察时，数字"100"以绿色为主。随着观察角度的改变，数字"100"颜色在金色和绿色之间交替变化，并可见到一条亮光带在数字上下滚动。

（二）摸

由于5元以上面额人民币采用了凹版印刷，线条形成凸出纸面的油墨道，特别是在盲文点、"中国人民银行"字样、第五套人民币人像部位等。用手指抚摩这些地方，有明显的凹凸感，较新钞票用指甲划过，有明显的阻力。目前收缴的假币使用的是胶版印刷，平滑，无凹凸手感。

（1）摸人像、盲文点、中国人民银行行名等处是否有凹凸感。第五套人民币纸币各券别正面主景均为毛泽东头像，采用手工雕刻凹版印刷工艺，形象逼真、传神，凹凸感强，易于识别。

（2）摸纸币是否薄厚适中，挺括度好。

（3）第五套人民币2005年版的钞票新增加了手感线，非常方便通过手摸识别真伪。

（三）听

听即通过抖动钞票使其发出声响，根据声音来分辨人民币真伪。人民币的纸张，具有挺括、耐折、不易撕裂的特点。手持钞票用力抖动、手指轻弹或两手一张一弛轻轻对称拉动，能听到清脆响亮的声音。假币纸张发软，偏薄，声音发闷，不耐揉折。

（四）测

测即借助一些简单的工具和专用的仪器来分辨人民币真伪。如：

（1）借助放大镜可以观察票面线条清晰度、胶、凹印缩微文字等。用5倍以上放大镜观察票面，看图案线条、缩微文字是否清晰干净。第五套人民币纸币各券别正面胶印图案中，多处印有微缩文字，20元纸币背面也有该防伪措施。100元微缩文字为"RMB"和"RMB100"；50 元为"50"和"RMB50"；20 元为"RMB20"；10 元为"RMB10"；5 元为"RMB5"和"5"字样，1 元为"RMB1"字样。

（2）用紫外灯光照射票面，可以观察钞票纸张和油墨的荧光反映。一是检测纸张有无荧光反映。人民币纸张未经荧光漂白，在荧光灯下无荧光反映，纸张发暗。假币纸张多经过荧光漂白，在荧光灯下有明显荧光反映，纸张发白发亮。二是人民币有一到两处荧光文字，呈淡黄色，假币的荧光文字光泽色彩不正，呈惨白色。

（3）用磁性检测仪可以检测黑色横号码的磁性。

三、第五套人民币各币种主要的防伪特征及识别

第五套人民币分为 1999 年版、2005 年版和 2015 年版三类，防伪特征略有差异。

（一）第五套人民币 1999 年版各币种的防伪特征及识别

1. 100 元券和 50 元券的主要防伪特征

100 元券和 50 元券的防伪特征主要有 11 种，如图 2-1 和图 2-2 所示。

（1）固定人像水印，位于钞票正面左侧，迎光透视，可以看到与主景人像相同、立体感很强的毛泽东头像水印。真币是在纸张抄造中形成的人像水印，层次丰富，立体感很强。而假币是在纸张夹层中涂布白色浆料并模压水印图案，或直接在纸张表面盖印浅水印图案，层次及立体感较差。

（2）磁性缩微文字安全线。钞票中的安全线，嵌于纸张内部，迎光透视，可以看到缩微文字"RMB 100"（100 元券）或"RMB 50"（50 元券）字样，仪器检测有磁性。而假币则无磁性或磁性特征不稳定。

（3）红、蓝彩色纤维，在纸张抄造中施放在纸浆里，随机分布，在票面上，可以看到纸张中的不规则的红色和蓝色纤维。而假币则印刷于纸张表面。

（4）手工雕刻头像。钞票正面主景毛泽东头像，采用手工雕刻凹版印刷工艺，形象逼真、传神，凹凸感强，易于识别。假币的头像线条模糊，无凹凸感。

（5）光变油墨面额数字。在钞票正面左下方有面额数字"100"和"50"字样，随着视角变化，颜色变化明显。100 元券，当与票面垂直角度观察时为绿色，倾斜一定角度则变为蓝色；50 元券，当与票面垂直角度观察时为金色，倾斜一定角度则变为绿色。而假币则变色无规律或无变色效果。

（6）胶印缩微文字。在钞票正面上方图案中，多处印有胶印缩微文字，100 元券是"100""RMB100"字样，50 元券是"50""RMB50"字样。这些字样在放大镜下，字形清晰。而假币的字形模糊。

（7）隐形面额数字。钞票正面右上方有一装饰图案，将钞票置于与眼睛接近平行的位置，面对光源作平面旋转 45 度或 90 度，即可看到面额数字"100"或"50"，字形清晰。而假币没有隐形效果。

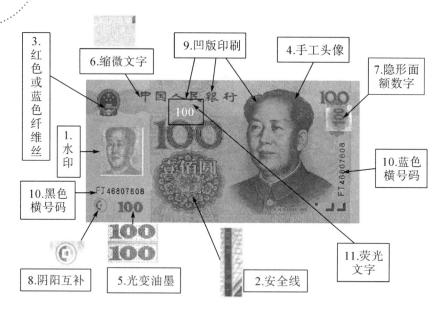

图 2-1　100 元券防伪特征图

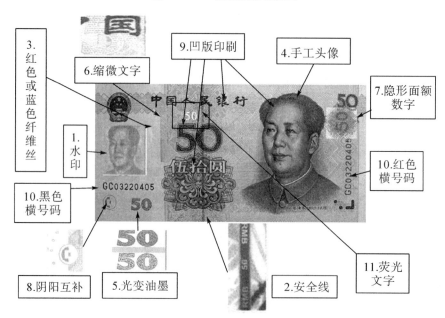

图 2-2　50 元券防伪特征图

（8）阴阳互补对印图案。在真币正面左下角和背面右下角均有一圆形局部图案，迎光透视，可以看到正背面图案组成一个完整的古钱币图案。而假币正背面图案错位。

（9）雕刻凹版印刷。真币正面主景毛泽东头像、"中国人民银行"行名、面额数字、盲文面额标记及背面主景图案均采用雕刻凹版印刷，用手指触摸有明显的凹凸感。而假币是全胶印，手感平滑。

（10）横竖双号码。真币正面采用横竖双号码印刷，横号码为黑色，竖号码为红色。而假币的颜色与真币有差异。

（11）荧光检测。用简单仪器进行荧光检测，一是检测纸张有无荧光反映，人民币纸张未经荧光漂白，在荧光灯下无荧光反映，纸张发暗。假币纸张多经过荧光漂白，在荧光灯下有明显荧光反映，纸张发白发亮。二是在人民币正面"中国人民银行"的"人民"字样下用简单仪器进行荧光检测，可看见"100"或"50"荧光数字字样。

2. 20 元券的主要防伪特征

20 元券的防伪特征主要有 9 种，如图 2-3 所示。

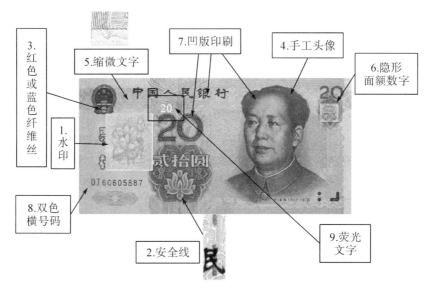

图 2-3　20 元券防伪特征图

（1）固定花卉水印，位于钞票正面左侧，迎光透视，可以看到一朵荷花水印。真币是在纸张抄造中形成的花卉水印，层次丰富，立体感很强。而假币是在纸张夹层中涂布白色浆料并模压水印图案，或直接在纸张表面盖印浅水印图案，层次及立体感较差。

（2）安全线。钞票中的安全线，嵌于纸张内部，仪器检测有磁性。而假币则无磁性或磁性特征不稳定。

（3）红、蓝彩色纤维。防伪特征与 100 元券相同。

（4）手工雕刻头像。防伪特征与 100 元券相同。

（5）胶印缩微文字。在钞票正面下方图案中，多处印有胶印缩微文字"RMB20"字样。这些字样在放大镜下，字形清晰。而假币的字形模糊。

（6）隐形面额数字。钞票正面右上方有一装饰图案，将钞票置于与眼睛接近平行的位置，面对光源作平面旋转 45 度或 90 度，即可看到面额数字"20"，字形清晰。而假币没有隐形效果。

（7）雕刻凹版印刷。防伪特征与 100 元券相同。

（8）双色横号码。钞票正面采用双色横号码，号码左半部为红色，右半部为黑色。两假币号码的颜色与真币有差异。

（9）荧光检测。用简单仪器进行荧光检测，一是检测纸张有无荧光反映。人民币纸张未经荧光漂白，在荧光灯下无荧光反映，纸张发暗。假币纸张多经过荧光漂白，在荧光灯下有明显荧光反映，纸张发白发亮。二是人民币正面"中国人民银行"的"人民"字样下用简单仪器进行荧光检测，可看见"20"荧光数字字样。

3. 10 元券和 5 元券的防伪特征

10 元券和 5 元券的主要防伪特征分别是 10 种和 9 种，5 元券没有阴阳互补对印图案这种防伪特征，其他的防伪特征都大同小异，如图 2-4 和图 2-5 所示。

图 2-4　10 元券防伪特征图

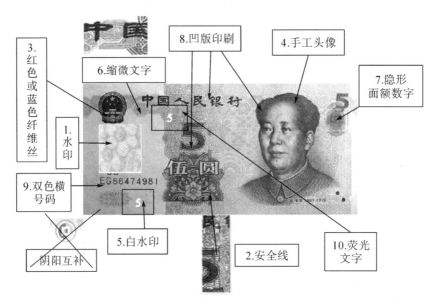

图 2-5　5 元券防伪特征图

（1）固定花卉水印，位于钞票正面左侧空白处，迎光透视，10元券可以看到立体感很强的月季花水印，5元券可以看到水仙花水印。

（2）全息磁性开窗安全线。在钞票的正中间偏左，有一条开窗安全线，开窗部分可以看到由缩微字符"￥10"（10券）或"￥5"（5元券）组成的全息图案。仪器检测有磁性。（开窗安全线是指局部埋入纸张中，局部裸露在纸面上的一种安全线）

（3）红、蓝彩色纤维。在钞票票面上，可以看到纸张中有不规则分布的红色和蓝色纤维。

（4）手工雕刻头像。防伪特征与100元券相同。

（5）胶印缩微文字。在正面上方胶印图案中，多处印有胶印缩微文字，"RMB10"（10元券）或"RMB5"（5元券）字样。这些字样在放大镜下，字形清晰。而假币的字形模糊。

（6）隐形面额数字。正面右上方有一装饰图案，将钞票置于与眼睛接近平行的位置，面对光源作平面旋转45度或90度，即可看到面额数字"10"（10元券）或"5"（5元券），字形清晰。而假币没有隐形效果。

（7）雕刻凹版印刷。防伪特征与100元券相同。

（8）双色横号码。钞票正面印有双色横号码，左侧部分为红色，右侧部分为黑色。而假币的颜色与真币有差异。

（9）白水印，位于双色横号码下方，迎光透视，可以看到透光性很强的图案"10"（10元券）或"5"（5元券）水印。

（10）阴阳互补对印图案。10元券的该防伪特征与100元券相同，5元券没有此防伪特征。

（11）荧光检测。用简单仪器进行荧光检测，一是检测纸张有无荧光反映。人民币纸张未经荧光漂白，在荧光灯下无荧光反映，纸张发暗。假币纸张多经过荧光漂白，在荧光灯下有明显荧光反映，纸张发白发亮。二是人民币正面"中国人民银行"的"人民"字样下用简单仪器进行荧光检测，可看见"100"或"50"荧光数字字样。

4. 1元券的防伪特征

1元券的防伪特征主要有7种，如图2-6和图2-7所示。

（1）固定花卉水印，位于正面左侧空白处，迎光透视，可看到立体感很强的兰花水印。

（2）手工雕刻头像。正面主景毛泽东头像采用手工雕刻凹版印刷工艺，凹凸感强，易于识别。

（3）隐形面额数字正面右上方有一装饰图案，将票面置于与眼睛接近平行的位置，面对光源做上下倾斜晃动，可看到面额数字"1"字样。

（4）胶印缩微文字背面下方印有缩微文字"人民币"和"RMB1"字样。

图2-6　1元券正面防伪特征图

图2-7　1元券背面防伪特征图

（5）雕刻凹版印刷。正面主景毛泽东头像、"中国人民银行"行名、面额数字、盲文面额标记等均采用雕刻凹版印刷，用手指触摸有明显凹凸感。

（6）双色横号码。正面印有双色横号码，左侧部分为红色，右侧部分为黑色。

5．1元硬币主要特征

1元硬币色泽为镍白色，直径为25毫米，正面为"中国人民银行""1元"和汉语拼音字母"YIYUAN"及年号。背面为菊花图案及中国人民银行的汉语拼音字母"ZHONGGUO RENMIN YINHANG"。材质为钢芯镀镍，币外缘为圆柱面，并印有"RMB"字符标记。

6. 5 角硬币主要特征

第五套人民币 5 角硬币色泽为金黄色，直径为 20.5 毫米，材质为钢芯镀铜合金。正面为"中国人民银行"字样、面额和汉语拼音字母"WUJIAO"及年号。背面为荷花图案及中国人民银行的汉语拼音字母"ZHONGGUO RENMIN YINHANG"。币外缘为间断丝齿，共有六个丝齿段，每个丝齿段有八个齿距相等的丝齿。

7. 1 角硬币主要特征

1 角硬币色泽为铝白色，直径为 19 毫米，正面为"中国人民银行""1 角"和汉语拼音字母"YIJIAO"及年号。背面为兰花图案及中国人民银行的汉语拼音字母"ZHONGGUO RENMIN YINHANG"。材质为铝合金，币外缘为圆柱面。

（二）2005 年版与 1999 年版第五套人民币的不同之处

1. 调整了防伪特征布局

2005 年版第五套人民币 100 元、50 元纸币正面左下角胶印对印图案调整到主景图案左侧中间处，光变油墨面额数字左移至原胶印对印图案处，背面右下角胶印对印图案调整到主景图案右侧中间处。

2. 调整了四个防伪特征

（1）隐形面额数字。调整 2005 年版第五套人民币各券别纸币的隐形面额数字观察角度。2005 年版第五套人民币各券别纸币正面右上方有一装饰性图案，将票面置于与眼睛接近平行的位置，面对光源做上下倾斜晃动，分别可以看到面额数字字样。

（2）全息磁性开窗安全线。2005 年版第五套人民币 100 元、50 元、20 元纸币将原磁性缩微文字安全线改为全息磁性开窗安全线。2005 年版第五套人民币 100元、50 元纸币背面中间偏右，有一条开窗安全线，开窗部分分别可以看到由缩微字符"￥100""￥50"组成的全息图案。2005 年版第五套人民币 20 元纸币正面中间偏左，有一条开窗安全线，开窗部分可以看到由缩微字符"￥20"组成的全息图案。

（3）双色异形横号码。2005 年版第五套人民币 100 元、50 元纸币将原横竖双号码改为双色异形横号码。正面左下角印有双色异形横号码，左侧部分为暗红色，右侧部分为黑色。字符由中间向左右两边逐渐变小。

（4）雕刻凹版印刷。2005 年版第五套人民币 20 元纸币背面主景图案桂林山水、面额数字、汉语拼音行名、民族文字、年号、行长章等均采用雕刻凹版印刷，用手触摸，有明显凹凸感。

3. 增加三个防伪特征

（1）白水印。2005 年版第五套人民币 100 元、50 元纸币位于正面双色异形横号码下方，2005 年版第五套人民币 20 元纸币位于正面双色横号码下方，迎光透视，分别可以看到透光性很强的水印面额数字字样。

（2）凹印手感线。2005 年版第五套人民币各券别纸币正面主景图案右侧，有一组自上而下规则排列的线纹，采用雕刻凹版印刷工艺印制，用手指触摸，有极强的凹凸感。

（3）阴阳互补对印图案。2005 年版第五套人民币 20 元纸币正面左下角和背面右下角均有一圆形局部图案，迎光透视，可以看到正背面的局部图案合并为一个完整的古钱币图案。

4. 改年号并增加汉语拼音"YUAN"

2005 年版第五套人民币各券别纸币背面主景图案下方的面额数字后面，增加人民币单位的汉语拼音"YUAN"；年号改为"2005 年"。

5. 2005 年版第五套人民币取消各券别纸币纸张中的红、蓝彩色纤维

现在假钞的制作技术日益先进，对识别真假货币提出了更高的要求，出纳人员要不断地学习先进的鉴别技术，掌握验钞机器的正确使用方法，提高识别真假钞票的技术和能力。

2005 年版各币种与 1999 版的区别及防伪特征如图 2-8、图 2-9、图 2-10、图 2-11 和图 2-12 所示。

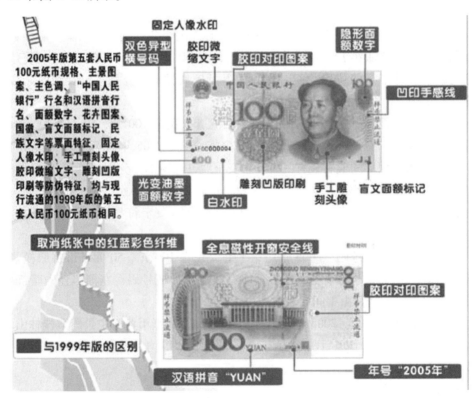

图 2-8　2005 版 100 元防伪特征图

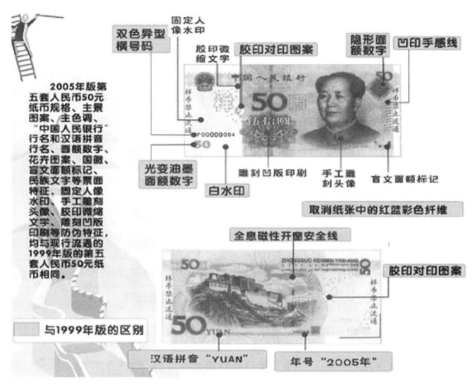

图 2-9 2005 版 50 元防伪特征图

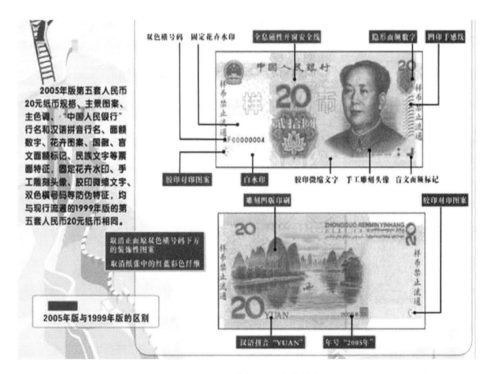

图 2-10 2005 版 20 元防伪特征图

37

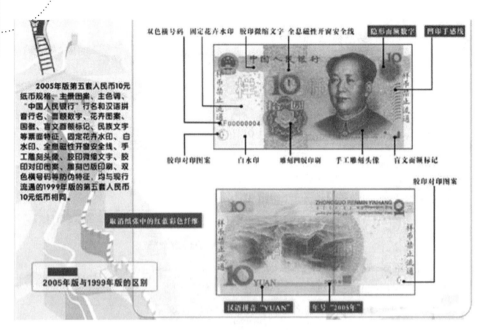

图 2-10　2005 版 10 元防伪特征图

图 2-11　2005 版 5 元防伪特征图

（三）第五套人民币 2015 年版 100 元币的防伪特征及识别

中国人民银行于 2015 年 11 月 12 日起发行 2015 年版第五套人民币 100 元纸币。

2015 年版第五套人民币 100 元纸币在保持 2005 年版第五套人民币 100 元纸币规格、正背面主图案、主色调、"中国人民银行"行名、国徽、盲文和汉语拼音行名、民族文字等不变的前提下，对部分图案做了调整。

1. 正面图案主要调整

（1）取消了票面右侧的凹印手感线、隐形面额数字和左下角的光变油墨面额数字。

（2）票面中部增加了光彩光变数字,票面右侧增加了光变镂空开窗安全线和竖号码。

（3）将票面右上角面额数字由横排改为竖排，并对数字样式做了调整；将中央团花图案中心花卉色彩由橘红色调整为紫色，取消了花卉外淡蓝色花环，并对团花图案、接线形式做了调整；胶印对印图案由古钱币图案改为面额数字"100"，并由票面左侧中间位置调整至左下角。

2. 背面图案主要调整

（1）取消了右侧的全息磁性开窗安全线，取消了右下角的防复印标记。

（2）减少了票面左右两侧边部胶印图纹，适当留白。

（3）胶印对印图案由古钱币图案改为面额数字"100"，并由票面右侧中间位置调整至右下角。面额数字"100"上半部颜色由深紫色调整为浅紫色，下半部由大红色调整为橘红色，线纹结构也得到调整。

（4）票面局部装饰图案色彩由蓝、红相间调整为紫、红相间，左上角、右上角面额数字样式均做调整。

（5）年号调整为"2015 年"。

3. 2015 年版 100 元的防伪特征（如图 2-12 所示）

图 2-12　2015 年版 100 元防伪特征图

(四) 第五套人民币防伪特征汇总

第五套人民币 1999 年版防伪特征汇总如表 2-1 所示。

第五套人民币 2005 年版防伪特征汇总如表 2-2 所示。

表 2-1 　　　　　　　　　第五套人民币 1999 年版防伪特征汇总表

	100 元	50 元	20 元	10 元	5 元	1 元
固定水印	毛泽东头像	毛泽东头像	荷花	月季花	水仙花	兰花
红、蓝彩色纤维	不规则					无
安全线	磁性缩微文字 RMB100	磁性缩微文字 RMB50	明暗相间	全息磁性开窗 ￥10	全息磁性开窗 ￥5	元
隐形面额数字	100	50	20	10	5	1
胶印缩微文字	RMB 100RMB	50 RMB50	RMB20	RMB10	RMB5 5	人民币 RMB1
光变油墨面额数字	绿色变蓝色	金色变绿色	—			
对印图案	古钱币图案	古钱币图案	无	古钱币图案	无	
冠字号码	横竖双号码，横黑竖蓝	横竖双号码，横黑竖红	双色横号码，左红右黑			
白水印	无			10	5	无
荧光数字	100	50	20	10	5	1

表 2-2 　　　　　　　　　第五套人民币 2005 年版防伪特征汇总表

	100 元	50 元	20 元	10 元	5 元
固定水印	毛泽东头像	毛泽东头像	荷花	月季花	水仙花
白水印	100	50	20	10	5
全息磁性开窗安全线	￥100	￥50	￥20	￥10	￥5
隐形面额数字	100	50	20	10	5
胶印缩微文字	RMB RMB100	50 RMB50	RMB20	RMB10	RMB5 5
光变油墨面额数字	绿色变蓝色	金色变绿色	—	—	—
对印图案	古钱币图案				—
冠字号码	双色异型横号码，左红右黑		双色横号码，左红右黑		
凹印手感线	有				
荧光数字	100	50	20	10	5

四、假币的处理

出纳人员在收付现金时发现假币，应当立即送交银行鉴定，由银行开具没收凭证，予以没收处理，如有追查线索的应当及时报告公安部门，协助侦破。

出纳人员如发现可疑货币又不能断定其真假时，不得随意没收，应当向持币人说明情况，开具临时收据，连同可疑货币及时报送当地中国人民银行鉴定。经中国人民银行鉴定，确实是假币的，应当按假币处理方法处理；如确定不是假币的，应当及时将货币退回持币人。

五、残缺、污损人民币交换标准

（一）残缺、污损人民币的定义

残缺、污损人民币是指票面撕裂、缺损，或因自然磨损、侵蚀，外观、质地受损，颜色变化，图案不清晰，防伪特征受损，不宜再继续流通使用的人民币。

（二）残缺、污损人民币兑换

残缺、污损人民币兑换分"全额""半额"两种情况。

1. 全额兑换

能辨别面额、票面剩余四分之三（含四分之三）以上，其图案、文字能按原样连接的残缺、污损人民币，金融机构应向持有人按原面额全额兑换。

2. 半额兑换

能辨别面额，票面剩余二分之一（含二分之一）至四分之三以下，其图案、文字能按原样连接的残缺、污损人民币，金融机构应向持有人按原面额的一半兑换。纸币呈正十字形缺少四分之一的，按原面额的一半兑换。

（三）不能兑换的残缺人民币

（1）票面残损二分之一以上；

（2）票面污损、熏焦、水浸、油浸、变色，不能辨别真假者；

（3）故意挖补、涂改、剪贴拼凑、揭去一面的。

出纳人员发现残缺、污损人民币后应当及时按上述规定到银行办理兑换。

● 第二节　点钞技术

现在一般单位都配有点钞机，出纳人员必须正确掌握点钞机的使用方法。但是由于种种原因，机器点钞以后，出纳人员还要手工再点验；没有点钞机器的时候，手工点钞更是必不可少。所以，点钞技术就成为出纳人员的一项基本功。出纳人员应该认真学习整点钞票的技术方法，通过刻苦锻炼，不仅要掌握机器点钞技术，而且还必须掌握一种或几种手工点钞方法，做到点钞快、准。下面分机器点钞技术和手工点钞技术进行介绍。

一、手工点钞技术

（一）手工点钞的程序与基本要求

1. 手工点钞的基本程序

（1）拆把：将待点的成把钞票的封条拆掉。

（2）点数：手点钞，脑记数，点准100张。

（3）扎把：将点准的100张钞票用腰条扎紧。

（4）盖章：在扎好的钞票的腰条上加盖经办人名章，以明确责任。

2. 手工点钞基本要求

手工点钞基本要求是：坐姿端正、操作到位、点数准确、票子墩齐、钞票捆紧、盖章清晰、动作连贯。

（1）坐姿端正。点钞时直腰挺胸，身体自然，肌肉放松，双肘自然放在桌上，持票的左手腕部接触桌面，右手腕稍抬起，整点钞票轻松持久，活动自如。

（2）操作到位，用品定位。待点钞票应顺着拿钞的方向整齐放在前方，扎钞条顺着拿钞的方向摆放在右边，水盒、笔和名章等常用物品，一般放在右边，便于使用。

（3）点数准确。点钞技术关键在"准"字。清点和记数正确是点钞的基本要求。点钞准确要求做到精神集中，定型操作，手点脑记，手、脑、眼密切配合。

（4）票子墩齐。钞票点好后必须墩齐，即四边平整，不露头，卷角拉平后才能扎把。

（5）钞票捆紧。扎小把，以提起把中第一张钞票不被抽出为准；以"#"字形扎大捆，以用力推不变形、抽不出为准。

（6）盖章清晰。腰条上的名章要清晰可见。

（7）动作连贯。点钞的全过程的各个环节，必须密切配合，环环相扣，双手动作协调，注意减少不必要的动作。

（二）手工点钞的方法

手工点钞的方法有很多，我们这里主要介绍手持式、手按式和扇面式三种点钞方法。

1. 手持式点钞法

手持式点钞法又分为单张点钞、一指多张点钞、四指拨动点钞、来回拨动点钞等多种操作方法。

（1）手持式单指单张点钞法，是最常用的点钞法。其操作要点是：

将钞票正面向内，持于左手拇子左端中央，二指（食指）和三指（中指）在票后面捏着钞票，四指（无名指）自然卷曲，与五指（小拇指）在票正面共同卡紧钞票；然后，右手三指微微上翘，托住钞票右上角，右手拇指指尖将钞票右上角向右下方逐张捻动，二指和其他手指一道配合拇指将捻动的钞票向下弹动，拇指捻动一张，二指弹拨一张，左手拇指随着点钞的进度，逐渐向后移动，食指向前推动钞票，以便加快钞票的下落速度；在此过程中，同时采用1、2、3……自然记数方法，将捻动的每张钞票清点清楚。一张一张清点时为单张点钞法；若在单张点钞的基础上，持票斜度加大且手指较为熟练时，便可发展到一指两张或两张以上……其方法也就发展为一指多张点钞法了。

（2）手持式四指四张点钞法，是以左手持钞，右手四指依次各点一张，一次四张，轮回清点，速度快，点数准，轻松省力，挑剔残损券也比较方便。此法也是纸币复点中常用的一种方法。其操作要点是：

钞票横放于台面，左手心向下，中指自然弯曲，指背贴在钞票中间偏左的内侧，二指、四指和小拇指在钞票外侧，中指向外用力，外侧的三个指头向内用力，使得钞票两端向内弯成为"U"形。拇指按于钞票右侧外角向内按压，使右侧展作斜扇面形状，左手腕向外翻转，食指成直角抵住钞票外侧，拇指按在钞票上端斜扇面上；右手拇指轻轻托在钞票右里角扇面的下端，其余四指并拢弯曲，指尖成斜直线。点数时小指、四指、中指和二指指尖依次捻钞票右上角与拇指摩擦后拨票，一指清点一张，一次点四张为一组。左手随着右手清点逐渐向上移动，二指稍加力向前推动以适应待清点钞票的厚度。这种点钞法采用分组记数法，每一组记一个数，数到25组为100张。

2. 手按式点钞法

手按式点钞法也有手按式单张点钞法和手按式多指多张点钞法。

（1）手按式单指单张点钞法，是常采用的方法之一。这种方法简单易学，便于挑剔损伤券，适用于收款、付款工作的初、复点。其操作要点是：

将钞票平放在桌子上，两肘自然放在桌面上。以钞票左端为顶点，与身体成45度角，左手小指、四指按住钞票的左上角，用右手拇指托起右下角的部分钞票，用右手二指捻动钞票，每捻起一张，左手拇指即往上推动到二指、三指之间夹住，完成一次动作后再依次连续操作，在完成这些动作的同时，采用1、2、3……自然记数方法，即将钞票清点清楚。此法与手持式相比，点钞的速度慢一些，但点钞者能够看到较大的票面。

（2）手按式四指四张点钞法。其操作要点是：

将钞票平放在桌子上，两肘自然放在桌面上。以钞票左端为顶点，与身体成45度角，左手小指、四指按住钞票的左上角，右手掌心向下，拇指放在钞票里侧，挡住钞票。二指、中指、四指、小指指尖依次由钞票右侧外角向里向下逐张拨点，一指拨点一张，一次点四张为一组，依次循环拨动。每点完一组，左手拇指将点完的钞票向上掀起，用二指与中指将钞票夹住，如此循环往复。这种点钞法采用分组记数法，每一组记一个数，数到 25 组为 100 张。

3. 扇面式点钞法

把钞票捻成扇面形状进行清点的方法叫扇面式点钞法。其要点是：将钞票捻成扇面形状，右手一指或多指依次清点，如果是一指清点即为扇面式一指多张点钞法；如果是四个指头交替拨动，分组点，一次可以点多张，即为扇面式四指多张点钞法。这种点钞法，清点速度快，适用于收、付款的复点，特别是对大批成捆钞票的内部整点效果更好。但是这种方法清点时不容易识别假票、夹杂券，所以不适于收、付款的初点，也不适于清点新、旧、破混合钞票。此法需要较高的点钞技术，一般单位的出纳不易掌握，因此不要求采用此法，这里也就不再做详细介绍了。

（三）手工清点硬币方法

手工清点硬币一般包括整理、清点、记数等步骤。清点硬币前，应先将不同面值的硬币分类码齐排好，一般五枚或十枚为一垛。清点时，将硬币从右向左分组清点，用右手拇指和食指持币分组点数，为了准确，可以用中指分开查看各组数量并复点无误后，即可计算金额，完成硬币清点工作。

二、机器点钞技术

机器点钞就是用点钞机代替部分手工点钞，速度是手工点钞的几倍；它大大地提高了点钞的工作效率并减轻了出纳人员的工作强度。点钞机的基本结构如图 2-13 所示。

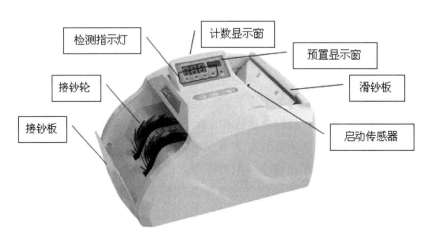

检测指示灯　计数显示窗　预置显示窗　接钞轮　滑钞板　接钞板　启动传感器

图 2-13　点钞机的基本结构图

出纳人员在进行机器点钞之前，首先安放好点钞机，将点钞机放置在操作人员顺手的地方，一般是放置在操作人员的正前方或右上方；安放好后必须对点钞机进行调整和试验，力求转速均匀，下钞流畅，落钞整齐，点钞准确。

机器点钞的具体操作方法如下：

首先开启电源开关，当只需清点张数而不须鉴伪时，按功能键选择到"计数"

工作方式。

　　然后将一叠纸币捻成一定斜度，平放在滑钞板上，机器即自动完成点钞工作，待滑钞板上纸币全部输送完毕，机器停止计数，此时显示屏上显示的数字就是该叠纸币的数量，取出接钞架钞票。每次清点纸币时显示器上显示的数值自动控制将清零后重新计数。

　　机器点钞的注意事项：

　　（1）点钞时将钞票整理，最好是按不同的面值分开并清除钞票上的纸补贴及污染物，再将钞票扇开成小斜坡状，成捆钞票应先拍松再散开，垂直放入滑钞轮。

　　（2）放钞不正确时，会产生真钞误报或机器提示出现点钞不准，请把接钞器上的纸币重新摆好，放到进钞台，按复位键再重新清点。正确放钞可使点钞机鉴别能力更强，计数更准确。

　　（3）使用一般点钞机时，应避免可能对电网产生强干扰的电器，如手机、电焊机等，避免强光直射和强磁场干扰，以免造成鉴伪失灵。

　　（4）接钞轮、对转轮和阻力橡皮不能沾染油脂，否则会造成打滑导致计数不准。

　　（5）断电停机后等待不少于5秒再开机，否则可能会导致机器工作不正常。

　　（6）每周应该彻底清扫一次计数对管及各传感器上的灰尘，只需将上盖向上掀起，用毛刷把灰尘清扫完即可，注意清扫前关闭电源。

　　（7）当出现进钞不顺畅或计数不准时，可通过调节进钞台螺钉来调整阻力橡胶片与捻钞轮之间的间隙解决，然后用手抓一张纸币放入捻钞与阻力橡胶片之间感到有拉力即可。注意：顺时针方向收紧，逆时间方向放松。

　　目前的点钞机一般都带有防伪功能，所以，出纳人员在用机器点钞时，还要学用机器来识别假币的技术。

● 第三节　数字的书写与计算技能

一、数字的书写技能

　　出纳人员要不断地填制凭证、记账、结账和对账，经常要书写大量的数字。如果数字书写不正确、不清晰、不符合规范，就会带来很大的麻烦。因此客观上要求出纳人员掌握一定的书写技能，使书写的数字清晰、整洁、正确并符合规范化的要求。

　　（一）小写金额数字的书写

　　小写金额是用阿拉伯数字来书写的，如图2-14所示。具体书写要求如下：

$$\mathit{1\ 2\ 3\ 4\ 5\ 6\ 7\ 8\ 9\ 0}$$

图 2-14　小写金额数字

（1）阿拉伯数字应当从左到右一个一个地写，要大小匀称，笔画流畅，每个数码独立有形，不得连笔写。在书写数字时，每一个数字都要占有一个位置，这个位置称为数位。数位自小到大，是从右向左排列的，但在书写数字时却是自大到小，从左到右的。

（2）书写数字时字迹工整，排列整齐有序且有一定的倾斜度（数字与底线应成60°的倾斜），并以向左下方倾斜为好；同时，书写的每位数字要紧靠底线但不要顶满格（行），一般每格（行）上方预留 1/3 或 1/2 的空格位置，用于以后修订错误记录时使用。

（3）除6、7、9外，其他数码高低要一致；书写数字"6"时，上端比其他数字高出 1/4，书写数字"7"和"9"时，下端比其他数码伸出 1/4。手写0、6、8、9 时，圆圈必须封口；除4、5以外数字必须一笔写成，不人为地增加数字的笔画；为避免将"1"改为"7"，手写"1"要写得长一点，尽量将格子占满，并保持斜度等。

（4）阿拉伯数字前面应当书写货币币种符号或者货币名称简写。币种符号与阿拉伯金额数字之间不得留有空白。凡阿拉伯数字前写有币种符号的，数字后面不再写货币单位。人民币符号为"￥"。

（5）所有以元为单位（其他货币种类为货币基本单位）的阿拉伯数字，除表示单价等情况外，一律填写到角分。无角分的，角位和分位可写"00"，或者符号"—"；有角无分的，分位主应当写"0"，不得用符号"—"代替。

（二）大写金额数字的书写

大写金额是用汉字大写数字来书写的。汉字大写数字包括：零、壹、贰、叁、肆、伍、陆、柒、捌、玖、拾、佰、仟、万、亿。具体书写要求如下：

（1）以上汉字大写数字一律用正楷或者行书体书写，不得用另（0）、一、二、三、四、五、六、七、八、九、十、百、千等简化字代替，不得任意自造简化字。

（2）大写金额数字到元或者角为止的，在"元"或者"角"字之后应当写"整"字或"正"字；大写金额数字有分的，分字后面不再写"整"或"正"字。

（3）大写金额数字前未印有货币名称的，应当加填货币名称，货币名称与金额数字之间不得留有空白，如"人民币伍佰元正"。

（4）阿拉伯金额数字中间有"0"时，汉字大写金额要写"零"字，阿拉伯数字金额中间连续有几个"0"时，汉字大写金额中可以只写一个"零"字；阿拉伯金额数字元位是"0"，或者数字中间连续有几个"0"，元位也是"0"，但角位不是"0"时，汉字大写金额可以只写一个"零"字，也可不写"零"字。

（5）大写金额中"壹拾几""壹佰（仟、万）几"的"壹"字，一定不能省略，必须书写。因为，"拾、佰、仟、万、亿"等字仅代表数位，并不是数字。例如：

①小写的 1 058.00，大写为人民币壹仟零伍拾捌元整。

②小写的 1 008.00，大写为人民币壹仟零捌元整。

③小写的 2 000.38，大写为人民币贰仟零叁角捌分，或大写为贰仟元叁角捌分。

④小写的 15.67，大写为人民币壹拾伍元陆角柒分，绝不能只写为人民币拾伍元陆角柒分。

二、计算技能

在日常出纳业务中，有大量的数据需要通过正确地计算才能准确无误。因此，要求出纳掌握常用的计算技术。算盘是传统的计算工具，也是目前出纳最主要的计算工具，出纳人员必须熟练地掌握算盘操作方法，打好算盘是出纳的基本功之一，珠算知识是出纳必备的基本知识。同时，出纳人员也要学会并熟练地使用计算器。有条件的单位配备计算机后，出纳人员也应熟练操作计算机，利用计算机进行计算和做账。

下面主要介绍计算器的使用方法。

（一）计算器的基本结构

计算器（Calculator 或 Counter）一般是指"电子计算器"，该名词由日文传入中国。计算器是能进行数学运算的手持机器，拥有集成电路芯片，但结构简单，比现代电脑结构简单得多，可以说是第一代的电子计算机（电脑），且功能也较弱，但较为方便与廉价，可广泛运用于出纳实务中，是必备的办公用品之一。基本结构如图 2-15 所示。

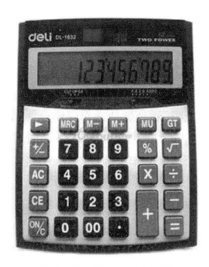

图 2-15 计算器基本结构

计算器一般由运算器、控制器、存储器、键盘、显示器、电源和一些可选外围设备及电子配件通过人工或机器设备组成。低档计算器的运算器、控制器由数字逻辑电路实现简单的串行运算，其随机存储器只有一两个单元，供累加存储用。高档计算器由微处理器和只读存储器实现各种复杂的运算程序，有较多的随机存储单元以存放输入程序和数据。键盘是计算器的输入部件，一般采用接触式或传感式。为减小计算器的尺寸，一键常有多种功能。显示器是计算器的输出部件，有发光二极管显示器或液晶显示器等。除显示计算结果外，还常有溢出指示、错误指示等。计算器电源采用交流转换器或电池，电池可用交流转换器或太阳能转换器再充电。

（二）计算器的使用方法

M+：把目前显示的值放在存储器中，是计算结果并加上已经储存的数。（如屏幕无"M"标志即存储器中无数据，则直接将显示值存入存储器）

M-：从存储器内容中减去当前显示值，是计算结果并用已储存的数字减去目前的结果，如存储器中没有数字，按 M-则存入负的显示屏数字。

MS：将显示的内容存储到存储器，存储器中原有的数据被冲走。

MR：按下此键将调用存储器内容，表示把存储器中的数值读出到屏幕，作为当前数值参与运算。

MC：按下时清除存储器内容。（屏幕"M"标志消除）

MRC：第一次按下此键将调用存储器内容，第二次按下时清除存储器内容。

GT：GT＝Grand Total，意思是总数之和，即按了等号后得到的数字全部被累计相加后传送到 GT 存储寄存器。按 GT 后显示累计数，再按一次清空。

MU（Mark-up 和 Mark-down 键）：按下该键完成利率和税率计算。

CE：清除输入键，在数字输入期间按下此键将清除输入寄存器中的值并显示"0"，可重新输入。

AC：清除全部数据结果和运算符。

ON/C：上电/全清键，按下该键表示上电，或清除所有寄存器中的数值。

【例 2-1】先按"32×21"，得数是 672。然后按下"M+"，这样就可以把这个答案保存下来，然后我们按"8 765-"，再按"MR"就可以把刚才的 672 调出来了，最后我们就可以得到答案 8 093。

【例 2-2】在计算时使用记忆键能够使操作简便，例如计算 5.45×2+4.7×3 可以这样做：按"5.45×2＝"，会显示出 10.9，按"M+"（记忆 10.9），按"4.7×3＝"，会显示出 14.1，按"M+"（记忆 14.1），再按"MR"会显示出 25（呼出记忆的两个数相加后的结果）。

【例 2-3】MU 键应用：按下该键完成利率和税率计算。

（1）乘法 A×B MU，相当于 A+（A+B%）。

已知本年数额与增长率，求预计明年数额。如今年销售收入 100，预计增长率为 2.5%，求明年数。按"100×2.5 MU"，即出结果为 102.5。

计算增值税，由不含税价计算含税价。如不含税销售收入为 3 500 元，计算含税销售收入，假定税率为 17%，按 "3 500×17 MU"，即出结果 4 095。

（2）减法 A-B MU，相当于（A-B）/B 的百分比。

已知当年收入与去年收入求增长率。如今年 3 000，去年 2 800，计算增长率，按 "3 000-2 800 MU" 即出结果 7.142 857，当然结果是百分比。

（3）除法 A÷B MU，相当于 A/（1-B%）。

计算消费税组成计税价格，由不含税价计算含税价。如不含消费税收入 120，计算含消费税收入，假定税率为 25%，按 "120÷25 MU"，即出结果 160。

加法 A+B MU 相当于（A+B）/B 的百分比。

● 第四节　出纳凭证填制和审核技能

出纳填制和审核的凭证主要是各种货币收支原始凭证，如开出或收到的发票或收据，填写或收到的支票等银行票据。这些工作是出纳的经常性业务活动，不得有半点差错，所以，出纳人员必须掌握填制和审核原始凭证的基本方法和技术。

一、填制原始凭证的基本技能

（一）原始凭证的含义

原始凭证，又称单据，是在经济业务发生或完成时取得或填制的，用以记录或证明经济业务的发生或完成情况，并作为记账原始依据的一种会计凭证，是出纳核算和会计核算中的原始材料和重要的证明文件。

（二）填制原始凭证的基本要求

（1）原始凭证的内容必须具备：凭证的名称，填制凭证的日期，填制凭证单位名称或填制人姓名，经办人员的签名或者盖章，接受凭证单位名称，经济业务内容，数量、单价和金额。所有内容必须真实可靠，符合实际情况。

（2）自制原始凭证必须有经办单位领导人或者其指定的人员签名或盖章。对外开出的原始凭证，必须加盖本单位公章或财务专用章。

（3）凡填有大、小写金额的原始凭证，大写与小写金额必须相符，其书写按前述技能要求进行。

（4）购买实物的原始凭证，必须有验收证明，支付款项的原始凭证，必须有收款单位和收款人的收款证明。

（5）一式几联的原始凭证，应当注明各联的用途，只能以一联作为报销凭证。

（6）一式几联的发票和收据，必须用双面复写纸（发票和收据本身具备复写纸功能的除外）套写，并连续编号。作废时应当加盖"作废"戳记，连同存根一起保存，不得撕毁。

（7）各种凭证填写时不得涂改、挖补，也不能用涂改液或修正液改正。若发现有误时，一般应重新填制；若可更正，应按规定方法进行，并在更正处由相关方签章。

二、审核原始凭证的技能

出纳是根据审核无误的原始凭证来收入和支付现金或银行存款的，也以此来登记现金和银行存款日记账，所以，审核原始凭证也是出纳的基本技能之一。

（一）审核内容

出纳对原始凭证的审核内容主要是以下两方面：

（1）政策性审核，主要是审核原始凭证所记录的货币收支业务的合法性、合理性和真实性；

（2）技术性审核，主要是审核原始凭证的格式、内容和填制手续是否符合规定，是否具有原始凭证的合法效力。

（二）审核办法

在出纳工作中，把对原始凭证的审核归纳为"八审八看"：

（1）审原始凭证所记货币收支业务，看是否符合财会制度和开支标准；

（2）审"抬头"，看是否与本单位（或报账人）名称相同；

（3）审原始凭证日期，看是否与报账日期相近；

（4）审原始凭证的"财务签章"，看是否与原始凭证的填制单位名称相符；

（5）审原始凭证联次，看联次是否恰当正确；

（6）审原始凭证金额，看金额是否计算正确；

（7）审原始凭证大小写金额，看两者是否一致；

（8）审原始凭证的票面，看是否有涂改、刮擦、挖补等现象。

● 第五节　出纳账的设置与核算技能

出纳账是以会计凭证为依据，全面、连续地反映货币资金收付业务的账簿，主要是现金日记账和银行存款日记账以及有关的备查账簿。一般情况下，出纳账是逐笔、逐日、序时、连续进行登记的，是出纳的主要业务活动。因此，出纳人员必须掌握登记出纳账的基本方法和技术。

一、出纳账簿的设置与启用

（一）出纳账簿的设置的基本要求

（1）每个单位都必须设置现金日记账和银行存款日记账，这两个账簿是国家财政部门建账监管的主要账簿。

现金日记账和银行存款日记账必须采用三栏式的订本式账簿，不得用银行对账单或其他方法代替日记账。

（2）备查账簿可根据每个单位的具体情况设置。

（二）出纳账簿的启用和交接要办理会计手续

出纳账簿的启用和交接都必须办理会计手续，即由经管日记账簿和登记日记账簿的出纳人员在账簿有关栏目中签名盖章，注明其会计责任及期限的各项专业手续。

（1）在启用会计账簿时，应当在账簿封面上写明单位名称和账簿名称。在账簿扉页上附的启用表（如图 2-16 所示）的内容包括：启用日期、账簿页数、记账人员和会计机构负责人、会计主管人员姓名及其签章，并加盖单位公章。

（2）出纳人员因工作变动须调换时，新、老出纳人员必须办理交接手续。交接中，在有关出纳账簿扉页上注明交接日期、接办人员或者监交人员姓名，并由交换双方人员签名或盖章。必要时，在会计主管人员或有关责任人主持下进行交接，点清库存现金及各种有价证券，交出空白发票或收据、支票、印鉴和账簿等，复写一式多份的“会计交接手续说明和财产物资清单”并由交换双方和监交人一起在上面签章。

<table>
<tr><td colspan="12">账 簿 启 用 表</td><td rowspan="13">贴印花处</td></tr>
<tr><td colspan="3">单位名称</td><td colspan="4">（加盖公章）</td><td>负责人</td><td colspan="2">职务</td><td colspan="2">姓名</td></tr>
<tr><td colspan="3">账簿名称</td><td colspan="4">账簿第　　册</td><td>单位领导</td><td colspan="2"></td><td colspan="2"></td></tr>
<tr><td colspan="3">账簿号码</td><td>第　号</td><td>启用日期</td><td colspan="2">年　月　日</td><td>会计主管</td><td colspan="2"></td><td colspan="2"></td></tr>
<tr><td colspan="3">账簿页数</td><td colspan="4">本账簿共计　　页</td><td>主办会计</td><td colspan="2"></td><td colspan="2"></td></tr>
<tr><td colspan="12"></td></tr>
<tr><td colspan="12">经管本账簿人员一览表</td></tr>
<tr><td colspan="3">记账人员</td><td colspan="3">接管日期</td><td colspan="3">移交日期</td><td colspan="2">监交人员</td><td rowspan="2">备注</td></tr>
<tr><td>职务</td><td>姓名</td><td>盖章</td><td>年</td><td>月</td><td>日</td><td>年</td><td>月</td><td>日</td><td>职务</td><td>姓名</td></tr>
<tr><td></td><td></td><td></td><td></td><td></td><td></td><td></td><td></td><td></td><td></td><td></td><td></td></tr>
<tr><td></td><td></td><td></td><td></td><td></td><td></td><td></td><td></td><td></td><td></td><td></td><td></td></tr>
</table>

图 2-16　账簿启用表

二、现金日记账和银行存款日记账登账的基本要求与规则

（一）启用现金日记账和银行存款日记账的基本要求

启用订本式现金日记账和银行存款日记账后，应当从第一页到最后一页顺序编写页数，不得跳页、缺页。以后登记中也不得撕毁其中的任何一页，即使是作废的账页也应保留在上面。

（二）日记账登账的要求与规则

（1）出纳账必须根据审核无误的会计凭证进行登记。出纳人员对于认为有问题的会计凭证，应提供给会计主管进一步审核，由会计主管按照规定做出处理决定。出纳人员不能擅自更改会计凭证，更无权随意处置原始凭证。对于有问题而又未明确解决的会计凭证或经济业务，出纳应拒绝入账。

（2）登记出纳账应按第一页到最后一页的顺序进行，不得跳行、隔页、缺号。如果发生了跳行、隔页，不能因此而撕毁账页，也不得任意涂改。而应在空白行或空白页的摘要栏内，划红色对角线予以注销，或者注明"此行空白""此页空白"字样，并由出纳人员签章。订本式日记账严禁撕毁账页。

（3）出纳日记账应该每天逐笔登记，每日结出余额。现金日记账余额每天还要与库存现金进行核对。

（4）登记出纳日记账时，应当将所依据的会计凭证日期、编号、业务内容摘要、金额和其他有关资料逐项记入账内，做到数字准确、摘要清楚、登记及时、字迹工整。

（5）日记账中书写的文字和数字上面要留有适当空格，不要写满格，一般应占格距的二分之一至三分之一。

（6）登记日记账要用蓝黑墨水或碳素墨水书写，不得使用圆珠笔、铅笔书写。红色墨水只能在结账划线、划线更正错误和红字冲账时使用。

（7）每一账页登记完毕结转下页时，应当结出本页合计数及余额，写在本页最后一行和下页第一行有关栏内，并在摘要栏内注明"过次页"和"承前页"字样；也可以将本页合计数及金额只写在下一页第一行有关栏内，并在摘要栏内注明"承前页"字样。

（8）在登账过程中发生账簿记录错误，不得刮、擦、挖、补，更不允许采用褪色药水或修正液进行更正，也不得更换账页重抄，而应根据错误的具体情况，采用正确的方法予以更正。

三、日记账的对账与结账

（一）日记账的对账

对账是对出纳账簿记录所进行的核对工作。对账工作是保证账证、账账、账实、

账表相符的重要条件。出纳账的对账包括：

1. 账证核对

账证核对，是指出纳账记录与据以登账的会计凭证之间的核对，检查其两者的时间、凭证字号、内容、金额是否一致，要求做到账证相符。

2. 账账核对

账账核对，是指出纳的现金日记账和银行存款日记账要与会计掌管的现金和银行存款总账核对，要求做到账账相符。

3. 账实核对

账实核对，是指每日的现金日记账余额与库存现金实有数相核对，银行存款出纳账定期与单位在银行的实际存款（用银行对账单代替）金额相核对，要求做到账实相符。

4. 账表核对

账表核对，是指每期会计报表中的库存现金和银行存款数必须与出纳账的数字相核对，做到账表相符。

（二）日记账的结账方法

（1）结账前，必须将本期内所发生的各项现金和银行存款收付业务全部登记入账。

（2）结账时，结出"现金"和"银行存款"账户的本月（年）发生额和期末余额。结账分为月结和年结。月结时，在摘要栏内注明：本月合计或"本年累计"字样，并在下面通栏划单红线即可；年结时，在摘要栏内注明"本年累计"字样，并在下面通栏划双红线。

（3）年度终了，将"现金"和"银行存款"账户的余额结转到下一会计年度，并在摘要栏注明"结转下年"字样；在下一会计年度新建的"现金"和"银行存款"的日记账的第一页第一行的摘要栏注明"上年结转"字样，并将金额填入余额栏。

四、出纳备查账的设置与登记

出纳人员要保管和经手大量的有价证券、重要的票证，为了更加详细地了解其使用、结存及其他情况，出纳人员应当根据需要设置有关的备查账簿。备查账簿是每个单位为了满足管理需要而设置的，所以没有统一的格式，可根据不同的情况设计具体格式。下面介绍几种出纳常用的备查账簿。

（一）支票领用登记簿

每个单位应当设置支票领用登记簿，凡领用支票必须履行手续，出纳人员登记，经办人签字。出纳人员设置和登记的支票领用登记簿如表2-3所示。

表 2-3 　　　　　　　　　　　　**支票领用登记簿**

领用日期	支票号码	领用人员	用途	收款单位	限额	批准人	销号日期	备注

（二）应收票据备查登记簿

出纳人员收到付款单位的商业汇票时，应登记"应收票据备查登记簿"，逐项填写备查簿中的汇票种类（银行承兑汇票或商业承兑汇票）、交易合同号、票据编号、签发日期、到期日期、票面金额、付款单位、承兑单位等有关内容。"应收票据备查登记簿"基本格式如表 2-4 所示。

表 2-4 　　　　　　　　　　　**应收票据备查登记簿**

票据种类：　　　　　　　　　　　　　　　　　　　　　　　　　　第　页

年		凭证		摘要	合同		票据基本情况				承兑人及单位名称	背书人及单位名称	贴现		承兑		转让			
月	日	字	号		字	号	号码	签发日期	到期日期	金额			日期	净额	日期	金额	日期	受理单位	票面金额	实收金额

（三）应付票据备查登记簿

出纳人员在寄交商业汇票时，应登记"应付票据备查登记簿"，逐项登记发出票据的种类（银行承兑汇票或商业承兑汇票）、交易合同号、票据编号、签发日期、到期日期、收款单位及汇票金额等内容。"应付票据备查登记簿"的基本格式如表 2-5 所示。

表 2-5 　　　　　　　　　　　**应付票据备查登记簿**

票据种类：　　　　　　　　　　　　　　　　　　　　　　　　　　第　页

年		凭证		摘要	合同字号	票据基本情况					到期付款		延期付款	
月	日	字	号			号码	签发日期	到期日期	收款人	金额	日期	金额	日期	金额

（四）发票（收据）领用登记簿

出纳人员负责发票或收据的购领、发放、保管工作，要设置发票（收据）登记簿，逐一登记票据的种类、数量与起止号码，如实记载票据的填用、核销、结存情况。发票（收据）领用登记簿的参考格式如表 2-6 所示。

表 2-6　　　　　　　　　　发票（收据）领用登记簿

领用日期	起始号码	领用人员	证件	签名	批准人	核销日期	备注

（五）有价证券登记簿

出纳人员保管的有价证券主要是股票和债券，其登记簿如表 2-7 所示。

表 2-7　　　　　　　　　　有价证券登记簿

发行年度	期次	面额	利率	张数	号码		合计金额	入库依据	兑换日期			兑换本息		
					起	止			年	月	日	本金	利息	合计

第六节　　出纳发生错误查找和更正技能

出纳人员在收取或支付现金以及进行货币资金的账务处理中，应尽量算正确、点正确和准确记账。但在实际工作中，由于种种原因，可能会出现错款事项或错账现象。错款、错账的出现，会影响出纳人员的思想情绪，严重者会影响其正常工作。因此，正确判断错款或错账的类型，迅速查找和及时更正，是出纳人员必须掌握的一项业务技术。

一、错款及其查找方法

就出纳错款而言，无非就是"长款"和"短款"两种类型。按财务管理制度规定，"长款"应上交单位，列作收益；"短款"若是非责任事故，可予以报损，但须报经审批才能进行，不能"以长补短"。但是，若长款不报，按贪污论处；短款不报，以违反财经制度论处。所以，无论"长款"或"短款"都应尽量避免，一旦发生，要及时查找并更正。

（一）出纳容易出现差错的时刻

出纳容易出现差错一般发生在以下四个时刻：

（1）刚上班时，精力尚未完全集中。

（2）快下班时，思想有些分散。

（3）收付业务较多时，精神过分紧张。

（4）工作闲时，懒散分心。

所以，对以上易出错的时刻，出纳要格外小心。

（二）"错款"产生的原因及类型

"错款"产生的原因及类型，一般有以下四种：

第一种，因看错而出现的错款。比如按凭证付款时看错金额而多付出现金。

第二种，因违反出纳操作规程和制度而出现的错款。如付款时不复核清点而出现错款；或收付款无误后，不及时登记日记账而以后又遗失现金收付款凭证（有意识丢失凭证的不属此例），造成错款；或因为熟人办事，不遵守制度和相关手续造成错款。

第三种，因麻痹大意而形成错款。如初点一笔款项与凭证不符，复点相符，又不做第三次落实便认为无误，而实际有误，就会引起错款。

第四种，因交接手续不清而造成错款。如让别人临时代班而又不办交接手续或不认真交接。

（三）错款防止与查找的方法

错款的发生与出纳的思想素质和业务水平密切相关，所以出纳不仅要提高认识，加强工作责任心，细心工作，而且要提高出纳业务技术水平（如点钞技术，坚决按出纳规章制度和操作规程办事）。这是防止错款的最基本办法。因此，在收、付款过程中必须坚持"收款必复、付款必核"的基本工作方法，以减少差错，杜绝错款，提高出纳业务水平。

一旦发生了错款，应该迅速查明原因，常用的及时进行更正的行之有效的查找方法是：从自身查起，在核准账款的基础上，通过回忆分析和比较，采取有效方法和手段，挽回损失。例如，发现账款不符时先复查当天收、付款凭证，并轧计出库存现金，然后逐笔勾对，看有无漏记、重记和误记情况。若错款是整数金额，应重点考虑登记是否有误。如把 100 元写成 700 元就会产生 600 元错款。若错款金额能被 9 整除的数，则可能是错记账。如短款 279 元，这个 279 元可以被"9"整除，即 $279 \div 9 = 31$，则有可能把收入"31 元"误记为"310 元"。这样便可有的放矢地去查有无 31 元收入的凭证，有无 310 元的账目。还有大量的错款发生在现金收款、付款的清点中。这类错款比较难以确定，只有通过回忆分析查找错款目标后，通过领导做好对方的思想工作，争取对方的支持和理解，因势利导，促其退回错款。倘若对方不予承认，一般也只能作罢。出现错款属于出纳的责任，轻者予以教育批评，同时进行经济处罚即赔偿；经常错款而又特别严重者，则应视情节和后果，或调离岗位，或处分后调离岗位。

二、错账查找及更正方法

（一）错账类型

从技术方面讲，出纳错账可以分为三种类型：

一是因出纳人员记账错误而发生的错账。它包括方向（错款）记反、数字倒置、位数记错、漏记、重记等几种可能引发的错账。

二是因出纳人员计算错误而发生的错账。这种错账，主要发生在出纳结账时，在计算"发生额合计"和期末余额时计算有误而形成的错账。

三是因记账凭证填制错误而发生的错账。

（二）错账查找的方法

发现错账以后，要反复计算核实，再根据错误的数字加以分析，估计发生错误的可能性及原因，缩小可能记错的范围，再进一步查找。错账查找的方法一般有以下几种：

第一种，差额除以2法——检查借贷方向。错账差额如确认为并非漏记或重记，可用此差额除以"2"求其商，如能刚好找到一笔业务金额正好与它相等，则可能是借、贷方向反向所致。例如，银行存款日记账余额比总账余额少了2 780元，可查日记账有无金额刚好是1 390元（2 780÷2）的业务发生，若有，则可能是将增加的1 390元误写成减少1 390元。

第二种，差额除以9法——检查数字倒置或位移。数字倒置是将相邻两个数位倒换了位置，如将81写成18，将67写成76，将6 375写成3 675等。数字位移是因小数点错位而造成的数字变大或变小，例如1 960写成19 600。小数点向左挪一位，错数就为原数的1/10；小数点向右挪一位，错数就为原数的10倍。无论数字倒置还是数字位移，其差额均能被9除尽。例如：

（81-18）÷9＝7

（6 375-3 675）÷9＝300

（19 600-1 960）÷9＝1 960

这样就缩小了查找原因，去找与错数倒置或位移的数字，再按方法一进行查找。

第三种，漏记或重记的查找方法。漏记或重记一笔数字时，可以查对有无与此错数相同的数字。如果错数所涉及的不仅是一笔数字，还可以进行局部核对或全面核对。

第四种，计算错误的查找方法是重新计算。

（三）错账更正的方法

错账被查出来以后要根据错误的性质和具体情况，采用正确方法更正。常用的错账更正方法有三种。

1. 划线更正法

划线更正法适用于结账之前发现账簿记录错误，而予以更正的方法。更正时，先在错误文字或数字上划一条红线注销，然后再在注销的文字或数字上方写上正确的文字或数字，并由记账人员在更正处盖章以明确责任。使用这一方法注意两点：一是文字错误可只划掉错误的字，而数字错误则须划掉整个数码。例如，将 6 385 错记为 6 835，必须将整个 6 835 划线，在其上方写上正确数字 6 385，而不能只划掉 83。二是被划掉的文字或数字应保持可辨认状态，不得一片模糊。

2. 红字更正法

红字更正法适用于记账后，发现记账凭证有误时进行更正。更正时，首先，用红字填写一张与原错误记账凭证内容一致（账户名称、记账方向和金额均一致）的记账凭证，据以红字登记入账，以冲销原错误记录；然后再按正常程序编制一张正确的记账凭证，并据以入账。若原记账凭证只是所填金额大于应填金额，则只需一步，即将多填金额数据用红字编制一张记账凭证，并据以红字登记入账，即可达到更正错账的目的。

3. 补充登记法

补充登记法适用于记账后，发现记账凭证有错时（只是所填金额小于应填金额，并按错误金额入账后形成的错账）进行更正。更正时，只需按应填金额与所填金额的差异数，填制一张与原记账凭证的账户和记账方向相同的记账凭证，并据以入账，即可达到更正错账的目的。

第七节　出纳的保管技能

一、有价证券及印章的保管

出纳一般除了负责单位上的库存现金的保管之外，一般还要负责单位的有价证券、印鉴、空白支票、空白发票或收据的管理工作，出纳要加强责任心，防止这些财物的丢失。

（一）保险柜的管理

一般来讲，各单位都要配备保险柜，供出纳使用。保险柜的管理包括以下内容：

（1）保险柜应配备两把钥匙，一把由出纳保管，供出纳人员日常工作开启使用；另一把由单位财会主管（总会计师或财务科长）负责封存保管，以备特殊情况下经有关领导批准后开启使用。保险柜有转字结构的，应由出纳掌握，但也应向总会计师（或财务科长）登记备查。

非出纳人员在一般情况下，不能任意开启保险柜。单位财会主管在对出纳工作进行检查，如检查现金库存限额，实物盘点时才能按规定程序开启保险柜，但出纳应在场。

（2）保险柜内保存的现金余额应当符合银行核定库存限额的要求。

（3）有价证券和贵重物品等，都必须设置保管登记簿，进行仔细登记，随时清点，做到账实相符。

（4）出纳使用的空白票据，比如空白发票或收据、空白支票以及常用的印鉴等，每日终了，均应放入保险柜内保管。

（5）保险柜内严禁存放私人现金或财物。

（6）保险柜内各种物品要存放整齐，保持整洁卫生；保险柜外也要经常揩抹干净。

（7）出纳人员工作变动时，必须及时更换密码。

（8）保险柜的钥匙丢失或密码发生故障，出纳人员要及时报有关领导处理，不得随意找人修理或配钥匙。必须更换保险柜时，要办理以旧换新的批准手续，注明更换情况备查。

（9）保险柜被盗的处理。一旦发现保险柜被盗或出现异常情况，出纳人员应当保护现场，并立即报告保卫部门或公安机关，待公安机关勘查现场时才能清理财物被盗情况。

（二）空白支票的保管

每个单位都保留了一定数量的空白支票以备使用，而空白支票一般都由出纳人员保管。支票是一种支付凭证，一旦填写了有关内容，并加盖了预留在银行的印鉴后，就可以直接从银行提取现金和办理转账。所以，出纳人员必须保管好空白支票。在保管中，应注意以下四点：

（1）实行票印分管。空白支票和预留印鉴不得由一个人保管，通常，由出纳人员保管空白支票和人名章，而签发支票的财务专用章则由会计人员（一般是会计负责人或会计主管）保管。这样便于明确责任，互相制约，防止舞弊行为。

（2）严格控制携带盖好印鉴的空白支票外出采购。

（3）设置和登记"支票领用登记簿"（如表2-3所示），实行空白支票领用销号制度。

（4）空白支票应当保管在保险柜中。

（三）有价证券的保管

出纳保管的有价证券主要是股票和债券，它们具有与现金相同的性质，应当同现金一样进行保管。在保管中，要注意以下几点：

（1）实行账证分管，会计人员管账，出纳管有价证券实物，互相牵制，互相核对，共保有价证券安全完整。

（2）要将有价证券视同现金保管，有价证券要分门别类地整齐排放在保险柜中，并随时或定期进行抽查盘点。

（3）出纳人员应当对各种有价证券的票面额和号码保守秘密。

（4）建立并登记好"有价证券登记簿"（如表 2-7 所示），以便随时掌握各种有价证券的库存和流通情况。

（四）空白发票或收据的保管

空白发票或收据一经填制并盖章，即可作为结算的书面依据，所以，出纳人员应当按规定妥善保管和使用空白发票或收据。有关发票或收据的内容将在第三章中详细介绍。

（五）印鉴的保管

与出纳有关的印鉴主要是银行预留印鉴中的个人章。出纳人员应当将该印章妥善地保管在保险柜中。单位在印鉴管理中应注意以下几点：

（1）银行的预留印鉴主要用于支票，一般都留有两个，一是单位负责人的个人印章，二是单位的财务专用章。个人印章由出纳保管，财务专用章由其他会计人员保管。绝不能由出纳同时保管这两个印章，否则后患无穷。

（2）预留印鉴的更换必须按规定进行。如单位负责人更换或印鉴损坏需要更换时，应填写"印鉴更换申请书"，同时出具证明情况的公函一并交开户银行，经银行同意后，在银行发给的新印鉴卡的背面加盖原预留印鉴，在正面加盖新启用的印鉴。

（3）预留印鉴如果发生遗失，应当及时报有关领导。出纳人员遗失的是预留印鉴中的个人印章，应由本单位出具函；如遗失的是单位的财务专用章，则应由上级主管部门出具函证，经开户银行同意后，出纳人员再办理更换印鉴的手续。

二、出纳归档资料的保管

出纳人员每天都要收存、支付许多凭证，又保管着单位的货币性资产，所以应该掌握必要的凭证装订和保管技能。

（一）出纳凭证的整理

出纳人员根据收款凭证和付款凭证记账后，必须逐日、逐张对原始凭证进行加工整理，以便于汇总装订。原始凭证的整理要求做到：

（1）面积小而又零散不易直接装订的原始凭证，如火车票、市内公共汽车票等应先将小票按同金额归类，粘贴到另一厚纸上，对齐厚纸上沿，从上至下移位重叠粘贴，注意小票不应落出厚纸下沿。

（2）面积较大但又未超过记账凭证大小的原始凭证，不宜粘贴，应先用大头针或回形针将其别在一起，待装订时取掉。

（3）面积稍微大过记账凭证的原始凭证，应按计账凭证大小先自下向上折叠，再从右到左折叠；如原始凭证的宽度超过记账凭证两倍或两倍以上，则应将原始凭证的左下方折成三角形，以免装订时将折叠单据订入左上角内。

（4）缘空白很少不够装订的，要贴纸加宽，以便装订后翻阅。

（5）记账凭证较多时应按顺序编列总号，一般按现收、现付、银收、银付顺序编列总号后再进行装订。

（二）凭证的装订方法

凭证的装订质量，也是出纳工作质量的重要标志。装订不仅要求外观整齐，而且要防止偷盗和任意抽取；同时正确的装订方法能保证凭证的安全和完整。装订时要加凭证封面和封底。凭证封面格式如图 2-17 所示。

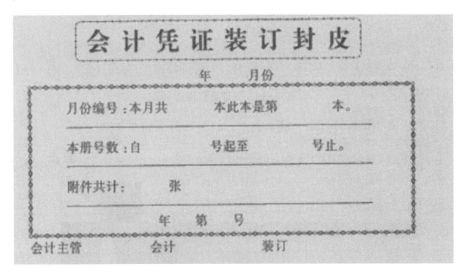

图 2-17　会计凭证装订封面

凭证装订方法如下：

第一步，将需要装订的凭证上方和左方整理齐整，再在左上方加一张厚纸作为封签，用铁锥在封签上照图 2-18 所示钻三个圆眼，直至底页，然后装订。

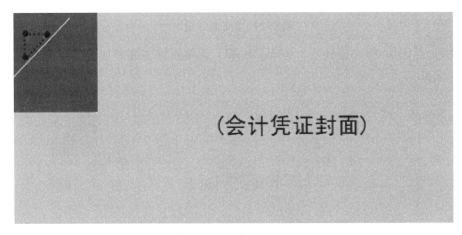

图 2-18　凭证装订图 1

第二步，订牢后，在订线的地方涂上胶水，然后将封签按上图订线所形成之三角形的斜边折叠，如图 2-19 所示。

图 2-19　凭证装订图 2

（3）然后将凭证翻转过来，底页朝上，将封签剪至如图 2-20 所示。

图 2-20　凭证装订图 3

（4）在图 2-20 阴影处涂上胶水，折叠，并在封签骑缝处加盖装订人图章，如图 2-21 所示。

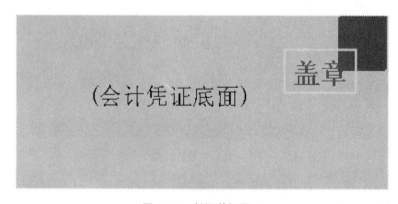

图 2-21　凭证装订图 4

凭证装订好后，不能轻易拆开抽取。如因外调查证，只能复印，但应请本单位领导批准，并在专设的备查簿上登记，再由提供人员和收取人员共同签名盖章。

（三）保管期限

现金出纳凭证的保管期限应从会计年度终了后第一天算起。除涉外凭证及其他重要会计凭证外，一般会计凭证保管期限是 15 年。保管期满，应按规定程序报经批准后予以销毁。

第八节　办理银行票据和结算凭证技能

出纳在办理货币资金的收、付业务时，经常涉及办理银行的各种票据和结算凭证工作。这就要求出纳人员熟悉并掌握办理的基本程序以及各种票据和结算凭证的填制与结算技术。这一问题将在以后的第六章中详细介绍。

附录：手工点钞评分与考核标准

（一）手工点钞评分标准

（1）采用限时不限量的方法，以符合整点质量要求的 100 张/把的整把数来计算成绩。

整点质量要求：点准 100 张/把；无折角，不露头；腰条应扎在钱把 3/4 或 1/3 处；扎把紧而平整，不翘把，不散把；盖章须清晰可辨，必须位于钞把侧面。

（2）得分标准：每把计 10 分。

（3）扣分标准：

① 票券扎把不紧，即面上一张轻轻一提就滑出的，每把扣 0.5 分；腰条自然脱落、腰条尾部未掖进去或掖后轻轻抖动腰条散脱的，每把扣 0.5 分；扎把过紧，导致票券成"弓"形或成"S"形的，每把扣 0.5 分；票券整理不齐，即票把两头呈梯形，上下错位 5 毫米以上的，每把扣 0.5 分。

② 腰条未扎在 3/4 或 1/3 处的，每把扣 1 分。

③ 盖章不清晰或漏盖、错盖的，每把扣 1 分。

④ 点数不准确该把不得分。

（二）手工点钞考核标准

（1）合格标准：5 分钟正确完成 5 把，即 50 分。

（2）六级标准：5 分钟正确完成 6 把，即 60 分。

（3）五级标准：5 分钟正确完成 7 把，即 70 分。

（4）四级标准：5 分钟正确完成 8 把，即 80 分。

（5）三级标准：5 分钟正确完成 9 把，即 90 分。

思考题

1. 怎样去识别真假人民币？其基本方法是什么？当你发现假币后应当怎么处理？

2. 点钞是出纳人员的基本技能，你认为你适合采用哪种方法点钞？你能够达到什么水平？

讨论题

你要成为一名合格的出纳人员，应当具备哪些基本技能？怎样去掌握出纳的技能，并不断提高这些技能？

实验项目

一、实验项目名称：人民币真伪识别技能

（一）实验目的及要求

1. 通过本实验掌握第五套人民币真伪识别的基本技能。

2. 要求同学们完成对第五套人民币真伪识别的全部操作过程，重点识别 100 元和 10 元币。

（二）实验设备、资料

1. 1999 年版和 2005 年版第五套人民币：100 元、50 元、20 元、10 元、5 元、1 元币。

2. 教学用假人民币若干。

3. 5 倍以上放大镜。

4. 荧光验钞笔等。

（三）实验内容与步骤

1. 每个组准备一套第五套人民币真币和若干假币。

2. 开始识别：

一看：包括看水印、安全线、光变油墨、钞面图案色彩、隐形面额数字等。

二摸：摸凹凸手感、摸手感线。

三听。

四测。

3. 对照人民币的防伪功能进行验证其真伪。

（四）实验结果（结论）

1. 了解第五套人民币的基本知识。

2. 熟悉第五套人民币的防伪特征。

3. 掌握第五套人民币的真伪识别技能。

二、实验项目名称：点钞实验

（一）实验目的及要求

1. 通过本实验掌握点钞的基本技能，达到基本熟练点钞的目的。

2. 要求同学们完成手持式单指单张点钞全部操作过程。

3. 要求同学们在单指单张基础上进行手持式单指双张点钞练习。

4. 要求80%的同学通过手工点钞实验后达到80分以上的成绩；其余20%的同学通过实验后达到70分以上的成绩。

（二）实验设备、资料

1. 点钞练功券、腰条、印章等。

2. 点钞机。

（三）实验内容与步骤

1. 将同学们按每5位一组进行实验。

2. 每位同学依次点钞，其他同学进行监督、计时。

（四）实验结果（结论）

1. 了解点钞的基本方法。

2. 熟悉点钞的基本程序。

3. 掌握手持式点钞和点钞机点钞的基本技能。

第三篇 规范篇

- 现金管理规范
- 银行存款管理规范

第三章 现金管理规范

现金是流动性和支付性最强的货币性资产，每个单位的现金管理都是出纳工作的重中之重。每个单位应当在国家现金管理法规的基础上，结合本单位的实际情况，建立健全本单位的现金管理内部控制制度。出纳人员根据国家现金管理的有关规定和单位内部的现金控制制度，严格管理好本单位的现金，正确处理好现金的收付存业务。

● 第一节 国家现金管理的基本规定

一、现金的含义

现金是指可以随时用来购买所需物资，支付有关费用，偿还债务和存入银行的货币性资产，在企业资产中流动性最强。现金有广义和狭义之分，狭义的现金指单位的库存现金，即存放在单位并由出纳人员保管作为零星业务开支之用的库存现款，包括人民币现金和各种外币现金；广义上的现金就是会计上的现金，即包括库存现金、银行存款和其他货币资金。出纳管理的现金及现金结算方式中的现金是指狭义上的现金。

根据国家现金管理制度和结算制度的规定，每个单位必须按照国务院发布的《现金管理暂行条例》的规定收支和使用现金，加强现金管理，并接受开户银行的监督。

二、国家现金管理的基本规定

（一）现金使用范围的规定

（1）职工工资、津贴。这里所说的职工工资是指企事业单位、机关、团体、部队支付给职工的工资和工资性津贴。

（2）个人劳务报酬。这是指由于个人向企事业单位、机关、团体、部队等提供劳务而由企事业单位、机关、团体、部队等向个人支付的劳务报酬。它包括新闻出版单位支付给作者的稿费，各种学校、培训机构支付给外聘教师的讲课费，以及设计费、装潢费、安装费、制图费、化验费、测试费、咨询费、医疗费、技术服务费、介绍服务费、经纪服务费、代办服务费、各种演出与表演费，及其他劳务费用。

（3）根据国家制定的规定、条例，颁发给个人的科学技术、文化艺术、体育等方面的各种奖金。

（4）各种劳保、福利费用以及国家规定的对个人的其他支出，如退休金、抚恤金、学生助学金、职工困难生活补助。

（5）收购单位向个人收购农副产品和其他物资的价款，如金银、工艺品、废旧物资的价款。

（6）出差人员必须随身携带的差旅费。

（7）结算起点（1 000元）以下的零星支出。超过结算起点的应实行银行转账结算，结算起点的调整由中国人民银行确定报国务院备案。

（8）中国人民银行确定需要现金支付的其他支出。如因采购地点不确定、交换不便、抢险救灾以及其他特殊情况办理转账结算不够方便，必须使用现金的支出。对于这类支出，现金支付单位应向开户银行提出书面申请，由本单位财会部门负责人签字盖章，开户银行审查批准后予以支付现金。

除上述（5）（6）两项外，其他各项在支付给个人的款项中，支付现金每人不得超过1 000元，超过限额的部分根据提款人的要求，在指定的银行转存为储蓄存款或以支票、银行本票予以支付。企业与其他单位的经济往来除规定的范围可以使用现金外，应当通过开户银行进行转账结算。

（二）企事业单位库存现金限额的规定

1. 库存现金限额的含义

为了加强对现金的管理，既保证各单位现金的安全，又促使货币回笼，及时开支，国家规定由开户银行给各单位核定一个保留现金的最高额度，即库存现金限额。核定单位库存限额的原则是：既要保证单位日常零星现金支付的合理需要，又要尽量减少现金的使用。

2. 库存现金限额的核定管理

为了严格现金管理，保证各单位及时支付日常零星开支，《现金管理暂行条例》及其实施细则规定，库存现金限额由开户银行和开户单位根据具体情况商定，凡在银行开户的单位，银行根据实际需要核定3~5天的日常零星开支数额作为该单位的库存现金限额。边远地区和交通不便地区的开户单位，其库存现金限额的核定天数可适当放宽在5天以上，但最多不得超过15天的日常零星开支的需要量。

按照规定，库存现金限额每年核定一次。其核定程序如下：

首先，由开户单位与开户银行协商核定库存现金限额，公式为：

库存现金限额＝每日零星支出额×核定天数

每日零星支出额＝年现金正常支出总额÷年平均天数

其次，由开户单位填写"库存现金限额申请批准书"，基本格式如表3-1所示。

表3-1　　　　　　　　　　　　　　**库存现金限额申请批准书**

申请单位：××单位　　　　　　　　　　　　　　　　　　　　单位：元

开户银行：××银行　　　　　　　　　　　　　　　　　　　　账号：

每日必须保留现金支付项目	保留现金的原因	申请金额	批准金额	备注
工资薪金	每年预计支付现金工资薪金 1 800 000 元	25 000	25 000	
材料采购	每年预计零星采购材料物资支付现金 504 000 元	7 000	7 000	
差旅费	每年预计借支差旅费 504 000 元	7 000	7 000	
其他零星开支	每年其他零星现金开支 252 000 元	3 500	3 000	
合　　计	与银行商定现金保留 5 天	42 500	42 000	

库存现金限额计算如下：

工资薪金需用现金＝（1 800 000÷360）×5＝25 000（元）

零星材料采购需用现金＝（504 000÷360）×5＝7 000（元）

差旅费需用现金＝（504 000÷360）×5＝7 000（元）

其他零星需用现金＝（252 000÷360）×5＝3 500（元）

合　　计＝25 000＋7 000＋7 000＋3 500＝42 000（元）

最后，开户单位将库存现金限额申请批准书报送单位主管部门，经主管部门签署意见后，再报开户银行审查批准。开户单位凭开户银行批准的限额数作为库存现金限额。上例银行批准的库存现金限额为 42 000 元。

（三）现金管理的"八不准"规定

（1）不准用不符合财务制度的凭证顶替库存现金。

（2）不准谎报用途套取现金。

（3）不准单位间相互借用现金，扰乱市场经济秩序。

（4）不准利用银行账户代其他单位和个人存入或支取资金，逃避国家金融监督。

（5）不准将单位收入的现金以个人储蓄名义存入银行。

（6）不准保留账外公款（即小金库）。

（7）不准发行变相货币；不准以任何内部票据代替人民币在社会上流通。

（8）未经批准坐支或者未按开户银行核定的坐支范围和限额坐支现金的。

开户单位如有违法现金管理"八不准"的情况之一的，开户银行应当按照《现金管理暂行条例》的规定，有权责令其停止违法活动，并根据情节轻重给予警告或罚款。

（四）其他规定

（1）各单位实行收支两条线，不准"坐支"现金。各单位现金收入应于当日送存银行，当日送存确有困难的，由开户单位确定送存时间。开户单位支付现金可以从本单位的现金库存中支付或者从开户行提取，但不得从本单位的现金收入中直接支出，也就是不允许"坐支"。因特殊情况确实需要"坐支"现金的，应当事先报经开户银行审查批准，由开户银行核定"坐支"范围和限额。企业应定期向银行报送"坐支"金额和使用情况。

（2）各单位的外地采购业务，如因采购地点不固定、交通不便、生产或市场急需、抢险救灾以及其他特殊原因必须使用现金的，应由本单位财会部门负责人签字盖章，向开户银行申请审批，开户银行审查同意并开具有关证明后便可携带现金到外地采购。

（3）企业送存现金和提取现金，必须注明送存现金的来源和支取的用途。

（4）配备专职出纳人员管理现金，建立健全现金账目，逐日逐笔登记现金收付业务。做到日清月结，并不准保留账外公款，即私设"小金库"。

● 第二节　现金内部控制制度

由于现金具有被盗和被挪用的巨大风险，为此单位应建立完善的现金内部控制制度，从事前、事中、事后进行控制，以防有关人员利用职务之便贪污、挪用现金或被不法分子盗窃，达到避免风险、防范错弊、保全现金安全的目的。

一、现金的授权与批准制度

（一）设置专职出纳人员管理现金

（1）每单位应当委派专职的出纳人员负责现金的收入、支出和保管，其他人未经授权一律不能经管现金，并限制他人接近现金。如出纳人员确实因故需要暂时离开岗位时，必须由总会计师或财务部负责人指派他人代管，但是必须办理交接手续。

（2）负责经办现金的出纳人员除登记现金日记账和银行存款日记账，不得兼管总分类账和明细分类账的登记工作。

（二）建立严格的现金授权批准制度

每个单位都必须建立严格的现金授权批准制度，保证审批人员在授权范围内行使职权，进行审批。

（1）明确审批人对现金业务的授权批准方式、权限、程序、责任和相关控制措施。审批人应当根据现金授权批准制度的规定，在授权范围内进行审批，不得超越审批权限。

（2）规定经办人办理现金业务的职责范围和工作要求。经办人应当在职责范围内，按照审批人的批准意见办理现金业务。对于审批人超越授权范围审批的现金业务，出纳人员有权拒绝办理，并及时向单位领导报告。

（3）制定科学合理的现金业务处理程序，严格按照"申请、审批、复核、支付"的程序办理现金的支付业务，并及时准确入账。

（4）建立严密的稽核制度。单位的每一笔现金的收入或付出，都必须经过出纳人员认真审核，审查手续是否完备，数字是否正确，内容是否合理、合法。

（5）建立严格的手续制度，确保每项现金的收付都如实地填制或取得合理合法的原始凭证，并经过审核无误后据此来编制记账凭证，最后按照审核无误的记账凭证登记会计账簿。

（6）建立严格的现金盘点核对制度，对现金定期或不定期进行盘点清查，做到账实相符；定期或不定期进行现金日记账与现金总账核对，做到账账相符。

（7）严格按照《现金管理暂行条例》及国家其他有关现金管理的具体规定开展现金的收付存工作。

二、加强现金保管控制

（1）统一单位的现金库存保管，在单位财务部设置出纳室，由财务部出纳人员直接保管库存现金，单位内部所有的下属单位、部门和个人　律不得存放现金。

（2）库存现金不准超过库存限额，超过库存限额的部分，出纳人员应在当日下班前送存银行，如因特殊原因滞留超过限额的现金在单位过夜的，必须经财务部负责人或单位领导批准，并确保现金的安全。

（3）库存现金必须当日核对清楚，保证账款相符，如发生长、短款问题必须及时向财务部负责人或单位领导汇报，查明原因并按"财产损溢处理办法"进行处理，不得擅自将长、短款相互抵补。

（4）为保证现金的安全，除工作时需要的小量备用金可以放在出纳人员的抽屉内，其余部分应该放入出纳专用的保险柜内，不得随意存放。

（5）单位的库存现金不得以任何个人名义存入银行，防止有关人员利用公款私存，获取利息收入，也防止有人利用公款私存形成小金库。

（7）单位保管现金的地方要有安全防范措施，门要安装保险锁，配备专门的保险柜进行现金的保管，同时保管有价证券和票据。出纳人员下班时要检查窗户、保险柜，门锁好后，方能离开。

（8）单位应当定期和不定期地进行现金盘点，编制"现金盘点表"，如表3-2所示。确保现金账面余额与实际库存相符。如发现不符，应及时查明原因，做出处理。

表 3-2 现金盘点表

单位名称： 年 月 日 金额单位：元

账面金额	库存金额		清查结果		问题说明
	面额	金额	盘盈	盘亏	
	100 元				
	50 元				
	20 元				
	10 元				
	5 元				
	1 元				
	5 角				
	2 角				
	1 角				
	合计				
处理意见：			领导签字		
			出纳签字		
备 注：					

盘点人： 监点人： 出纳：

三、确定本单位现金的支出范围和使用规定

各单位应当根据《现金管理暂行条例》的规定，结合本单位的实际情况，确定本单位现金的支出范围和使用规定。

（一）零星支出现金的范围

（1）单位之间的经济往来，有银行存款账户的单位结算金额在 1 000 元以下的零星支出可以使用现金结算，超过该限额的，均通过银行转账结算。

（2）下列不受 1 000 元以内限额约束使用现金的范围：职工工资、奖金和津贴，个人的劳务报酬，出差人员必须携带的差旅费，招待协作单位的费用等。

（二）不得坐支现金

单位应当严格遵守不得坐支的规定，即单位的现金收入应当及时存入银行，不得用于直接支付单位自身的支出。因特殊情况须坐支现金的，应报单位领导并经开户银行同意。

（三）单位支出款项必须执行严格的授权批准程序

单位借出款项必须执行严格的授权批准程序，一律经授权的负责人批准，严禁擅自挪用、借出现金；每笔现金的支出事先经过审核批准，并在规定的现金使用范围内用于预定的开支项目。

（四）提取或存入现金的安全防范

为了确保现金的安全，单位向银行提取或存入现金，应当配备两名人员同行。提取工资、奖金等大额现金时，还应由保安协助，并采取相应的安全措施。一般来讲，工资、奖金等大额现金最安全的是当天从银行提取，当天发放，尽量避免大量现金在单位存放的现象。

四、现金借款程序

单位的各部门或员工需要借用现金，首先要由经办人填写"借款单"，说明借款的金额、用途和归还期限并由该部门负责人签字盖章；然后交由主办会计审核；再送财务部负责人或单位领导签字；最后由出纳人员按照批准后的"借款单"借出现金款项，并将"借款单"及时传递到会计人员进行账务处理（作其他应收款）。

如果借款单位或借款人没有按期归还借款，单位必须迅速追回款项，并视具体情况进行处理。

五、现金报销程序

（一）一般费用的报销程序

第一步，各部门或下属单位的经办人填写各项费用报销单，并由该部门或单位负责人签字和盖章。

第二步，由会计人员对报销单所附的各项原始凭证的真实性、完整性、合法性、合规性进行审核后签字盖章。

第三步，按授权批准权限对报销单进行批准控制，一般情况下都必须由单位的两位负责人联签批准。

第四步，出纳人员根据上述审核批准后的报销单报销，支付现金或收回多余现金并开出收据。

注意：单位各部门和下属单位报销金额在一定数额（各个单位自行规定）以上时，应当提前×天向单位出纳人员预约，否则不予报销。

（二）单位职工差旅费报销程序

一般情况下，职工出差归来，应当在规定的时间内报销差旅费，逾期报销必须说明理由并由单位领导批准。

首先，由出差职工填写差旅费报销单，并附上批准出差的文件和出差的各种有效会计凭证。

其次，由会计主管对报销单所附的各项原始凭证的真实性、完整性、合法性、合规性进行审核后签字盖章。

再次，由财务部负责人和单位领导批准并签字、盖章。

最后，出纳人员根据上述审核无误的报销单进行报销，收回差旅费借支款，支付现金或收回多余现金。

六、现金结算纪律

（一）现金收入结算规定

（1）单位的各种现金收入必须由出纳人员收取，其他人员一律不得收取现金。在特殊情况下，比如出纳不在的情况下，经单位领导批准，相关人员可暂时代出纳人员收取现金，但是必须及时（当天或者第二天内）将现金转交出纳人员。

（2）出纳人员收取现金时，必须开具单位认定的合法收据，一手收钱，一手开出现金收据。收据一式三联，第一联为存根，第二联是发票交付款人，第三联是记账联。出纳人员收到现金后在记账联加盖"现金收讫"戳记，并在收款的当天（至迟在收款第二天）将记账联传递到会计核算岗位进行会计核算。如果不开收据而收款，视同贪污票款；如不及时传递记账联，视同挪用现金处理。

（3）出纳人员每天收取的现金，必须送存银行，不得"坐支"。

（二）现金支出结算规定

（1）出纳人员办理现金付出业务，必须以经过审核无误的会计凭证作为付款依据，付款以后，在付款凭证上加盖"现金付讫"戳记；未经审核的凭证，出纳人员有权拒付。对于违反财经政策、财经法规、单位内部管理制度的规定以及手续不全的开支一律拒收、拒付，对于涂改过的发票一律不予受理。

（2）不准以白条等不符合规定的凭证抵留库存现金，代收、代付款必须按规定入账，不能保存账外现金。

（3）发现伪造凭证、虚报冒领款项的，出纳人员除拒付现金之外，应及时报告有关领导。

（4）现金收付凭证和现金日记账必须做到"手续完备、凭证齐全、会计处理、账户登记"，要求准确及时，日清月结，库存现金账实相符。

（三）编制"现金收支报告"

（1）出纳人员每日下班前完成如表3-3所示"货币资金收付日报表"的编制，并承报单位领导。

表3-3　　　　　　　　　　货币资金收付日报表

单位名称：　　　　　　　　年　月　日　　　　　　　金额单位：元

项　目	现　金	银行存款	货币资金合计	备注
上日结存				
当日收入				
当日付出				
本日结存				

主管：　　　　　　会计：　　　　　　出纳：

（2）出纳人员定期编制"货币资金收付周（或旬）报表""货币资金收支月报表"。这些报表的格式与表3-3基本相同，只需将时间换为某期间即可。

 思考题

1. 国家是如何规范现金的使用范围的？
2. 单位应当怎样建立和健全本单位的现金内部控制制度？
3. 出纳人员如何将国家和单位的现金管理规范落实到出纳工作中？

 讨论题

如果本单位人员（包括领导者）没有遵循国家或单位的现金管理制度，出现了不合规的现金收支行为，出纳人员应当怎么办？

第四章　银行存款管理规范

　　银行存款也是流动性和支付性很强的货币性资产，单位的银行存款管理是出纳的重要工作。每个单位应当在国家银行存款管理法规的基础上，结合本单位的实际情况，建立健全本单位银行存款管理内部控制制度。出纳人员必须遵循国家有关银行存款管理和支付结算的规定以及单位内部的银行存款控制制度，严格管理好本单位的银行账户，正确办理银行结算业务。

🔵　第一节　银行存款管理的基本内容

一、银行存款的含义及其使用范围

　　银行存款是指企事业单位存放在银行或其他金融机构中的货币资金。它是现代社会经济交往中的一种主要资金结算工具。

　　根据国家有关规定，凡是独立核算的企业，都必须在当地银行开设账户。企业在银行开设账户后，除按银行规定的企业库存现金限额保留一定的库存现金外，超过限额的现金都必须存入银行。企事业单位经济活动所发生的一切货币收支业务，除按国家《现金管理暂行条例》中规定的可以使用现金直接支付的款项外，其他都必须按银行支付结算办法的规定，通过银行账户进行转账结算。

二、银行存款管理的内容

　　银行存款管理就是指国家、银行、企业、事业、机关团体等有关各方对银行存款及相关内容进行的监督和管理。

银行存款管理的内容，根据其管理对象不同可分为银行结算账户的管理、银行存款结算的管理、银行存款核算的管理以及银行借款的管理。

（一）银行结算账户的管理

银行结算账户的管理，主要是指有关银行结算账户的开立、变更、合并、迁移、撤销和使用等内容的管理。

（二）银行存款结算的管理

银行存款结算的管理，是银行存款管理的核心内容，主要是对经济活动引起的银行存款收、付业务的管理。银行存款结算的管理主要包括四方面的内容：

（1）银行存款结算的原则性管理；

（2）银行存款结算的业务性管理；

（3）银行存款结算的纪律及责任管理；

（4）银行结算票据和凭证的管理。

（三）银行存款核算的管理

银行存款核算的管理，是指根据我国《会计法》及会计准则的规定，对银行存款业务进行确认、计量、核算和报告的管理。这部分内容留待第七章中介绍。

（四）银行借款的管理

银行借款是企事业单位根据其生产经营业务的需要，为弥补自有资金不足，向银行借入的款项，是企事业单位从事生产经营活动资金的重要来源。中国人民银行对贷款做了详细的规范。

第二节　银行结算账户管理规范

一、银行结算账户的含义及类型

（一）银行结算账户的含义

银行结算账户是指银行为存款人开立的、办理资金收付结算的人民币活期存款账户。存款人是指在中国境内开立银行结算账户的机关、团体、部队、企业、事业单位、其他组织（以下统称单位）、个体工商户和自然人。

银行结算账户是各单位通过银行办理转账结算、信贷以及现金收付业务的工具，具有反映和监督国民经济各部门经济活动的作用。凡新办的企业或公司在取得工商行政管理部门颁发的法人营业执照后，可选择离办公场地近、办事工作效率高的银行申请开设自己的银行结算账户。对于非现金使用范围的开支，都要通过银行账户办理。

（二）银行结算账户的类型

根据中国人民银行总行发布的《人民币银行结算账户管理办法》的规定，银行结算账户分为基本存款账户、一般存款账户、临时存款账户和专用存款账户。

1. 基本存款账户

基本存款账户是存款人因办理日常转账结算和现金收付需要开立的银行结算账户。它是编报财政预决算报表的独立预算会计单位或实行独立经济核算的企业单位在银行开立的主要账户。按规定，每一存款人只能在银行开立一个基本存款账户。基本存款账户是存款人的主办账户。存款人日常经营活动的资金收付及其工资、奖金和现金的支取，应通过该账户办理。

2. 一般存款账户

一般存款账户是存款人因借款或其他结算需要，在基本存款账户开户银行以外的银行营业机构开立的银行结算账户。一般存款账户用于办理存款人借款转存、借款归还和其他结算的资金收付。该账户可以办理现金缴存，但不得办理现金支取。

3. 临时存款账户

临时存款账户是存款人因临时需要并在规定期限内使用而开立的银行结算账户。存款人可以通过该账户办理转账结算和根据国家现金管理规定办理现金收付。临时存款账户用于办理临时机构以及存款人临时经营活动发生的资金收付。临时存款账户应根据有关开户证明文件确定的期限或存款人的需要确定其有效期限。存款人在账户的使用中需要延长期限的，应在有效期限内向开户银行提出申请，并由开户银行报中国人民银行当地分支行核准后办理展期。临时存款账户的有效期最长不得超过两年。临时存款账户支取现金，应按照国家现金管理的规定办理。

4. 专用存款账户

专用存款账户是存款人按照法律、行政法规和规章，对其特定用途资金进行专项管理和使用而开立的银行结算账户。专用存款账户用于办理各项专用资金的收付。

二、银行存款账户的开户条件及所需证明文件

存款人开立基本存款账户、临时存款账户和预算单位开立专用存款账户实行核准制度，经中国人民银行核准后由开户银行核发开户登记证。但存款人因注册验资需要开立的临时存款账户除外。

开户登记证是记载单位银行结算账户信息的有效证明，存款人应按规定使用，并妥善保管。

（一）基本存款账户

1. 开设对象

根据《人民币银行结算管理办法》的规定，下列情况的存款人可以申请开立一基本存款账户：

（1）企业法人。

（2）非法人企业。

（3）机关、事业单位。

（4）团级（含）以上军队、武警部队及分散执勤的支（分）队。

（5）社会团体。

（6）民办非企业组织。

（7）异地常设机构。

（8）外国驻华机构。

（9）个体工商户。

（10）居民委员会、村民委员会、社区委员会。

（11）单位设立的独立核算的附属机构。

（12）其他组织。

2. 存款人申请开立基本存款账户应出具的证明文件

（1）企业法人，应出具企业法人营业执照正本。

（2）非法人企业，应出具企业营业执照正本。

（3）机关和实行预算管理的事业单位，应出具政府人事部门或编制委员会的批文或登记证书和财政部门同意其开户的证明；非预算管理的事业单位，应出具政府人事部门或编制委员会的批文或登记证书。

（4）军队、武警团级（含）以上单位以及分散执勤的支（分）队，应出具军队军级以上单位财务部门、武警总队财务部门的开户证明。

（5）社会团体，应出具社会团体登记证书，宗教组织还应出具宗教事务管理部门的批文或证明。

（6）民办非企业组织，应出具民办非企业登记证书。

（7）外地常设机构，应出具其驻在地政府主管部门的批文。

（8）外国驻华机构，应出具国家有关主管部门的批文或证明；外资企业驻华代表处、办事处应出具国家登记机关颁发的登记证。

（9）个体工商户，应出具个体工商户营业执照正本。

（10）居民委员会、村民委员会、社区委员会，应出具其主管部门的批文或证明。

（11）独立核算的附属机构，应出具其主管部门的基本存款账户开户登记证和批文。

（12）其他组织，应出具政府主管部门的批文或证明。

如果存款人为从事生产、经营活动纳税人的，还应出具税务部门颁发的税务登记证。

（二）一般存款账户

根据《人民币银行结算管理办法》的规定，存款人申请开立一般存款账户，应向银行出具其开立基本存款账户规定的证明文件、基本存款账户开户登记证和下列证明文件：

（1）存款人因向银行借款需要，应出具借款合同。

（2）存款人因其他结算需要，应出具有关证明。

（三）临时存款账户

根据《人民币银行结算管理办法》的规定，下列情况的存款人可以申请开立临时存款账户，并须提供相应的证明文件：

（1）设立临时机构，应出具其驻在地主管部门同意设立临时机构的批文。

（2）异地临时经营活动，应出具其基本存款账户开户登记证，同时出具以下证明文件：

① 异地建筑施工及安装单位，应出具其营业执照正本或其隶属单位的营业执照正本，以及施工及安装地建设主管部门核发的许可证或建筑施工及安装合同。

② 异地从事临时经营活动的单位，应出具其营业执照正本以及临时经营地工商行政管理部门的批文。

（3）注册验资，应出具工商行政管理部门核发的企业名称预先核准通知书或有关部门的批文。

（四）专用存款账户

根据《人民币银行结算管理办法》的规定，对下列资金的管理与使用，存款人可以申请开立专用存款账户，并须提供相应的证明文件。

下列情况的存款人可以申请开立专用存款账户：

（1）基本建设资金、更新改造资金、政策性房地产开发资金、住房基金、社会保障基金，应出具主管部门批文。

（2）财政预算外资金，应出具财政部门的证明。

（3）粮、棉、油收购资金，应出具主管部门批文。

（4）证券交易结算资金，应出具证券公司或证券管理部门的证明。

（5）期货交易保证金，应出具期货公司或期货管理部门的证明。

（6）金融机构存放同业资金，应出具部门的证明。

（7）单位银行卡备用金，应按照中国人民银行批准的银行卡章程的规定出具有关证明和资料。

（8）金融机构存放同业资金，应出具其证明。

（9）收入汇缴资金和业务支出资金，应出具基本存款账户存款人有关的证明。

收入汇缴资金和业务支出资金，是指基本存款账户存款人附属的非独立核算单位或派出机构发生的收入和支出的资金。

（10）党、团、工会设在单位的组织机构经费，应出具该单位或有关部门的批文或证明。

（11）其他按规定需要专项管理和使用的资金，应出具有关法规、规章或政府部门的有关文件。

（五）异地银行结算账户

存款人有下列情形之一的，可以在异地开立有关银行结算账户：

（1）营业执照注册地与经营地不在同一行政区域（跨省、市、县）需要开立基本存款账户的。

（2）办理异地借款和其他结算需要开立一般存款账户的。

（3）存款人因附属的非独立核算单位或派出机构发生的收入汇缴或业务支出需要开立专用存款账户的。

（4）异地临时经营活动需要开立临时存款账户的。

（5）自然人根据需要在异地开立个人银行结算账户的。

存款人需要在异地开立单位银行结算账户，除出具上述有关证明文件外，应出具下列相应的证明文件：

（1）经营地与注册地不在同一行政区域的存款人，在异地开立基本存款账户的，应出具注册地中国人民银行分支行的未开立基本存款账户的证明。

（2）异地借款的存款人，在异地开立一般存款账户的，应出具在异地取得贷款的借款合同。

以上两种情况，存款人还应出具其基本存款账户开户登记证。

（3）因经营需要在异地办理收入汇缴和业务支出的存款人，在异地开立专用存款账户的，应出具隶属单位的证明。

三、银行账户的开立程序

存款人申请开立单位银行结算账户时，可由法定代表人或单位负责人直接办理，也可授权他人办理。

由法定代表人或单位负责人直接办理的，除出具相应的证明文件外，还应出具法定代表人或单位负责人的身份证件；授权他人办理的，除出具相应的证明文件外，还应出具其法定代表人或单位负责人的授权书及其身份证件，以及被授权人的身份证件。

各单位向银行申请开立账户，应当按照以下程序办理：

1. 填写单位开户申请表

各单位要求在银行开立账户，必须向开户行提出申请，填写"单位开户申请表"。填写完毕后，要加盖本单位全称公章。单位开户申请表的基本格式如表4-1所示。

2. 提交有关的证明文件

开户申请人在填好开户申请表后，将其报送有关单位审查；审查同意后，审查单位要出具证明文件，并加盖证明公章。

（1）全民所有制和集体所有制工商企业到银行办理开户，必须向银行提交其主管部门出具的证明和当地工商行政管理机关核发的"企业法人营业执照"或"营业执照"。

（2）机关、医院、学校、社会团体等单位办理开户，必须向银行提交拨款的财政部门或上一级主管部门出具的审查证明。

（3）部队办理开户，必须向银行提交军队军以上或武警总队财会部门审查后出具的开户证明。

（4）三资企业由注册会计师事务所出具审查证明。

（5）个体工商户办理开户，应提交由城市街道办事处或农村乡政府出具的证明和工商行政管理部门发给的"营业执照"。

（6）外地单位常驻（派出）机构办理开户，要提交主管部门和驻地有关部门的审查批文。

（7）各单位的附属机构办理开户，应提交其管辖单位的审查证明。

表 4-1 单位开户申请表

申请开户单位	开户银行审核意见	审批账户机关意见	说明
单位全称：	同意开立账户种类：	开户许可证号码：	持本表一式三份到人民银行办妥开户许可证后，三日内送交一份开户银行留存（超过三日账号作废），一份单位留存，一份账户审批机关备案
开户证明文件、日期			
证、照号码			
单位性质：	开户银行：		
经营范围（其他事项）：			
地　址：			
电话号码：	账　号：		
单位统一标识代码：			
申请单位公章： 　　法人 　　负责人　盖章 　　　　年　月　日	开户银行公章 年　月　日	审批机关盖章 年　月　日	

若开设基本存款账户，还须向开户银行提交由中国人民银行当地分支机构核发的开户许可证。

3. 填制并提交印鉴卡片

开户单位在提交开户申请表和有关证明文件的同时，还应填写预留印鉴卡片。预留印鉴卡片正面如图 4-1 所示，背面如图 4-2 所示。

中国银行 _____行　预留签章卡

必填信息	账　　号 _____	启用日期 ___年___月___日
	户　　名 _____	客　户　号 _____
	联系电话 _____	邮　　编 _____
	联　系　人 _____	地　　址 _____

预留签章

（旧预留签章卡装订于 ___年___月___日凭证）本行共预留 ___份预留签章卡

会计负责人：　　　　　　　　　　　经办：

图 4-1　预留印鉴卡片正面

更换预留签章通知书（以下新开户免填）

　　我单位定于 ___年___月___日启用新预留签章（见预留签章卡正面）旧预留签章同日注销，在更换预留签章以前本户开出之票据在规定有效期限内前来支取时该预留签章仍继续有效，由此产生的经济责任由本单位承担。

授权证明书

本签章系证明我单位所留预留签章（见预留签章卡正面）有效。

（单位公章及法定代表人签章）

（原预留签章）

图 4-2　预留印鉴卡片背面

　　预留印鉴卡片正面上的户名、地址、电话号码与申请表上的一致，在卡片上要盖上预留在银行的财务专用章和私人（单位负责人或财务机构负责人）印章；在卡片背面右方盖上单位公章和法定代表人印章。

　　如果是更换预留印鉴，在卡片正面盖上新的预留印鉴，同时还需要填写卡片背面左边内容，并将原预留印章盖上。

　　印鉴卡片是开户单位与银行事先约定的一种具有法律效力的付款依据。银行在为开户单位办理结算业务时，凭开户单位预留的印鉴审核支付凭证的真假。若支付凭证上的印章与预留印鉴不符，银行将拒绝办理付款业务，以保障开户单位银行存款的安全；同时，卡上的印鉴也明确了银行的责任，保障了银行的权利不受侵犯。

4. 开户银行审查

开户银行根据有关规定对开户单位提交的开户申请书、有关证明、印鉴卡片、会计人员的"会计从业资格证书"等文件进行审查。经银行审查同意后，银行确定账号，登记开户。

5. 购买银行结算凭证

开户手续完成后，出纳人员可根据业务需要购买各种结算凭证，如支票、银行对账单、电汇单、手续费单等。在购买时，开户单位在账户上的存款余额不得低于1 000 元人民币。

四、银行账户管理的基本原则和使用规定

（一）基本原则

根据《银行账户管理办法》的规定，银行账户管理应遵循以下基本原则：

1. 一个基本账户原则

除国家特殊规定外，存款人在银行只能开立一个基本存款账户，并实行由中国人民银行当地分支机构核发开户许可证制度。

2. 自愿选择原则

存款人可以自主选择银行开立账户，银行也可以自愿选择存款人开立账户，双向自愿。任何单位和个人不得干预存款人和银行开立或使用银行账户的业务工作。

3. 存款保密原则

银行必须依法为存款人保密，除国家法律规定的国务院授权中国人民银行总行的监督项目外，银行不代任何单位和个人查询、冻结、扣划存款人账户内的存款，以维护存款人资金的自主支配权。

4. 足额支付原则

存款人应当保证其银行账户内有足够的资金用于支付，不得开具空头支票，不得办理虚假汇款等，以保证银行结算信誉，维持金融秩序和信用安全。

（二）账户使用规定

（1）认真贯彻执行国家的政策、法令，遵守银行信贷、结算和现金管理的有关规定。银行检查时，开户单位应提供账户使用情况的有关资料。

（2）各单位在银行开立的账户，只供本单位业务经营范围内的资金收付，不得出租、出借或转让给其他单位或个人使用。

（3）各种收付款凭证，必须如实填明款项来源或用途，不得巧立名目，弄虚作假，套取现金，套购物资，严禁利用账户从事非法活动。

（4）各单位在银行的账户必须有足够的资金保证支付，不准签发空头或远期的支付凭证，不得骗取银行信用开具虚假付款凭证。

（5）正确、及时记载和银行的往来账务，并定期核对。发现不符，应及时与银行联系，查对清楚。

五、违反银行账户使用规定的处罚

（一）存款人违反开立、撤销银行结算账户规定处罚

存款人开立、撤销银行结算账户，不得有下列行为：

（1）违反《人民币结算账户管理办法》开立规定；

（2）伪造、变造证明文件欺骗银行开立银行结算账户；

（3）不按规定及时撤销银行结算账户。

非经营性的存款人，有上述所列行为之一的，将给予其警告并处以 1 000 元的罚款；经营性的存款人有上述所列行为之一的，给予其警告并处以 1 万元以上 3 万元以下的罚款；构成犯罪的，将其移交司法机关依法追究刑事责任。

（二）存款人违反银行结算账户使用规定的处罚

存款人使用银行结算账户，不得有下列行为：

（1）违反规定将单位款项转入个人银行结算账户。

（2）违反规定支取现金。

（3）利用开立银行结算账户逃废银行债务。

（4）出租、出借银行结算账户。

（5）从基本存款账户之外的银行结算账户转账存入、将销货收入存入或现金存入单位信用卡账户。

（6）法定代表人或主要负责人、存款人地址以及其他开户资料的变更事项未在规定期限内通知银行。

非经营性的存款人有上述所列一至五项行为的，给予其警告并处以 1 000 元的罚款；经营性的存款人有上述所列一至五项行为的，给予其警告并处以 5 000 元以上 3 万元以下的罚款；存款人有上述所列第六项行为的，给予其警告并处以 1 000 元的罚款。

（三）银行违反银行账户开立规定的处罚

银行在银行结算账户的开立中，不得有下列行为：

（1）违反本办法规定为存款人多头开立银行结算账户；

（2）明知或应知是单位资金，而允许以自然人名称开立账户存储。

银行有上述所列行为之一的，给予其警告，并处以 5 万元以上 30 万元以下的罚款；对该银行直接负责的高级管理人员、其他直接负责的主管人员、直接责任人员按规定给予纪律处分；情节严重的，中国人民银行有权停止对其开立基本存款账户的核准，责令该银行停业整顿或者吊销经营金融业务许可证；构成犯罪的，将其移交司法机关依法追究刑事责任。

（四）银行在银行结算账户的使用中违反规定的处罚

银行在银行结算账户的使用中，不得有下列行为：

（1）提供虚假开户申请资料欺骗中国人民银行许可开立基本存款账户、临时存

款账户、预算单位专用存款账户；

（2）开立或撤销单位银行结算账户，未按本办法规定在其基本存款账户开户登记证上予以登记、签章或通知相关开户银行；

（3）违反规定办理个人银行结算账户转账结算；

（4）为储蓄账户办理转账结算；

（5）违反规定为存款人支付现金或办理现金存入；

（6）超过期限或未向中国人民银行报送账户开立、变更、撤销等资料。

银行有上述所列行为之一的，给予其警告，并处以 5 000 元以上 3 万元以下的罚款；对该银行直接负责的高级管理人员、其他直接负责的主管人员、直接责任人员按规定给予纪律处分；情节严重的，中国人民银行有权停止对其开立基本存款账户的核准；构成犯罪的，移交司法机关依法追究刑事责任。

（五）违反规定，伪造、变造、私自印制开户登记证的处罚

对违反规定，伪造、变造、私自印制开户登记证的存款人，属非经营性的处以 1 000 元罚款；对属经营性的处以 1 万元以上 3 万元以下的罚款；对构成犯罪的，移交司法机关依法追究刑事责任。

第三节　银行存款内部控制制度

银行存款与现金一样具有很强的流动性，每个企事业单位的大部分经济业务都是通过银行存款的收付过程来完成的。为了保证银行存款的安全性和完整性，建立和完善银行存款的内部会计控制体系，加强对银行存款的管理和控制很有必要的。

一、银行存款授权与批准制度

1. 设置专职出纳人员管理现金

（1）每个单位应当委派专职的出纳人员负责银行存款收入和支出，其他人未经授权一律不能经管银行存款，并限制他人接近银行存款；如出纳人员确实因故需要暂时离开岗位时，必须由总会计师或财务部负责人指派他人代管，但是必须办理交接手续。

（2）负责经办银行存款的出纳人员除登记现金日记账和银行存款日记账，不得兼管总分类账和明细分类账的登记工作。

2. 建立严格的银行存款授权批准制度

每个单位都必须建立严格的银行存款授权批准制度，保证审批人员在授权范围内行使职权，进行审批。单位发生银行存款收、付业务，必须经过由单位授权批准的负责人的审批，并授权具体的人员经办。一般情况下，银行存款的收、付须经财务部经理或者会计主管审核，总会计师或总经理批准方可办理。

二、内部牵制制度

内部牵制制度的核心就是银行存款业务中不相容职务的分离，体现钱账分管、内部牵制的原则。具体包括：

（1）银行存款收付业务授权与经办职务相互分离。

（2）银行存款收付业务经办与审查职务相互分离。

（3）银行存款收付业务经办与记账职务相互分离。

（4）银行存款票据管理与银行存款日记账职务相互分离。

（5）银行存款各种票据的保管与签发职务相互分离，其中包括银行单据保管与印章保管职务相互分离。

（6）银行存款收付凭证填制与银行存款日记账的登记职务相互分离。

（7）银行存款日记账与银行存款总账职务相互分离。

（8）银行存款的登账与审核职务相互分离。

三、银行存款记录与审核控制制度

单位对其银行存款收付业务在编制记账凭证、登记银行存款账簿进行反映和记录之前，都必须经过仔细审核，只有审核无误的凭证才能作为会计记录的依据。具体内容有：

（1）办理银行存款业务中，各种银行存款的收、付原始凭证，必须如实填明款项的来源和用途，不得巧立名目，弄虚作假，套取现金，套购物资，严谨用账户搞非法活动。

（2）出纳人员必须根据审核无误的银行存款收付原始凭证办理结算。办理银行结算后的原始凭证和结算凭证，必须加盖"收讫"或"付讫"戳记。

出纳人员在审核银行存款收付原始凭证时，严格按结算纪律执行。发票有涂改现象一律不予受理，对违反财经政策、财务规定及手续不完备的开支一律拒收、拒付，并将问题上报单位领导。

（3）出纳人员要根据审核无误的收、付款原始凭证及时、正确地登记"银行存款日记账"，重视对账工作，发现不符，应及时与银行联系，尽快查对清楚。

（4）会计人员应该根据审核无误的银行存款原始凭证或原始凭证汇总表填制记账凭证。

（5）会计人员根据审核无误的银行存款收、付款凭证或科目汇总表登记银行存款总账。

四、银行存款记录与文件管理的控制制度

为了将已经发生的经济业务进行完整的反映，必须对与银行存款有关的文件加

以适当的整理、管理和保存，进行内部会计控制：

（1）收款和付款凭证都必须要连续编号。

（2）银行支票、银行汇票、银行本票和商业汇票要有专人负责管理。

（3）银行支票、银行汇票、银行本票和商业汇票领用时，必须经过财务部经理或总会计师批准，并经领用人签字。

（4）应该使用事先编号的发货单、发票、支票等。

（5）各种银行结算凭证的使用必须按照《支付结算办法》的规定进行。

五、银行存款核对控制制度

（1）账证核对，是指银行存款日记账与银行存款原始凭证及收、付款凭证相互核对。账证核对要按照业务发生的先后顺序一笔一笔地进行。检查的主要项目有：核对凭证的编号；检查记账凭证和原始凭证是否完全相符；查对银行存款日记账和凭证的金额和方向的一致性。

（2）账账核对，是指银行存款日记账与银行存款总账的核对，是在稽核人员的监督下，出纳人员与银行存款总账会计将银行存款日记账和银行存款总账的发生额和余额进行核对，并相互取得对方签字以对账。在平时就应该经常核对两账的余额，至少于每月终了结账后，银行存款总账中的借方发生额、贷方发生额及余额要同银行存款日记账中的本月收入（借方）合计数、本月支出（贷方）合计数及其余额进行核对。如有差错，立即进行更正，做到账账相符。

（3）账实核对，是出纳人员将其银行存款日记账与"银行对账单"进行核对，每月至少一次，这是出纳人员的一项重要的日常工作。在核对中，一般而言，两者是不相等的，既可能是正常的未达账项，也不排除人为的因素。所以，公司要加强这方面的管理和控制，及时编制"银行存款余额调节表"进行调节，使双方余额相等，如发现问题应及时报财务主管和单位领导。

第四节　银行支付结算规范

同银行打交道，办理银行结算业务是出纳人员的主要工作之一。所以，了解银行支付结算办法，掌握银行支付结算的技术是出纳的基本技能之一。

一、《支付结算办法》的沿革

1988 年 12 月 19 日中国人民银行颁布了《银行结算办法》，并于 1989 年 4 月 1 日起执行。随着社会经济的发展和《中华人民共和国票据法》（以下简称《票据法》）的实施，中国人民银行开始重新修订《银行结算办法》，并于 1997 年 9 月 19

日颁布了《支付结算办法》，取代以前的《银行结算办法》。《支付结算办法》自
1997 年 12 月 1 日起在全国范围内施行。

2004 年 10 月，中国人民银行对《支付结算办法》中的部分内容又进行了修订，
我们将在后面的内容中予以介绍。

二、《支付结算办法》的基本内容

《支付结算办法》共六章二百六十条。

第一章《总则》共二十条。

第二章《票据》共五节一百零九条，主要介绍银行汇票、商业汇票、银行本
票、支票等票据结算方式。

第三章《信用卡》共三十二条，主要介绍信用卡结算方式。

第四章《结算方式》共四节四十五条，主要介绍汇兑、托收承付和委托收款等
结算方式。

第五章《介绍纪律与责任》共四十八条。

第六章《附则》共六条。

三、支付结算的概念及任务、原则和纪律

（一）支付结算的概念

支付结算是指单位、个人在社会经济活动中使用票据、信用卡、汇兑、托收承
付、委托收款等结算方式进行货币给付及其资金清算的行为。

（二）支付结算工作的任务

支付结算工作的任务是根据经济往来组织支付结算，准确、及时、安全办理支
付结算，按照有关法律、行政法规和本办法的规定管理支付结算，保障支付结算活
动的正常进行。

（三）支付结算的原则

单位、个人和银行办理支付结算必须遵守下列原则：

（1）恪守信用，履约付款；

（2）谁的钱进谁的账，由谁支配；

（3）银行不垫款。

（四）支付结算的纪律——"四不准"

不准签发没有资金保证的票据或远期支票即"空头支票"，套用银行信用。

不准签发、取得和转让没有真实交易和债权债务的票据，套取银行和他人资金。

不准无理拒绝付款，任意占用他人资金。

不准违反规定开立和使用账户。

四、支付结算的种类

（一）按支付货币的形式分类

支付结算按支付货币的形式不同可分为现金结算方式和转账结算方式。

1. 现金结算方式

现金结算方式是指企业在其生产经营活动中直接使用现金进行交易和支付的结算方式。

2. 转账结算方式

转账结算方式，是指通过银行划付清算，办理转账的结算方式，所以也被称为银行结算方式，包括三票、一卡、一证、三种方式，如图4-3所示。

汇票（包括银行汇票和商业汇票）、银行本票和支票属于票据结算方式，信用卡、汇兑、托收承付、委托收款属于非票据结算方式。

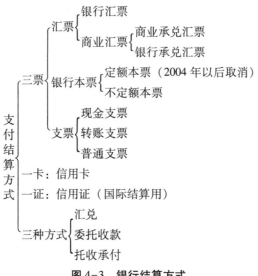

图4-3　银行结算方式

（二）按支付工具的不同分类

支付工具是资金转移的载体，方便、快捷、安全的支付工具是加快资金周转、提高资金使用效率的保障。支付结算方式按支付工具不同分为票据支付结算方式、卡基支付结算方式、电子支付结算方式和其他支付结算方式四类。

1. 票据支付结算方式

票据支付结算方式，是指采用汇票（包括银行汇票和商业汇票）、银行本票和支票等票据进行结算的方式。票据是指出票人约定自己或委托付款人在见票时或指定的日期向收款人或持票人无条件支付一定金额并可流通转让的有价证券，包括汇票、本票和支票（这些票据的内容将在第八章中重点介绍）。票据结算行为具有四个特征：

（1）要式性，即票据行为必须依照《票据法》的规定在票据上载明法定事项并交付。

（2）无因性，指票据行为不因票据的基础关系无效或有瑕疵而受影响。

（3）文义性，指票据行为的内容完全依据票据上记载的文义而定，即使其与实质关系的内容不一致，仍按票据上的记载而产生效力。

（4）独立性，指票据上的各个票据行为各自独立发生效力，不因其他票据行为的无效或有瑕疵而受影响。

2. 卡基支付结算方式

卡基支付结算方式，是指采用银行卡进行结算的方式。银行卡包括借记卡、贷记卡（信用卡）和储值卡。

借记卡，是指由商业银行向社会发行的具有消费信用、转账结算、存取现金等全部或部分功能的支付工具，不能透支。

贷记卡即信用卡是由银行或信用卡公司向资信良好的个人和机构签发的一种信用凭证，持卡人可在指定的特约商户购物或获得服务。信用卡既是发卡机构发放循环信贷和提供相关服务的凭证，也是持卡人信誉的标志，可以透支。按照授信程度的不同，贷记卡分为真正意义上的贷记卡和准贷记卡。贷记卡是指发卡银行给予持卡人一定的信用额度，持卡人可在信用额度内先消费、后还款的信用卡。准贷记卡是指持卡人须先按发卡银行要求交存一定金额的备用金，当备用金账户余额不足支付时，可在发卡银行规定的信用额度内透支的信用卡。

储值卡是指非金融机构发行的具有电子钱包性质的多用途卡种，不记名，不挂失，适应小额支付领域。电子钱包性质的储值卡基本上是由非金融机构发行。一些城市，如上海和厦门，使用的卡基电子货币可用于公共交通、餐饮连锁店等。预计卡基电子货币将越来越多地用于公共交通、高速公路收费、汽车租赁、旅游集散地、停车场、加油站以及超市，并可能扩大到公用事业收费等。储值卡的资金清算，由发行者为商户提供交易数据处理服务，并借助银行完成发行者与商户之间的资金划转。

3. 互联网支付结算方式

互联网支付结算方式是指以金融电子化网络为基础，以各种电子货币为媒介，通过计算机网络系统（特别是因特网）以电子信息传递的形式实现支付功能的结算方式，利用互联网支付工具可以方便地实行货币的存取、汇兑、直接消费和贷款功能。

（1）互联网支付结算方式按支付方式可分为卡基支付工具、网银支付和第三方支付等，但上面已将卡基结算方式单独列为一类，这里就只介绍其他两类互联网支付结算方式。

网银支付，即网络银行直接支付。网络银行又称网上银行、在线银行。网银支付是指银行利用互联网技术，通过互联网向客户提供开户、销户、查询、对账、行内转账、跨行转账、信贷、网上证券、投资理财等传统服务项目，使客户可以足不出户地就能够安全便捷地管理活期和定期存款、支票、信用卡及个人投资等。可以说，网上银行是存在于互联网上的虚拟银行柜台。作为最早被接受的互联网支付方式，由用户向网上银行发出申请，将银行里的金钱直接划到商家名下的账户，直接完成交易，可以说是将传统的"一手交钱一手交货"式的交易模式完全照搬到互联网上。

第三方支付平台，就是一些和产品所在国家以及国外各大银行签约、并具备一定实力和信誉保障的第三方独立机构提供的交易支持平台。在通过第三方支付平台进行交易的过程中，买方选购商品后，使用第三方平台提供的账户进行货款支付，由第三方通知卖家货款到达、进行发货；买方检验物品后，就可以通知第三方付款给卖家，第三方再将款项转至卖家账户。因此买卖双方均需在第三方支付平台上拥有唯一识别标识，即账号。第三方支付能够为买卖双方的交易提供足够的安全保障。目前第三方支付平台有很多，比如支付宝、财付通、微信钱包、快钱、翼支付等。

（2）互联网联网支付按支付终端可分为移动支付、电脑支付、互联网电视支付三类。

移动支付，是用户使用移动终端（通常是手机）对所消费的商品或服务进行账务支付的一种服务方式。目前移动支付业务主要是由移动运营商、移动应用服务提供商（MASP）和金融机构共同推出。手机支付分为近场支付和远程支付两种。近场支付是指将手机作为 IC 卡承载平台，实现与 POS 机的本地通信，从而进行支付。远程支付仅仅把手机作为支付用的简单信息通道，通过网页、短信、语音等方式进行支付，又可分为手机话费支付、指定绑定银行支付和银联快捷支付三种。除手机外使用平板电脑、上网本等其他移动终端也可以进行移动支付。

电脑支付，是最先兴起的互联网支付方式，从某种程度上来说，电脑支付的兴起推动了电子商务产业的发展。虽然近期随着移动支付的兴起，它的地位受到挑战，但在目前仍然占据着互联网支付中最多的份额。

互联网电视支付，主要分为两种，一是将类似 POS 机的装置植入遥控器中，二是将银行卡的支付功能植入数字电视机顶盒里。

4. 其他支付结算方式

其他支付结算方式，是指处票据支付结算、卡基支付结算和电子支付结算以外的现金支付、汇兑、委托收款、托收承付、定期借记和定期贷记等支付结算方式。

（1）现金支付。在中国，现金主要是指流通中的现钞，是由中国人民银行依法发行流通的人民币，包括纸币和硬币。目前，流通中的货币主要是第五套人民币的6 种面额的纸币（1 元、5 元、10 元、20 元、50 元、100 元人民币）和 3 种面额的硬币（1 角、5 角和 1 元人民币）；同时第四套人民币还未退出流通，故仍有少量的第四套人民币在流通。此外，人民银行每年还会根据一些重大题材，不定期地发行一定数量的可流通纪念币（钞）。现金基本上分布在城乡居民个人和企事业单位手中，只有极少部分现金流到国外。

在中国，现金交易大部分发生在储蓄存取款、消费性现金支出、农副产品收购现金支出等。

客户主要利用三种方式提取现金：一是通过使用储蓄存折或储蓄卡从各商业银行储蓄网点支取现金，二是使用银行卡在自动柜员机（ATM）上提取现金，三是通过签发支票提取现金。

企事业单位提取现金只能通过签发支票的方式。

（2）汇兑、托收承付、委托收款三种方式是企事业单位支付结算的重点，我们将在第八章中专门介绍。

（3）定期借记支付业务，是指收款行依据当事各方事先签订的协议，定期向指定付款行发起的批量收款业务。其包括下列业务种类：

①代收水、电、煤气、有线电视等公用事业费业务；

②国库批量扣税业务；

③中国人民银行规定的其他定期借记支付业务。

（4）定期贷记支付业务，是指付款行依据当事各方事先签订的协议，定期向指定收款行发起的批量付款业务。其包括下列业务种类：

①代付工资业务；

②代付保险金、养老金业务；

③中国人民银行规定的其他定期贷记支付业务。

定期贷记与定期借记是同时开始使用的，这种交易必须是在付款人、收款人和银行三方协议的基础上实施的。最初，支付命令是以书面形式发出的，但现在很多大企业、政府机构都用磁介质或数据传送向银行送交支付指令。

出纳人员在办理结算业务时，应当根据不同的款项收支，考虑结算金额的大小、结算距离的远近、利息支出和对方信用情况等要素，进行综合分析，选择适当的银行结算方式，以缩短结算时间，减少结算资金占用，加速资金周转。

五、中国人民银行调整票据、结算凭证种类和格式

（一）新旧票据、结算凭证的种类

2004 年 10 月，中国人民银行颁布了《关于调整票据、结算凭证种类和格式的通知》（银发〔2004〕235 号），决定对现行票据和结算凭证的种类和格式进行调整，调整后的票证将于 2005 年 1 月 1 日起陆续启用。

1. 1997 年由中国人民银行统一规范的票据、结算凭证共 30 种

1997 年，为贯彻实施我国《票据法》和《票据管理实施办法》，中国人民银行印发了《支付结算办法》，并根据对票据和结算方式的管理要求设计了统一的票据和结算凭证（以下简称票证）30 种。其中汇票、本票和支票共设计了 8 种票据格式，信用卡、汇兑、托收承付、委托收款等结算方式及与票据相关的配套凭证共设计了 22 种结算凭证。此外，为便于银行受理跨行银行承兑汇票的查询查复，中国人

民银行在 2002 年设计了统一的银行承兑汇票查询查复书。本次调整是对上述 30 种票证的种类和格式进行调整。

2. 调整后由中国人民银行统一规范的票据、结算凭证共 15 种

调整后由中国人民银行统一规范管理的票证共有 15 种，分别是：银行汇票、粘单、商业承兑汇票、银行承兑汇票、本票、转账支票、现金支票、支票（普通支票）、进账单、信汇凭证、电汇凭证、支付结算通知查询查复书、银行承兑汇票查询（复）书、托收凭证、拒绝付款理由书。

3. 不再由中国人民银行统一规范格式

不再由中国人民银行统一规范格式的主要有银行汇票申请书，银行承兑协议，贴现凭证，挂失止付通知书，银行汇票挂失电报，应付款项证明单，银行卡专用的汇计单、签购单、取现单、存款单、转账单凭证等。

（二）调整的主要内容

（1）对功能、要素、格式相似的票证进行合并，将办理多种业务使用的不同票证合并为通用性较强的票证。它主要包括：

① 将定额本票、不定额本票合并为本票（不定额）；

② 将二联式进账单与三联式进账单合并为三联式进账单；

③ 将托收承付凭证（包括邮划、电划）、委托收款凭证（包括委邮、委电）合并为托收凭证。

（2）为使票面更为简洁清晰，适应计算机处理业务要求和方便客户填写需要，对票证要素、格式做了调整。如：

① 取消了"会计分录、第×号"等用于银行内部会计核算管理的记载事项。

② 将票据的背书栏在原有基础上一并缩减了一栏，并扩大了票据背书栏的记载空间，以满足背书人记载事项的需要。

③ 在票据上增设了证件号码方格栏，以适应办理持票人为个人的款项兑付的需要，便于提示付款人填写和受理银行审核。

④ 在银行汇票正面增设了密押填写栏，支票正面预留了支付密码的填写栏，以适应各行安全管理的要求。

⑤ 不定额本票增加了申请人名称栏，便于银行审核款项来源。

⑥ 在支票背面和存根联设置了"附加信息"栏，汇兑凭证上设置了"附加信息及用途"栏等。

（3）根据结算凭证的使用范围和业务的发展变化，部分结算凭证不再由人民银行统一规范格式，主要有银行汇票申请书，银行承兑协议，贴现凭证，挂失止付通知书，银行汇票挂失电报，应付款项证明单，银行卡专用的汇计单、签购单、取现单、存款单、转账单凭证等。

（4）相应调整了《支付结算会计核算手续》部分内容。它主要涉及定额本票和不定额本票、托收承付和委托收款凭证及二联式进账单与三联式进账单合并后，相

关会计核算处理手续的调整。

 思考题

　　1. 银行存款管理的含义是什么？其内容包括哪些？

　　2. 银行结算账户的含义是什么？银行结算账户可分为哪些类型的账户？出纳人员如何去办理这些账户？

　　3. 单位应当怎样建立和健全本单位的银行存款内部控制制度？

　　4. 国家是如何规范支付结算的？支付结算的主要方式有哪些？如何进行分类的？

 讨论题

　　出纳人员如何遵循国家银行存款管理法规和单位的银行存款内部控制制度？出纳人员应怎样与银行打交道并做好支付结算的相关工作？

第四篇 实务篇

- 发票管理实务
- 现金管理实务
- 银行存款管理实务
- 银行支付结算实务
- 出纳办税实务
- 票据和结算凭证式样

第五章　发票管理实务

发票，是由税务机关监制，纳税人到税务机关领购的票证；纳税人在购销商品、提供或者接受服务以及从事其他经营活动中，开具、收取的收付款凭证。发票是每个纳税人财务收支的法定凭证，是最重要的会计凭证，也是出纳人员经常打交道的票证，必须妥善保管和正确使用。

我国的发票种类包括增值税发票和普通发票两类。

● 第一节　增值税发票管理

增值税发票是增值税一般纳税人销售货物或者提供应税劳务开具的发票。它又分为增值税专用发票和增值税普通发票两种。

一、增值税专用发票

（一）增值税专用发票的含义

增值税专用发票是增值税一般纳税人对其他增值税一般纳税人销售货物或者提供应税劳务开具的发票，是购买方支付增值税额并可按照增值税有关规定据以抵扣增值税进项税额的凭证。增值税专用发票只限于增值税一般纳税人领购使用，而增值税小规模纳税人和非增值税纳税人不得领购使用。

国家税务总局修订后的《增值税专用发票使用规定》自 2007 年 1 月 1 日起施行。

（二）通用的增值税专用发票。

1. 通用增值税专用发票的联次

增值税专用发票由基本联次或者基本联次附加其他联次构成。基本联次为三联：发票联、抵扣联和记账联。发票联，是购买方核算采购成本和增值税进项税额的记账凭证；抵扣联，是购买方报送主管税务机关认证和留存备查的凭证；记账联，是销售方核算销售收入和增值税销项税额的记账凭证。其他联次用途，由一般纳税人自行确定。

2. 通用增值税专用发票的主要特征

（1）在发票联和抵扣联印有防伪水印图案，中间有正反拼音字母"shui"，将专用发票的发票联和抵扣联背面对光检查，可以看到水印防伪图案；

（2）发票联和抵扣联中票头套印的全国统一发票监制章有红色荧光防伪标记；

（3）发票联和抵扣联的中间采用无色荧光油墨套印"国家税务总局监制"字样，左右两边各印有花纹图案。

3. 通用增值税专用发票密文技术

2011年以来，我国开展增值税防伪税控系统汉字防伪项目试运行。增值税防伪税控系统汉字防伪项目是在不改变现有防伪税控系统密码体系前提下，采用数字密码和二维码技术，利用存储更多信息量的二维码替代原来的84位和108位字符密文，在加密发票七要素信息的基础上实现了对购买方企业名称、销售方企业名称、货物名称、单位和数量等信息的加密、报税采集和解密认证功能。汉字防伪项目试运行以后，增值税专用发票将同时存在二维码、84位字符和108位字符三种密文形式。

84位字符密文增值税专用发票票样如图5-1所示，108位字符密文增值税专用发票票样如图5-2所示，二维码密文增值税专用发票票样如图5-3所示。

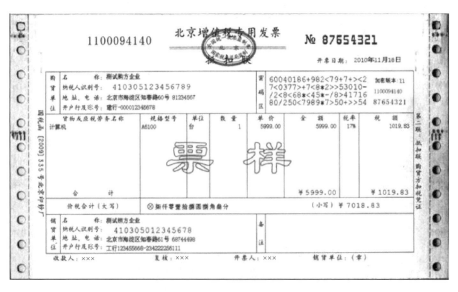

图5-1 84位字符密文增值税专用发票票样

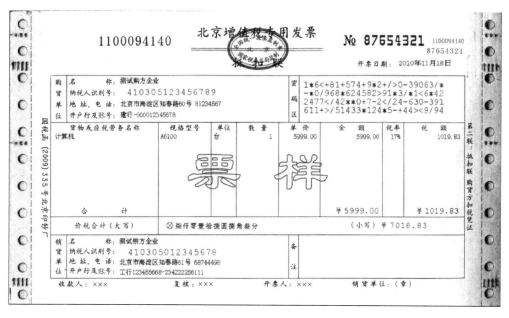

图 5-2 108 位字符密文增值税专用发票票样

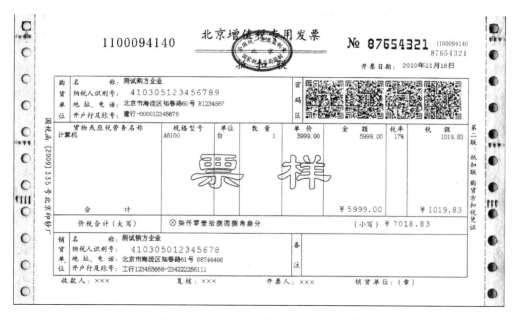

图 5-3 二维码密文增值税专用发票票样

（三）货物运输业增值税专用发票

从 2012 年 1 月 1 日起，我国在部分地区和行业开展深化增值税制度改革试点工作，逐步实现营业税改征增值税。为保障改革试点的顺利实施，税务总局决定启用货物运输业增值税专用发票。

货物运输业增值税专用发票，是增值税一般纳税人提供货物运输服务（暂不包括铁路运输服务）开具的专用发票，其法律效力、基本用途、基本使用规定及安全管理要求等与现有增值税专用发票一致。

货物运输业增值税专用发票分为三联票和六联票：第一联为记账联，承运人的记账凭证；第二联为抵扣联，受票方的扣税凭证；第三联为发票联，受票方的记账凭证；第四联至第六联由发票使用单位自行安排使用。

货物运输业增值税专用发票票样如图 5-4 所示。

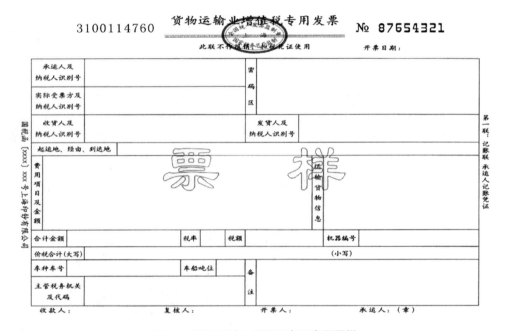

图 5-4　货物运输业增值税专用发票票样

二、增值税普通发票

增值税普通发票，是增值税一般纳税人开具的普通发票。

为加强对增值税一般纳税人开具普通发票的管理，全面监控一般纳税人销售额，国家税务总局从 2005 年 8 月 1 日开始将一般纳税人（不含商业零售）开具的普通发票纳入增值税防伪税控系统开具和管理，亦即一般纳税人可以使用同套增值税防伪税控系统同时开具增值税专用发票、增值税普通发票和废旧物资发票等，此种开票方式简称"一机多票"。

增值税普通发票的格式、字体、栏次、内容与增值税专用发票完全一致，按发票联次分为两联票和五联票两种。基本联次为两联，第一联为记账联，销货方用作记账凭证；第二联为发票联，购货方用作记账凭证。此外为满足部分纳税人的需要在基本联次后添加了三联的附加联次，即五联票，供企业选择使用。

增值税普通发票如图 5-6 所示。

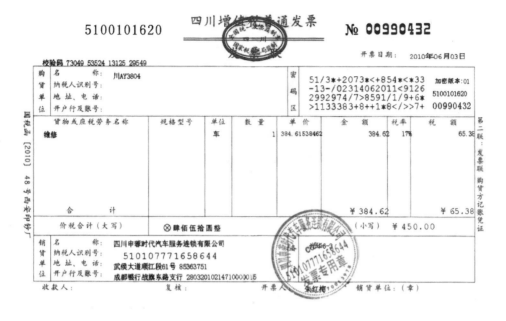

图 5-5　增值税普通发票

三、增值税发票代码及号码

（一）增值税发票代码编制规则

发票代码是税务部门给予发票的编码。增值税专用发票和增值税普通发票代码的编制规则是相同的，由 10 位阿拉伯数字组成。第 1~4 位代表省、自治区、直辖市和计划单列市；第 5~6 位代表制版年度；第 7 位代表批次（分别用 1、2、3、4 表示四个季度）；第 8 位代表票种（1 代表通用增值税专用发票，6 代表增值税普通发票，7 代表货物运输业增值税专用发票）；第 9 位代表发票联次（分别用 2、3 和 6 表示两联、三联和六联；通用增值税专用发票原来是四联，所以用 4，但实行电脑开具后，只有三联了，但代码中仍然用 4 表示三联）；第 10 位代表发票金额版本号。（目前统一用"0"表示电脑发票）

例如：图 5-3 中的发票代码为 1100094140，说明它是北京市（1100）2009 年（09）第四季度（4）制版的三联（4）电脑（0）增值税专用发票（1）。

图 5-4 中的发票代码为 3100114760，说明它是上海市（3100）2011 年（2011）四季度（4）制版的六联（6）电脑（0）货物运输业增值税专用发票（7）。

图 5-5 中的发票代码为 5100101620，说明它是四川省（5100）2010 年（10）第一季度（1）制版的二联（2）电脑（0）增值税普通发票（6）。

（二）增值税发票号码编制规则

增值税发票号码在发票的右上方，由 8 位阿拉伯数字组成，按年度、分批次编制。发票号码每批次均从 00000001 号开始按自然顺序编排，当编到 99999999 后，本批次的最后一份发票号码编为"00000000"。印制同一票种的发票，均应按顺序号连续滚动编排号码。如发票号码不够编排，起用下一批次号码。

四、增值税防伪税控系统与最高开票限额管理

（一）增值税防伪税控系统

增值税防伪税控系统，是指经国务院同意推行的，使用专用设备和通用设备，运用数字密码和电子存储技术管理专用发票的计算机管理系统。

专用设备，是指金税卡、税控 IC 卡（集成电路卡，亦称智能卡）、读卡器和其他设备；通用设备，是指计算机、打印机、扫描器具和其他设备。

一般纳税人应通过增值税防伪税控系统使用专用发票。这里的"使用"是指领购、开具、缴销、认证纸质专用发票及其相应的数据电文。

防伪税控系统的具体发行工作由区县级税务机关负责。

（二）增值税专用发票实行最高开票限额管理

（1）最高开票限额，是指单份增值税专用发票开具的销售额合计数不得达到的上限额度。

（2）最高开票限额由一般纳税人申请，税务机关依法审批。

最高开票限额为十万元及以下的，由区县级税务机关审批；最高开票限额为一百万元的，由地市级税务机关审批；最高开票限额为一千万元及以上的，由省级税务机关审批。

（3）税务机关审批最高开票限额应进行实地核查。批准使用最高开票限额为十万元及以下的，由区县级税务机关派人实地核查；批准使用最高开票限额为一百万元的，由地市级税务机关派人实地核查；批准使用最高开票限额为一千万元及以上的，由地市级税务机关派人实地核查后将核查资料报省级税务机关审核。

（4）一般纳税人申请最高开票限额时，须填报"最高开票限额申请表"，如表 5-1 所示。

表 5-1　　　　　　　　　　最高开票限额申请表

	企业名称		税务登记代码	
申请事项（由企业填写）	地　　址		联系电话	
	申请最高开票限额	□一亿元　□一千万元　□一百万元 □十万元　　□一万元　　□一千元 （请在选择数额前的□内打"√"）		
	经办人（签字）： 　　　年 月 日		企业（印章）： 　　　年 月 日	

表5-1(续)

区县级 税务机关 意见	批准最高开票限额： 经办人（签字）：　　　　　批准人（签字）：　　　　　税务机关（印章） 　年　月　日　　　　　　　　年　月　日　　　　　　　年　月　日
地市级 税务机关 意见	批准最高开票限额： 经办人（签字）：　　　　　批准人（签字）：　　　　　税务机关（印章） 　年　月　日　　　　　　　　年　月　日　　　　　　　年　月　日
省级税务 机关意见	批准最高开票限额： 经办人（签字）：　　　　　批准人（签字）：　　　　　税务机关（印章） 　年　月　日　　　　　　　　年　月　日　　　　　　　年　月　日

注：本申请表一式两联，第一联由申请企业留存，第二联由区县级税务机关留存。

五、初始发行与报税

（一）初始发行

一般纳税人领购专用设备后，凭"最高开票限额申请表""发票领购簿"到主管税务机关办理初始发行。

初始发行，是指主管税务机关将一般纳税人的下列信息载入空白金税卡和IC卡的行为。

（1）企业名称；

（2）税务登记代码；

（3）开票限额；

（4）购票限量；

（5）购票人员姓名、密码；

（6）开票机数量；

（7）国家税务总局规定的其他信息。

一般纳税人发生税务登记代码变化时，应向主管税务机关申请注销发行；其他各项信息发生变化，应向主管税务机关申请变更发行。

（二）一般纳税人报税

报税，是纳税人持IC卡或者IC卡和软盘向税务机关报送开票数据电文。

一般纳税人开具专用发票应在增值税纳税申报期内向主管税务机关报税，在申报所属月份内可分次向主管税务机关报税。

因 IC 卡、软盘质量等问题无法报税的，应更换 IC 卡、软盘；因硬盘损坏、更换金税卡等原因不能正常报税的，应提供已开具未向税务机关报税的专用发票记账联原件或者复印件，由主管税务机关补采开票数据。

六、增值税专用发票认证与税额抵扣

（一）增值税专用发票的认证

用于抵扣增值税进项税额的专用发票应经税务机关认证相符，国家税务总局另有规定的除外。认证相符的专用发票应作为购买方的记账凭证，不得退还销售方。

认证，是税务机关通过防伪税控系统对专用发票所列数据的识别、确认；认证相符，是指纳税人识别号无误，专用发票所列密文解译后与明文一致。

专用发票抵扣联无法认证的，可使用专用发票发票联到主管税务机关认证。专用发票发票联复印件留存备查。

（二）不得作为抵扣凭证的情形

经认证，有下列情形之一的，不得作为增值税进项税额的抵扣凭证，税务机关退还原件，购买方可要求销售方重新开具专用发票。

（1）无法认证，即专用发票所列密文或者明文不能辨认，无法产生认证结果。

（2）纳税人识别号认证不符，即专用发票所列购买方纳税人识别号有误。

（3）专用发票代码、号码认证不符，即专用发票所列密文解译后与明文的代码或者号码不一致。

（三）暂不得作为抵扣凭证的情形

有下列情形之一的，暂不得作为增值税进项税额的抵扣凭证，税务机关扣留原件，查明原因，分不同情况进行处理。

（1）重复认证，即已经认证相符的同一张专用发票再次认证。

（2）密文有误，即专用发票所列密文无法解译。

（3）认证不符，即纳税人识别号有误，或者专用发票所列密文解译后与明文不一致。

（4）列为失控专用发票，即认证时的专用发票已被登记为失控专用发票。

第二节　普通发票管理

一、普通发票的含义

普通发票是营业税纳税人和增值税小规模纳税人使用并开具的发票，增值税一般纳税人在不能开具专用发票的情况下也可以使用普通发票，但是，除了一般纳税人在商业零售时可以采用普通发票外，其他的一般纳税人都采用前面讲的增值税普通发票。

从 2011 年 1 月 1 日起，全国已统一使用新版普通发票，各地废止的旧版普通发票停止使用。

二、普通发票的种类

按发票监制机关不同，普通发票分为国税普通发票和地税发票。

（一）国税普通发票

国税普通发票是由国家税务系统监制的普通发票，新版的四川省国税普通发票包括国家税务机关监制的通用机打发票、通用手工发票和通用定额发票；此外国家税务局还保留了税务机关代开统一发票、机动车销售统一发票、二手车销售统一发票和发票换票证四种旧版普通发票。

四川省从 2011 年 1 月 1 日起，全省统一使用国家税务局新版的通用机打发票和通用手工发票；从 2012 年 3 月 1 日起使用新版的通用定额发票（有奖）。

四川省国税系统启用的新版发票由各市（州）国家税务局统一监制、布奖。

（1）四川省国家税务局通用机打发票分为平推式和卷式两种，发票名称为"四川省××市（州）国家税务局通用机打发票"。通用机打发票一式两联，第一联是发票联，第二联是记账联，发票开出后税控机的卡片里有记录，每月要去税务局清卡，否则下月无法继续开票。如果是税务机关代开的发票，则有第三联，为代开单位留存。

国家税务局通用机打发票平推式票样如图 5-6 所示。

（2）国家税务局通用手工发票分为千元版和百元版两种，发票名称为"四川省××市（州）国家税务局通用手工发票"。国家税务局通用手工发票一式三联：第一联是存根联，第二联是发票联，第三联是记账联。

图 5-6　国家税务局通用机打发票

国家税务局通用手工发票票样如图 5-7 所示。

图 5-7　国家税务局通用手工发票

（3）国家税务局通用定额发票按人民币等值以元为单位，划分为壹元、贰元、伍元、拾元、贰拾元、伍拾元、壹佰元、贰佰元，共 8 种面额。发票名称为"四川省××市（州）国家税务局通用定额发票（有奖）"，规格为 213 毫米×77 毫米，为并列三联，即存根联、发票联、兑奖联。定额有奖发票票样如图 5-8 所示。

定额有奖发票适用于四川省国税系统管辖且实行定期定额征收方式的个体工商户和其他个人销售货物或者提供加工、修理修配劳务时开具（简称"开具定额有奖发票的纳税人") 使用。

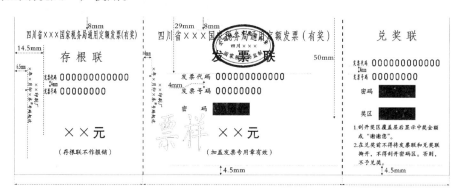

图 5-8　国家税务局通用定额发票

（4）税务机关代开统一发票是税务机关或税务机关委托其他单位根据收款方（或提供劳务服务方）的申请，依照法规、规章以及其他规范性文件的规定，代为向付款方（或接受劳务服务方）开具的发票。国家税务机关代开统一发票一式三联：第一联是存根联（代开单位留存），第二联是发票联（付款方记账凭证），第三联是记账联（收款方记账凭证）。国家税务机关代开统一发票票样如图 5-9 所示。

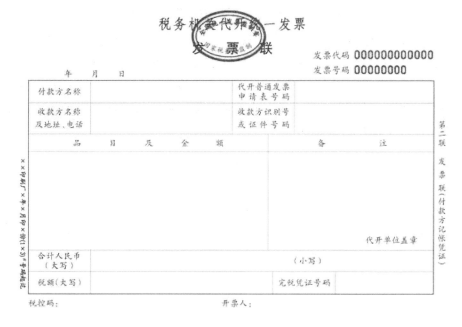

图 5-9　国家税务局统一代开发票

（5）机动车销售统一发票一式六联，第一联是发票联（购货单位付款凭证），第二联是抵扣联（购货单位扣税凭证），第三联是报税联（车购税征收单位留存），第四联是注册登记联（车辆登记单位留存），第五联是记账联（销货单位记账凭证），第六联是存根联（销货单位留存）。机动车销售统一发票票样如图 5-10 所示。

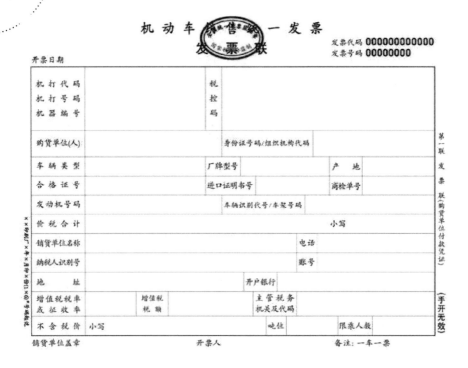

图 5-10　国家税务局机动车销售统一发票

（6）发票换票证是税务机关在进行税务检查或者发票管理中，需要对接受发票的单位和个人取得的发票进行查验，将被查验的发票调出时制作和使用的文书。发票换票证与所调出发票具有同等法律效力，被调出查验发票的单位和个人不得拒绝接受。

发票换票证一式三联，第一联是存根联，第二联是换票联，第三联是查对联。发票换票证票样如图 5-11 所示。

图 5-11　国家税务局统发票换票证

（7）二手车统一发票一式五联，第一联是发票联，第二联是转移登记联，第三联是出入库联，第四联是记账联（车辆登记单位留存），第五联是存根联。二手车统一发票票样如图 5-12 所示。

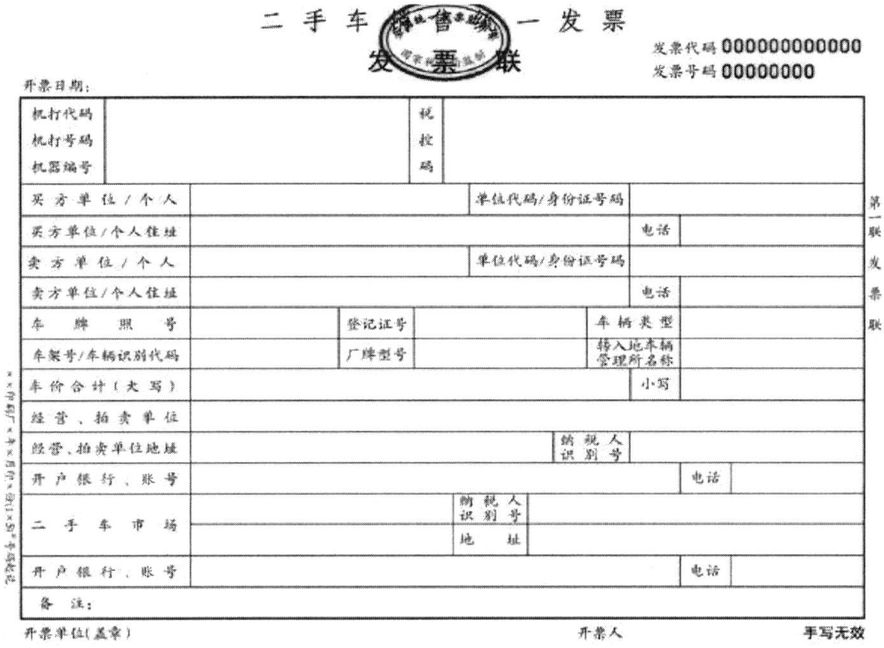

图 5-12　国家税务局二手车统一发票

（二）地税发票

地税发票是由地方税务系统监制的普通发票。

按照《四川省地方税务总局关于简并发票种类统一发票式样的公告》的要求，从 2011 年 5 月 1 日起四川省逐步启用新版发票，简并发票种类统一发票式样后，四川省地税发票包括通用类发票和印有单位名称发票两类。

1. 通用类发票

通用类发票包括：公路、内河货物运输业统一发票，建筑业统一发票，销售不动产统一发票，发票换票证，四川省××市地方税务局通用机打发票，四川省××市地方税务局通用机打发票（有奖），四川省××市地方税务局通用手工发票，四川省××市地方税务局通用定额发票，四川省××市地方税务局通用定额发票（有奖）。

（1）公路、内河货物运输业统一发票一式四联，第一联是发票联，第二联是抵扣联，第三联是记账联，第四联是存根联。公路、内河货物运输业统一发票票样如图 5-13 所示。

113

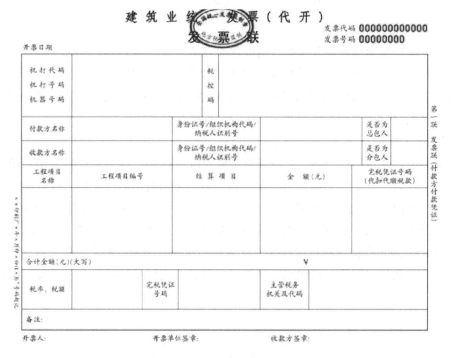

图 5-13　公路、内河货物运输业统一发票

（2）建筑业统一发票一式三联，第一联是发票联，第二联是记账联，第三联是存根联。建筑业统一发票票样如图 5-14 和图 5-15 所示。

图 5-14　建筑业统一发票（代开）

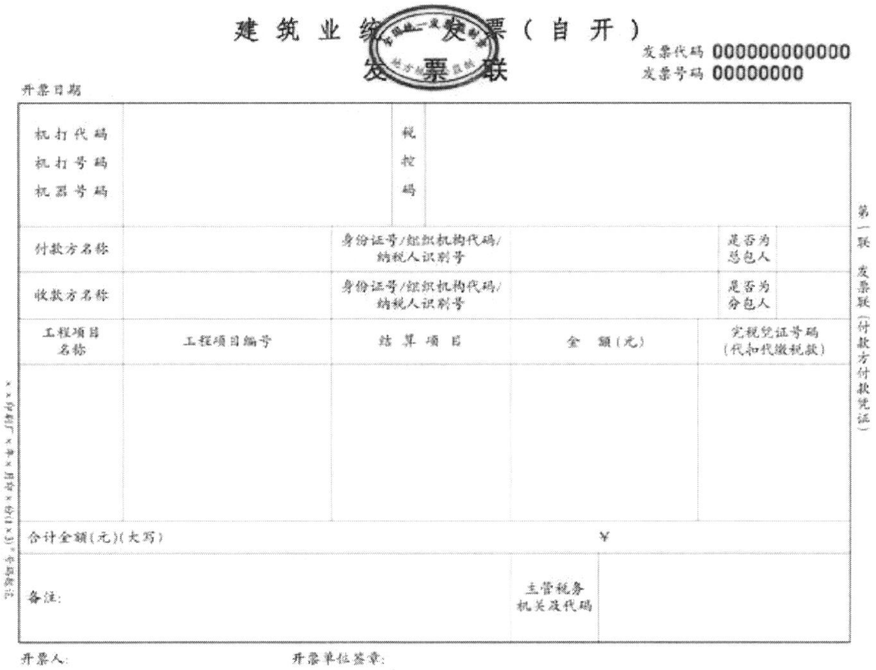
建筑业统一发票（自开）

发票联

发票代码 000000000000

发票号码 00000000

开票日期

机打代码 机打号码 机器号码		税控码		
付款方名称		身份证号/组织机构代码/纳税人识别号		是否为总包人
收款方名称		身份证号/组织机构代码/纳税人识别号		是否为分包人
工程项目名称	工程项目编号	结算项目	金额（元）	完税凭证号码（代扣代缴税款）
合计金额（元）（大写）			¥	
备注：			主管税务机关及代码	

开票人：　　开票单位签章：

第一联　发票联（付款方付款凭证）

××印制厂××年×月印×份（1×3）"×号码段"

图 5-15　建筑业统一发票（自开）

（3）销售不动产统一发票一式四联，第一联是发票联，第二联是办证联，第三联是记账联，第四联是存根联。销售不动产统一发票票样如图 5-16 和图 5-17 所示。

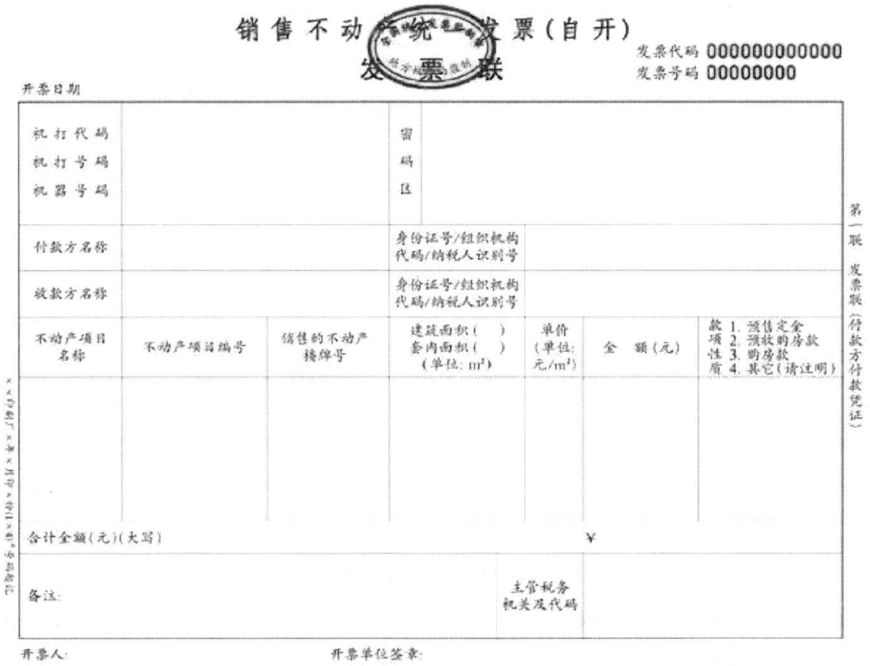
销售不动产统一发票（自开）

发票联

发票代码 000000000000

发票号码 00000000

开票日期

机打代码 机打号码 机器号码			密码区			
付款方名称			身份证号/组织机构代码/纳税人识别号			
收款方名称			身份证号/组织机构代码/纳税人识别号			
不动产项目名称	不动产项目编号	销售的不动产楼牌号	建筑面积（　） 套内面积（　） （单位：m^2）	单价（单位：元/m^2）	金额（元）	款项性质 1. 预售定金 2. 预收购房款 3. 购房款 4. 其它（请注明）
合计金额（元）（大写）				¥		
备注：				主管税务机关及代码		

开票人：　　开票单位签章：

第一联　发票联（付款方付款凭证）

××印制厂××年×月印×份（1×8）"×号码段"

图 5-16　销售不动产统一发票（自开）

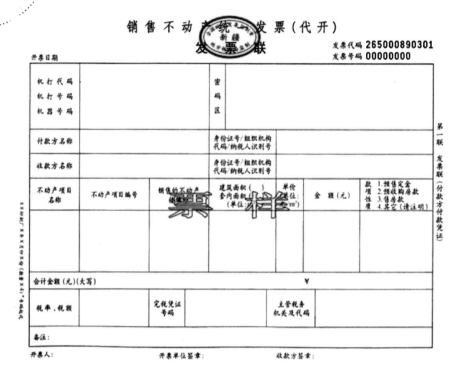

图 5-17　销售不动产统一发票（代开）

（4）发票换票证一式三联，第一联是存根联，第二联是换票联，第三联是查对联。发票换票证票样如图 5-18 所示。

图 5-18　发票换票证

（5）四川省地方税务局通用机打发票一式两联，第一联是发票联，第二联是记账联。四川省成都市通用机打发票票样如图 5-19 所示。

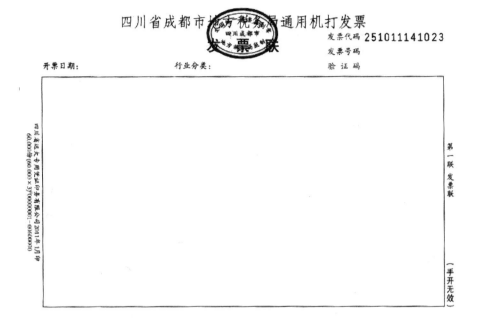

图 5-19　通用机打发票

（6）四川省地方税务局通用手工发票一式三联，第一联是发票联，第二联是记账联，第三联是存根联。通用手工发票票样如图 5-20 所示。

图 5-20　通用手工发票（千元票）

（7）地方税务局通用定额发票并列两联，即存根联和发票联。通用定额发票票样如图 5-21 所示。

117

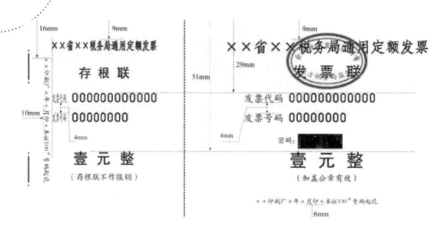

图 5-21　通用定额发票

（8）地方税务局通用定额发票（有奖）并列三联，即存根联、发票联、兑奖联。通用定额发票（有奖）票样如图 5-22 所示。

图 5-22　通用定额发票（有奖）

2. 印有单位名称发票

（1）公司机打发票。

（2）公司定额发票。

（3）保险公司保险凭证（保单代发票）。

（4）门票。

（5）公交公司客票。

三、普通发票的防伪措施

（一）国税普通发票的防伪措施

新版普通发票的发票监制章、发票代码和发票号码不再使用红色防伪荧光油墨。发票监制章油墨（机打卷式发票监制章除外）改为普通大红色油墨。机打通用平推式发票和通用手工发票的各联次发票代码随本联次印色。发票号码第一联为普通大红色，其他联次为上联转移色；机打通用卷式发票代码随本联次印色，发票号码为黑色。

新版机打卷式发票的印制使用普通纸张，其他新版普通发票采用的主要防伪措施如下：

1. 通用机打平推式发票

（1）纸张。发票最后一联使用40克书写纸，其他联次统一使用总局发票定点防伪纸生产企业生产的干式复写纸。

（2）各联次背涂颜色。发票联、抵扣联背涂颜色为紫色，其他联次背涂颜色为黑色，最后一联无背涂。

（3）区域专署性。发票联和抵扣联背面，在发票纸张的涂布环节中，夹印有"四川国税"字样。

2. 通用手工发票

（1）纸张。发票最后一联使用40克书写纸，其他联次统一使用总局发票定点防伪纸生产企业生产的干式复写纸。

（2）存根联、发票联背涂颜色为紫色，记账联无背涂。

（3）区域专署性。存根联和发票联背面，在发票纸张的涂布环节中，夹印有"四川国税"字样。

3. 总局保留票种

（1）机动车销售统一发票。使用纸张防伪：①发票最后一联使用40克书写纸，其他联次继续使用总局原来规定的干式复写纸。②发票最后一联无背涂，其他联次背涂颜色均为黑色。③各联次印色仍按《国家税务总局关于使用新版机动车销售统一发票有关问题的通知》（国税函〔2006〕479号）规定保持不变。发票联为棕色，抵扣联为绿色，报税联为紫色，注册登记联为蓝色，记账联为红色，存根联为黑色。发票代码、发票号码印色为黑色。

（2）二手车销售统一发票。①纸张。发票最后一联使用40克书写纸，其他联次统一使用总局发票定点防伪纸生产企业生产的干式复写纸。②各联次背涂颜色。发票联和转移登记联背涂颜色为紫色，其他联次背涂颜色为黑色，最后一联无背涂。③区域专署性。发票联和转移登记联背面，在发票纸张的涂布环节中，夹印有"四川国税"字样。④各联次印色仍按《国家税务总局关于统一二手车销售发票式样问题的通知》（国税函〔2005〕693号）规定保持不变。发票联为棕色，转移登记联为蓝色，出入库联为紫色，记账联为红色，存根联为黑色。各联次发票代码随印色，发票号码第一联为普通大红色，其他联次为转移色。

4. 国税定额有奖发票防伪措施

（1）使用温变图案防伪纸印制。发票纸张背面有税徽和"四川国税"字样组成的区域属性标识。标识在常温下显浅红色，高温下变为无色。

（2）发票票面加印密码。

（3）发票监制章使用防伪荧光油墨印制。

（二）地税普通发票的防伪措施

1. 验证码

新版发票的发票联（城市公交客票除外）均采用验证码防伪措施。验证码由 8 位数字组成。有奖发票验证码为密码，其他发票验证码为明码。

2. 防伪纸

（1）四川省新版定额发票（无奖、有奖）和单联机打发票〔平推、卷式（出租车发票除外）〕使用 70 克白水印税徽图案和黑水印"四川地税"字样加背面具有划痕显紫红色线条的防伪水印纸。

（2）新版多联机打发票〔平推（含建筑业销售不动产发票）、卷式〕和手工发票的发票联（第一联）使用 45 克有色和无色荧光彩纤加背面具有划痕显紫红色线条的防伪压感纸。

（3）新版货运发票各联仍使用背涂干式复写纸。

（4）通用发票无法涵盖的门票和城市公交车客票暂不使用防伪纸。

四、新版发票各联印色及套印（加盖）发票专用章的规定

（一）新版发票各联印色

新版发票联为棕色；记账联为蓝色；存根联为黑色。如联次有增加印色，依次为紫色、红色。定额发票印色统一为棕色。

新版公路、内河货物运输业统一发票、建筑业统一发票、销售不动产统一发票各联印色与旧版发票印色一致。

（二）新版发票的发票联套印（加盖）发票专用章的规定

（1）所有印有单位名称发票原则上都必须在印制环节套印用票单位发票专用章，通用发票则由用票单位在开具发票时加盖发票专用章；发票专用章套印（加盖）在发票右下方。

（2）发票专用章的形状为椭圆形，长轴为 40 毫米、短轴为 30 毫米、边宽 1 毫米，印色为红色。发票专用章中央刊纳税人识别号，外刊纳税人名称，自左而右环行，如名称字数过多，可使用规范化简称。下刊"发票专用章"字样。

（3）使用多枚发票专用章的纳税人，应在每枚发票专用章正下方刊顺序编码，如"（1）、（2）……"字样。发票专用章所刊汉字，应当使用简化字，字体为仿宋体。"发票专用章"字样字高 4.6 毫米、字宽 3 毫米；纳税人名称字高 4.2 毫米、字宽根据名称字数确定；纳税人识别号数字为 Arial 体，数字字高为 3.7 毫米，字宽

1.3 毫米。

五、新版普通发票分类代码及号码

（一）普通发票分类代码及编制规则

普通发票分类代码（以下简称分类代码）为 12 位阿拉伯数字。从左至右排列：

第 1 位为税务机关代码："0"代表国家税务总局监制发票；"1"代表国家税务局监制发票；"2"代表地方税务局监制发票。

第 2、3、4、5 位为普通发票监制单位所在地区的行政区划代码（地、市级）的前 4 位。例如：四川省地方税务局为 5100，成都市地方税务局为 5101，泸州市地方税务局为 5105 等。

第 6、7 位为年份代码，表示印制发票的年度，取后两位数字，例如 2012 年以 12 表示。

第 8 位为发票格式代码，各省、市、自治区根据自己的实际情况确定。比如，四川省国税发票中的 1 表示通用机打平推式发票，5 表示通用机打定长卷式发票，6 表示通用机打定不长卷式冠名发票，7 表示通用手工发票，9 表示定额发票；四川省地税发票中的 4 表示通用机打发票，5 表示通用手工发票，6 表示定额发票等。

第 9、10、11、12 位为细化的发票种类代码，按照保证每份发票编码唯一的原则，由省、自治区、直辖市和计划单列市国家税务局、地方税务局自行编制。

比如，四川省成都市地税通用手工发票第 12 位数字的含义：1 表示千元票，2 表示百元票。通用定额发票第 12 位数字的含义：1 表示壹元票，2 表示贰元票，3 表示伍元票，4 表示拾元票，5 表示贰拾元票，6 表示伍拾元票，7 表示壹佰元票。

例如，图 5-20 的发票代码是 251051252001，其含义为：

第 1 位 2，表示是地方税务局监制的；

第 2、3、4、5 位 5105，表示四川省泸州市的选择代码；

第 6、7 位 12，表示发票的印制年度即 2012 年；

第 8 位 5，表示通用手工发票；

第 9、10、11 位，表示发票顺序；

第 12 位 1，表示是千元票。

（二）普通发票号码

普通发票号码在发票的右上方，其编制规则同增值税发票号码编制规则，此处不再赘述。

● 第三节 发票的领购与使用

一、发票的领购

（一）发票领购的基本规定

一般情况下，企业使用的发票是由国家税务机关统一设计样式，并指定印刷厂印刷，并套印（县）市以上税务机关发票监督印章；由纳税人自行到主管税务机关申请领购。

已办理税务登记的单位和个人，可以按下列规定向主管税务机关申请领购发票。

第一，提出购票申请。单位或个人在申请购票时，必须提出购票申请报告，在报告中载明单位和个人的名称，所属行业，经济类型，需要发票的种类、名称、数量等内容，并加盖单位公章和经办人印章。

第二，提供有关证件。领购发票的单位或者个人必须提供税务登记证件，购买专用发票的，应当提供盖有"增值税一般纳税人"确认专章的税务登记证件、经办人身份证明和其他有关证明、财务印章或发票专用章的印模。

第三，持簿购买发票。购票申请报告经有权税务机关审查批准后，购票者应当领取税务机关核发的"普通发票领购簿"或"增值税专用发票领购簿"，根据核定的发票种类、数量以及购票方式，到指定的税务机关领购发票。单位或个人购买专用发票的，还应当场在发票联和抵扣联上加盖发票专用章或财务印章等章戳。

第四，领购发票的数量。按照"发票领购簿"上核准的数量向主管税务机关领购发票。

（二）增值税专用发票的领购

一般纳税人凭"发票领购簿"、IC 卡和经办人身份证明领购专用发票。

一般纳税人有下列三种情形之一的，不得领购开具专用发票：

（1）会计核算不健全，不能向税务机关准确提供增值税销项税额、进项税额、应纳税额数据及其他有关增值税税务资料的。上列其他有关增值税税务资料的内容，由省、自治区、直辖市和计划单列市国家税务局确定。

（2）有《中华人民共和国税收征管法》规定的税收违法行为，拒不接受税务机关处理的。

（3）有下列行为之一，经税务机关责令限期改正而仍未改正的：

① 虚开增值税专用发票；

② 私自印制专用发票；

③ 向税务机关以外的单位和个人买取专用发票；

④ 借用他人专用发票；

⑤ 未按规定开具专用发票；

⑥ 未按规定保管专用发票和专用设备；（指未设专人保管专用发票和专用设备；未按税务机关要求存放专用发票和专用设备；未将认证相符的专用发票抵扣联、"认证结果通知书"和"认证结果清单"装订成册；未经税务机关查验，擅自销毁专用发票基本联次）

⑦ 未按规定申请办理防伪税控系统变更发行；

⑧ 未按规定接受税务机关检查。

有上列情形的，如已领购专用发票，主管税务机关应暂扣其结存的专用发票和IC 卡。

（三）发票领购的基本程序

根据《中华人民共和国发票管理办法》第十六条规定："申请领购发票的单位和个人应当提出购票申请，提供经办人身份证明、税务登记证件或者其他有关证明，以及财务印章或者发票专用章印模，经主管税务机关审核后，发给发票领购簿，领购发票的单位和个人凭发票领购簿核准的种类、数量以及购票方式，向主管税务机关领购发票。"

所以，单位或个人领购发票，首先要领取"发票领购簿"，然后再根据领购簿领购发票。

1. 领取"发票领购簿"的基本程序

（1）领购发票的纳税人具备的条件：第一，依法办理税务登记、依法纳税；第二，申请领购发票种类与营业执照核定的经营范围相符；第三，依法不需要办理税务登记证。

（2）申请材料目录：

① "税务行政许可申请表"；

② "营业执照"（副本）原件及复印件；

③ "税务登记证"（副本）原件及复印件；

④ 经办人身份证或其他有效身份证明复印件；

⑤ 财务专用章或者发票专用章印模。

（3）领取"发票领购簿"（又称"发票准购证"）的基本程序如下：

① 申请人如实填写"税务行政许可申请表"，向主管税务机关提出许可申请；

② 申请人将"税务行政许可申请表"和有关资料报送主管地方税务机关"行政许可"窗口；

③ 主管地方税务机关对申请人提出的申请，分别做出不受理、不予受理、要求补正材料、受理的处理；

④ 主管地方税务机关对申请人提出的申请进行审查，做出决定；

⑤ 领取"发票领购簿"。

图 5-23 是成都市地方税务局办理"普通发票准购证"流程图。

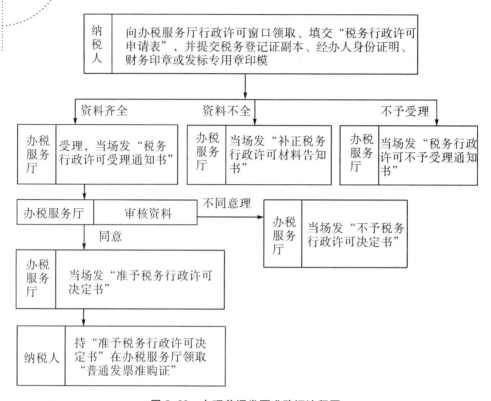

图 5-23　办理普通发票准购证流程图

2. 领购发票基本程序

图 5-24 是成都市地方税务局领购发票的流程图。

如果是第一次领购发票，纳税人首先要持"发票准购证"到主管税务所作发票鉴定，然后才能持"发票准购证"到办税服务厅发票窗口购票。

如果不是第一次购票，而发票鉴定内容又未发生改变的，纳税人可直接持"发票准购证"及核销清单到发票窗口办理核销、购票。

（四）申请领购"发票购用印制簿"

有固定生产经营场所、财务和发票管理制度健全、发票使用量较大的单位，可以申请印有本单位名称的普通发票；如普通发票式样不能满足业务需要，也可以自行设计本单位的普通发票样式，报省辖市税务局批准，按规定数量、时间到指定印刷厂印制。自行印制的发票应当交主管税务机关保管，并按前款规定办理领购手续。

1. 申请领购"发票购用印制簿"的基本条件

（1）依法纳税。

（2）有固定的生产经营场所。

（3）财务会计和发票管理制度健全。

（4）发票使用数量大。

（5）统一发票式样不能满足业务需要。

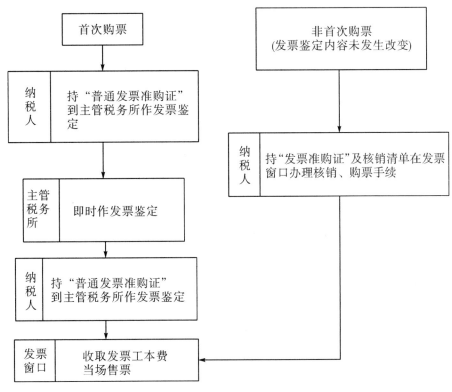

图 5-24　领购发票流程图

2. 程序

图 5-25 是成都市地方税务局领购"发票购用印制簿"的流程图。

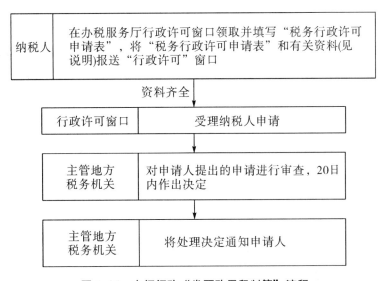

图 5-25　申领领购"发票购用印制簿"流程

（1）申请人如实填写"税务行政许可申请表"，向县（市、区）以上地方税务机关提出许可申请。

（2）申请人将"税务行政许可申请表"和有关资料报送主管地方税务机关"行政许可"窗口，省地方税务局印制的发票由申请人将"税务行政许可申请表"和有关资料报送省地方税务局征收管理处。

（3）主管地方税务机关和省地方税务局对申请人提出的申请，分别做出不受理、不予受理、要求补正材料、受理的处理。

（4）主管地方税务机关对申请人提出的申请进行审查，做出初步审查意见，并将初步审查意见及有关材料报审批地方税务机关审批，做出决定。

（5）审批地方税务机关做出许可决定后，及时退交受理窗口，由受理窗口送达申请人。

3. 申请材料目录

（1）"税务行政许可申请表"。

（2）"营业执照"（副本）原件及复印件。

（3）"税务登记证"（副本）原件及复印件。

（4）经办人身份证或其他有效身份证明复印件。

（5）财务专用章或者发票专用章印模。

二、发票的使用

（一）基本规定

（1）建立发票使用登记制度，设置发票登记簿，并定期向主管税务机关报告发票使用情况。

（2）出纳人员领用发票时，须办理发票的领用手续，填写发票领用单，经有关领导签字批准后，顺序领用发票。

（3）使用中的具体规定：

① 发票的使用应当按照发票号的先后顺序；

② 不得隔页跳号使用；

③ 不得拆本使用；

④ 不得自行扩大专用发票的使用范围；

⑤ 更不能转让、代开发票。

（4）发票使用完毕，其存根联应当单独保存在一本凭证里，且存根号应当是连续的，如存根号不连续，应及时通知税务机关，与之核对，查明其原因。

（二）发票的使用区域

发票只限于用票单位或个人自己使用，不得带到本省、自治区、直辖市以外的区域填开。到本省、自治区、直辖市以外的区域从事经营活动的，需要开具发票的，视不同情况，按下列规定办理。

（1）固定工商业户到外地销售货物的，应当凭机构所在地税务机关填发的"外出经营活动税收管理证明"向经营地税务机关申请领购或者填开经营地的普通发票。

申请领购发票时，应当提供保证人或者根据所领购发票的票面限额及数量交纳不超过一万元的发票保证金，并限期缴销发票。按期缴销发票的，解除保证人的担保义务或者退还保证金；未按期缴销发票的，由保证人承担法律责任或者收缴保证金。

（2）临时经营者，依法不需要办理税务登记的纳税人以及其他未领取税务登记证的纳税人不得领购发票，需用发票时，可向经营地主管国家税务机关申请填开。申请填开时，应提供足以证明发生购销业务或者提供劳务服务以及其他经营业务活动方面的证明，对税法规定应当缴纳税款的，应当先缴税后开票。

（三）发票开具的基本规定

（1）发票只限于用票本单位自己填开使用，不得转借、转让、代开发票；未经国家税务机关批准，不准拆本使用发票。

（2）出纳人员只能使用按照国家税务机关批准印制或购买的发票，不得用"白条"和其他票据代替发票，也不得自行扩大专业发票的使用范围。

（3）发票只准在领购发票所在地填开，不准携带到外县（市）使用。到外县（市）从事经营活动，需要填开普通发票的，按规定可到经营地国家税务机关申请购买发票或者申请填开。

（4）凡销售商品、提供服务以及从事其他经营业务活动的单位和个人，对外发生经营业务收取款项，收款方应如实向付款方填开发票；但对收购单位和扣缴义务人支付个人款项时，可按规定由付款单位向收款个人填开发票；对向消费者个人零售小额商品或提供零星劳务服务，可以免于逐笔填开发票，但应逐日记账。

（5）出纳人员必须在实现经营收入或者发生纳税义务时填开发票，未发生经营业务一律不准填开发票。

（6）出纳人员填开发票时，必须按照规定的时限、号码顺序填开，填写时必须保证项目齐全、内容真实、字迹清楚，全份一次复写，各联内容完全一致，并加盖单位财务印章或者发票专用章。填开发票应使用中文，也可以使用中外两种文字。

对于填开发票后，发生销货退回或者折价的，在收回原发票或取得对方国家税务机关的有效证明后，方可填开红字发票。

（7）发票一经填开，不得涂改，如填错发票，应当另行开具，并在错误的发票上书写或加盖"作废"字样，完整保存各联备查。

（8）所填发票的票面金额必须与实际收取的金额相符，即票物相符。

（四）增值税专用发票开具

1. 专用发票的开具范围

一般纳税人销售货物或者提供应税劳务，应向购买方开具专用发票。但下列情况不得开具增值税专用发票：向消费者销售应税项目，销售免税项目，销售报关出口的货物、在境外销售应税劳务，将货物用于非应税项目，将货物用于集体福利或个人消费，将货物无偿赠送他人，提供应税劳务（应当征收增值税的除外）、转让无形资产或销售不动产，商业企业一般纳税人零售的烟、食品、服装、鞋帽（不包括劳保福利用品）、化妆品等消费品，向小规模纳税人销售应税项目。

2. 一般纳税人开具专用发票的时限

采用预收货款、托收承付、委托银行收款结算方式的，为货物发出的当天。采用交款提货结算方式的，为收到货款的当天。采用赊销、分期付款结算方式的，为合同约定的收款日期的当天。设有两个以上机构并实行统一核算的纳税人，将货物从一个机构移送其他机构用于销售，按规定应当征收增值税的，为货物移送的当天。将货物交付他人代销的，为收到受托人送交的代销清单的当天。将货物作为投资提供给其他单位或个体经营者，为货物移送的当天。将货物分配给股东，为货物移送的当天。

3. 专用发票开具要求

（1）项目齐全，与实际交易相符；

（2）字迹清楚，不得压线、错格；

（3）在发票联和抵扣联加盖财务专用章或者发票专用章；

（4）按照增值税纳税义务的发生时间开具。

对不符合上列要求的专用发票，购买方有权拒收。

4. 一般纳税人销售货物或者提供应税劳务可汇总开具增值税专用发票

汇总开具专用发票的，同时使用防伪税控系统开具"销售货物或者提供应税劳务清单"（如表5-2所示）并加盖财务专用章或者发票专用章。

表 5-2　　　　　　　　　　　　销售货物或者提供应税劳务清单

购买方名称：

销售方名称：

所属增值税专用发票代码：　　　　　号码：　　　　　共　页　第　页

序号	货物（劳务）名称	规格型号	单位	数　量	单　价	金　额	税率	税　额
备注								

填开日期：　　　年　月　日

注：本清单一式两联，第一联由销售方留存，第二联由销售方送交购买方。

5. 小规模纳税人申请代开专用发票

增值税小规模纳税人需要开具增值税专用发票的，可向主管税务机关申请代开。小规模纳税人申请代开专用发票的规定如下：

首先，向主管国家税务机关提出书面申请，报县（市）国家税务机关批准后，领取"××省国家税务局代开增值税专用发票许可证"（以下简称"许可证"）；

然后，持"许可证"、供货合同、进货凭证等向主管国家税务机关提出申请，填写"填开增值税专用发票申请单"，经审核无误后，才能开具专用发票。

6. 发生销货退回或开票有误等情形的处理

（1）一般纳税人在开具增值税专用发票当月，发生销货退回、开票有误等情形，收到退回的发票联、抵扣联符合作废条件的，按作废处理；开具时发现有误的，可即时作废。作废条件：

① 收到退回的发票联、抵扣联时间未超过销售方开票当月；

② 销售方未抄税并且未记账；

③ 购买方未认证或者认证结果为"纳税人识别号认证不符""专用发票代码、号码认证不符"。

作废专用发票须在防伪税控系统中将相应的数据电文按"作废"处理，在纸质专用发票（含未打印的专用发票）各联次上注明"作废"字样，全联次留存。

（2）一般纳税人取得专用发票后，发生销货退回、开票有误等情形但不符合作

废条件的，或者因销货部分退回及发生销售折让的，购买方应向主管税务机关填报
"开具红字增值税专用发票申请单"（以下简称"申请单"），具体如表 5-3 所示。

表 5-3 　　　　　　　　　　　**开具红字增值税专用发票申请单**

NO.

销售方	名　称		购买方	名　称	
	税务登记代码			税务登记代码	

开具红字专用发票内容	货物（劳务）名称	单价	数量	金额	税额
	合计	—	—		

说明	对应蓝字专用发票抵扣增值税销项税额情况： 已抵扣□ 未抵扣□ 纳税人识别号认证不符□ 专用发票代码、号码认证不符□ 对应蓝字专用发票密码区内打印的代码：＿＿＿＿ 号码：＿＿＿＿ 开具红字专用发票理由：

申明：我单位提供的"申请单"内容真实，否则将承担相关法律责任。

购买方经办人：　　　　　　　　　购买方名称（印章）：＿＿＿＿＿＿＿＿＿

年　　月　　日

注：本申请单一式两联，第一联由购买方留存，第二联由购买方主管税务机关留存。

"申请单"应加盖一般纳税人财务专用章。

"申请单"所对应的蓝字专用发票应经税务机关认证：经认证结果为"认证相符"并且已经抵扣增值税进项税额的，一般纳税人在填报"申请单"时不填写相对应的蓝字专用发票信息。

经认证结果为"纳税人识别号认证不符""专用发票代码、号码认证不符"的，一般纳税人在填报"申请单"时应填写相对应的蓝字专用发票信息。

（3）主管税务机关对一般纳税人填报的"申请单"进行审核后，出具"开具红

字增值税专用发票通知单"（以下简称"通知单"），具体如表 5-4 所示。"通知单"应与"申请单"一一对应。

"通知单"应加盖主管税务机关印章。

"通知单"应按月依次装订成册，并比照专用发票保管规定管理。

表 5-4　　　　　　　　　　开具红字增值税专用发票通知单

填开日期：　　　年　月　日　　　　　　　　　　　　　　　NO.

销售方	名　称		购买方	名　称	
	税务登记代码			税务登记代码	

开具红字发票内容	货物（劳务）名称	单价	数量	金额	税额
	合计	—	—		

说明	需要做进项税额转出□ 不需要做进项税额转出□ 纳税人识别号认证不符□ 专用发票代码、号码认证不符□ 对应蓝字专用发票密码区内打印的代码：_____ 　　　　　　　　　　　　　　号码：_____ 开具红字专用发票理由：

经办人：　　　　负责人：　　　　主管税务机关名称（印章）：_____

注：（1）本通知单一式三联，第一联由购买方主管税务机关留存，第二联由购买方送交销售方留存，第三联由购买方留存。

（2）通知单应与申请单一一对应。

（3）销售方应在开具红字专用发票后到主管税务机关进行核销。

（4）购买方必须暂依"通知单"所列增值税税额从当期进项税额中转出，未抵扣增值税进项税额的可列入当期进项税额，待取得销售方开具的红字专用发票后，与留存的"通知单"一并作为记账凭证。

经认证结果为"纳税人识别号认证不符""专用发票代码、号码认证不符"的，不做进项税额转出。

（5）销售方凭购买方提供的"通知单"开具红字专用发票，在防伪税控系统中以销项负数开具。

红字专用发票应与"通知单"一一对应。

第四节 发票的保管与缴销

一、发票保管的基本规定

（1）建立发票保管制度，设置发票登记簿，指派专人负责保管发票，妥善保管，不得丢失。发票丢失，应于当日书面报告主管税务机关，并在报刊和电视等传播媒介上公开声明作废，同时接受税务机关的处罚。

（2）开具发票的单位和个人应当在办理变更或者注销税务登记的同时，办理发票和发票领购簿的变更、缴销手续。

（3）开具发票的单位和个人应当按照税务机关的规定存放和保管发票，不得擅自损毁。已开具的发票存根联和发票登记簿，应当保存五年。保存期满，报经税务机关查验后销毁。

（4）对于填写错误的发票，应完整保管其各联，不得私自销毁。作废的发票要加盖"作废"专用章，各联要连同存根联一并保管，不得撕毁、丢失。

二、发票丢失、被盗的处理

（一）发票丢失、被盗的处理程序

1. 报告

纳税人发生丢失、被盗增值税发票或普通发票时，应立即书面报告主管国家税务机关，向税务机关文书受理窗口领取并填写好"发票挂失声明审批表""丢失、被盗发票清单""《发票遗失声明》刊出登记表"（如表5-5所示），同时向文书受理窗口提供以下材料：

（1）遗失证明材料；

（2）刊登作废声明的文字材料；

（3）"发票领购簿"；

（4）经办人身份证及复印件。

2. 审理

税务机关文书受理窗口为纳税人开具"税务文书领取通知单"，并将有关资料转发票供售部门按税务违法、违章工作程序处理后，在"发票挂失声明申请审批表"（如表5-6所示）上签章交文书受理窗口，纳税人凭"税务文书领取通知单"到文书受理窗口领取。

3. 公开声明作废

（1）如果是增值税专用发票丢失、被盗，纳税人必须将"《发票遗失声明》刊出登记表"和"挂失登报费"一并邮寄中国税务报社,在《中国税务报》上公开声明作废。

(2) 如果普通发票丢失、被盗,纳税人在当地新闻媒介上公开声明作废。

4. 验销发票

纳税人公开声明作废后,持刊物原件及以下资料到税务机关的发票供售部门验销发票:

(1)"发票挂失声明审批表";

(2)"发票缴销登记表";

(3)"发票领购簿";

(4) 经办人身份证。

发票供售部门审核以上资料合格后,在征管电脑系统中验销其相应的领购记录,在"发票领购簿"上登记验销记录,在"发票缴销登记表"上签章后交纳税人。

表 5-5　　　　　　　(FP041)《专用发票遗失声明》刊出登记表

请按下列表格填写清楚

刊出内容:					
地　　　址					
联系电话		邮政编码		联系人	

申请刊出单位(盖章)

年　　月　　日

主管税务机关名称					
地　　　址					
联系电话		邮政编码		联系人	

主管税务机关(公章)

年　　月　　日

注:(1) 刊出内容包括纳税人名称、遗失发票份数、字轨号码、是否盖财务章、备注等。

(2) 本表一式两份,一份纳税人留存,一份税务机关留存。

(3) 本表为 A4 竖式。

表 5-6 　　　　（FP039）纳税人发票挂失声明申请审批表

纳税人识别号：□□□□□□□□□□□□□□□□□□□□

纳税人名称：

	发票名称	发票代码	份数	发票号码		其中：空白发票		
				起始号码	终止号码	份数	起始号码	终止号码
发票丢失、被盗情况								

丢失、被盗原因：

（签章）

法定代表人（负责人）：　　　　　　办税人员：　　　　　　年　　月　　日

主管税务机关发票管理环节意见： （公章） 负责人： 经办人：　　　　　年　　月　　日	上级税务机关发票管理环节意见： （公章） 负责人： 经办人：　　　　　年　　月　　日

　　注：本表一式四份，基层、上级税务机关发票管理环节、报社、纳税人各一份。本表为 A4 竖式。

　　（二）已开具专用发票丢失的处理

　　1. 一般纳税人丢失已开具专用发票的发票联和抵扣联

　　如果丢失前已认证相符的，购买方凭销售方提供的相应专用发票记账联复印件及销售方所在地主管税务机关出具的"丢失增值税专用发票已报税证明单"（如表5-7 所示），经购买方主管税务机关审核同意后，可作为增值税进项税额的抵扣凭证。

　　如果丢失前未认证的，购买方凭销售方提供的相应专用发票记账联复印件到主管税务机关进行认证，认证相符的，凭该专用发票记账联复印件及销售方所在地主管税务机关出具的"丢失增值税专用发票已报税证明单"，经购买方主管税务机关审核同意后，可作为增值税进项税额的抵扣凭证。

表 5-7 　　　　　　　丢失增值税专用发票已报税证明单

NO.

销售方	名　称		购买方	名　称	
	税务登记代码			税务登记代码	

丢失增值税专用发票	发票代码	发票号码	货物(劳务)名称	单价	数量	金额	税额

报税及纳税申报情况	报税时间： 纳税申报时间： 经办人：　　　　　　负责人： 　　　　　主管税务机关名称（印章）：＿＿＿＿＿＿ 　　　　　　　　　　　年　　月　　日
备注	

注：本证明单一式三联，第一联由销售方主管税务机关留存，第二联由销售方留存，第三联由购买方主管税务机关留存。

2. 一般纳税人丢失已开具专用发票的抵扣联

如果丢失前已认证相符的，可使用专用发票发票联复印件留存备查。

如果丢失前未认证的，可使用专用发票发票联到主管税务机关认证，专用发票发票联复印件留存备查。

3．一般纳税人丢失已开具专用发票的发票联

一般纳税人丢失已开具专用发票的发票联，可将专用发票抵扣联作为记账凭证，专用发票抵扣联复印件留存备查。

三、发票的缴销

（一）发票缴销的原因

纳税人要区别以下原因，相应地办理缴销发票：

第一种情况是，纳税人因办理了名称、地址、电话、开户行、账号变更业务，需废止原有发票或注销税务登记的，应持"税务登记变更申请表"或"注销税务登记申请审批表"，向主管税务机关文书窗口领取并填写好"发票缴销登记表"，并持"发票领购簿"及未使用的发票交税务机关发票供售部门办理发票缴销手续。（其中，办理跨区迁移纳税人的普通发票不需要缴销）

第二种情况是，发票发生霉变、鼠咬、水浸、火烧等残损，或被通知发票将进行改版、换版，或发现有次版发票等问题，按有关规定到文书发放窗口领取并填报"发票缴销登记表"，连同"发票领购簿"及应缴销的改版、换版和次版发票一并交税务机关发票供售部门办理。

第三种情况是，纳税人被取消增值税一般纳税人资格，应当填写"发票缴销登记表"，持"取消增值税一般纳税人资格决定书"，并将"发票领购簿"及应缴销的发票交税务机关的发票供售部门。

（二）发票缴销处理

税务机关发票供售部门收到"发票缴销登记表""发票领购簿"及未使用的发票后，根据不同情况进行发票缴销处理。

1．注销税务登记的发票缴销处理

（1）将其"发票领购簿"和未使用发票剪角作废。

（2）在征管电脑系统中验销其相应的领购记录。

（3）在"注销税务登记申请审批表""发票缴销登记表"中签章交纳税人。

2．变更税务登记的发票缴销处理

（1）将其未使用发票剪角作废。

（2）需要变更"发票登记表"内容的，收缴旧的"发票领购簿"，按"税务登记变更表"内容重新核发的"发票领购簿"。

（3）在征管电脑系统中验销其相应的领购记录。

（4）在"发票缴销登记表""税务变更登记表"中签章交纳税人。

3．残损发票、改（换）版发票及次版发票的缴销处理

（1）将其未使用发票剪角作废。

（2）将缴销记录登记在电脑台账和"发票领购簿"上。

（3）在"发票缴销登记表"中签章交纳税人。

4. 增值税专用发票缴销处理

增值税专用发票的缴销，是指主管税务机关在纸质专用发票监制章处按"V"字剪角作废，同时作废相应的专用发票数据电文。

一般纳税人注销税务登记或者转为小规模纳税人，应将专用设备和结存未用的纸质专用发票送交主管税务机关。

主管税务机关应缴销其专用发票，并按有关安全管理的要求处理专用设备；被缴销的纸质专用发票应退还纳税人。

第五节 发票网上查询与验证

目前，全国各个省市自治区税务局网站都开通过了网上发票查询与验证。

一、发票网上查询与验证的基本方法

第一步，进入税务局网站，并点击发票查询。

目前我国大多数省、市、自治区的国税局网站与地税局网站是分开的，所以查询国税发票（国税普通发票、增值税普通发票、增值税专用发票）都是登录各地的国税局网站，查询地税发票都是登录各地的地税局网站。但是上海市等少数省、市的国税局网站与地税局网站是合二为一的，所以，在这些省、市查询国税发票和地税发票都直接进入税务局网站即可。

第二步，根据不同发票类型登记相应的查询页，并显示发票查询页面。比如查询有奖发票就点击有奖发票处；查询机打发票就点击机打发票处；显示出该发票的查询页面。

第三步，按照网页面提示，分别输入相关发票信息后，点击查询。

一般情况下，输入发票代码、发票号码即可；但有的省、市、自治区要求输入的发票信息会多一些，根据不同发票的性质，除发票代码、发票号码外，可能还要求输入开票单位税务登记号或发票金额、验证码等内容。

第四步，显示发票查询结果。

根据查询结果判断其发票的真实情况。一般情况下，发票通过验证无误，会显示该发票的开票方的单位名称以及发票的售出税务机关等信息；如果发票不能通过验证，会显示查询的发票有误，请重新按发票代码发票号码发票密码的顺序输入或到当地税务局进一步确认等信息。

二、发票网上查询与验证实例

（一）国税普通发票查询

第一步：进入国家税务局网站并点击普通发票查询，如图 5-26 所示。

第一步：进入税务
局网站

点击普通
发票查询

图 5-26　国税普通发票网上查询 1

第二步：显示普通发票信息查询页面，如图 5-27 所示。

图 5-27　国税普通发票网上查询 2

第三步，输入发票代码和发票号码并点击查询，如图 5-28 所示。

第三步输入发票代码和发票号码

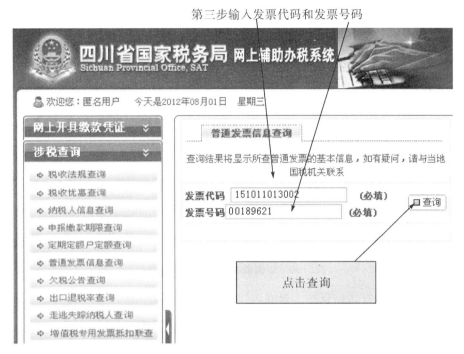

图 5-28　国税普通发票网上查询 3

第四步，显示查询结果，如图 5-29 所示。

第四步，点击查询——显示结果

图 5-29　国税普通发票网上查询 4

(二) 增值税专用发票查询

第一步：进入国家税务局网站并点击发票信息网上查询，如图 5-30 所示。

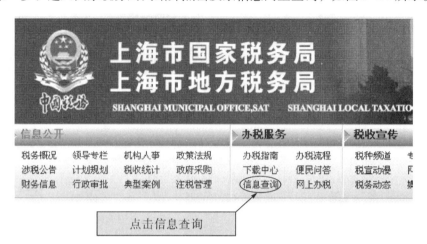

图 5-30　增值税专用发票网上查询 1

第二步，点击发票信息网上查询，如图 5-31 所示。

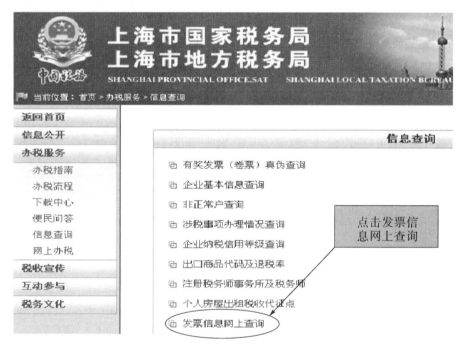

图 5-31　增值税专用发票网上查询 2

第三步，进入发票网上查询，如图 5-32 所示。

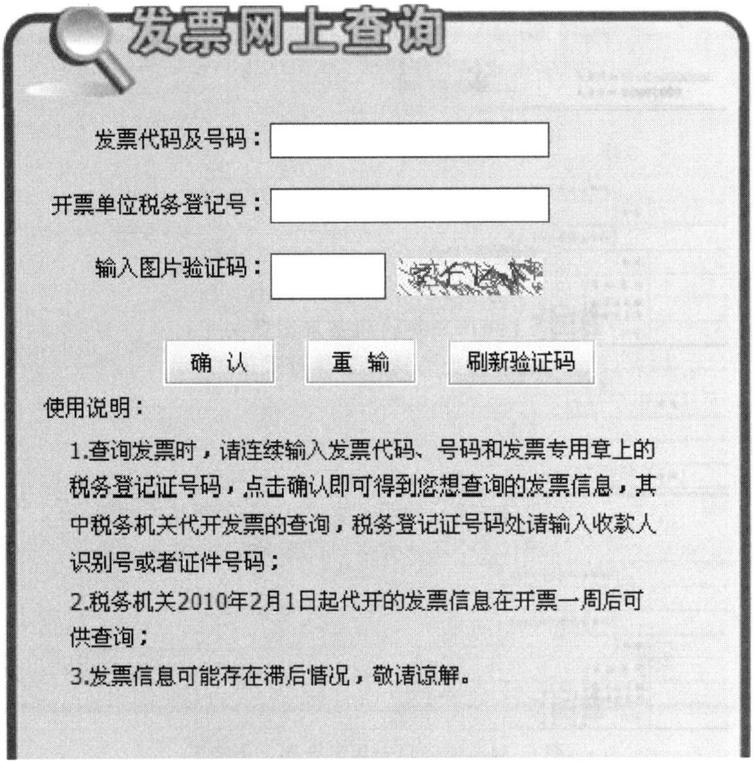

图 5-32　增值税专用发票网上查询 3

第四步，输入发票代码、发票号码、开票单位税务登记号和验证码并点击确认，如图 5-33 所示。

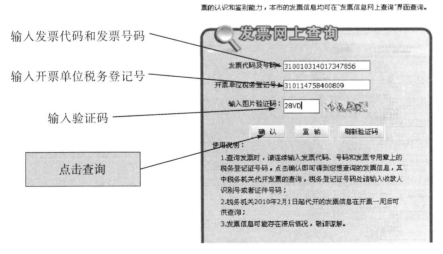

图 5-33　增值税专用发票网上查询 4

第五步，显示查询结果，如图 5-34 所示。

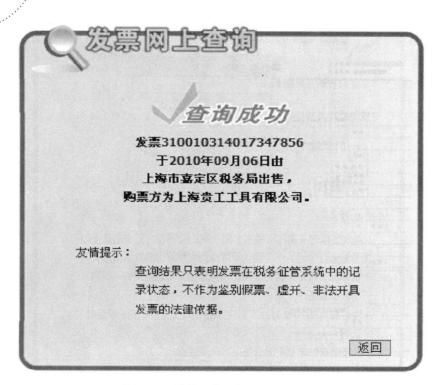

图 5-34 增值税专用发票网上查询 5

（三）地税普通发票查询

第一步：进入地方税务局网站并点击发票信息查询，如图 5-35 所示。

图 5-35 地税发票网上查询 1

第二步，点击有奖发票，显示有奖发票查询，如图 5-36 所示。

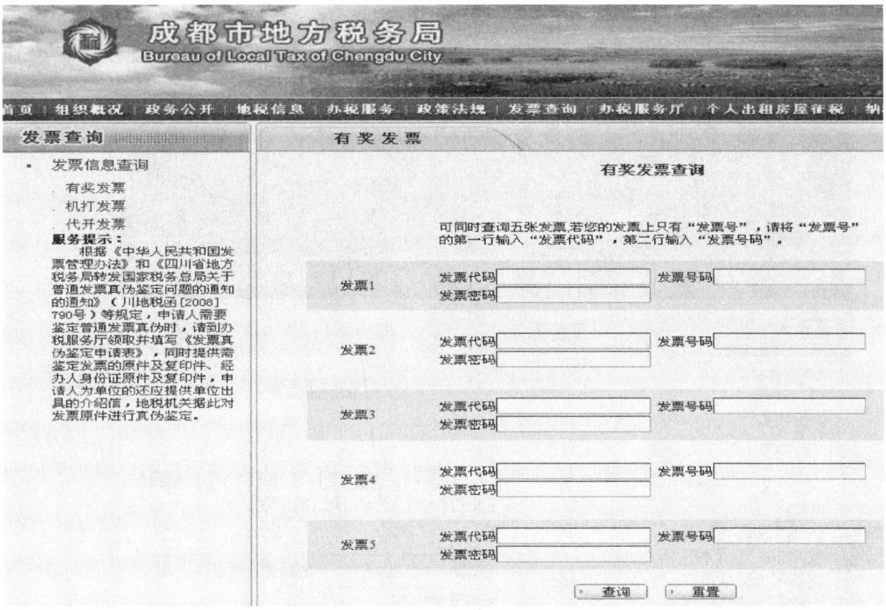

图 5-36 地税发票网上查询 2

第三步，输入发票代码、发票号码、发票密码并点击确认，如图 5-37 所示。

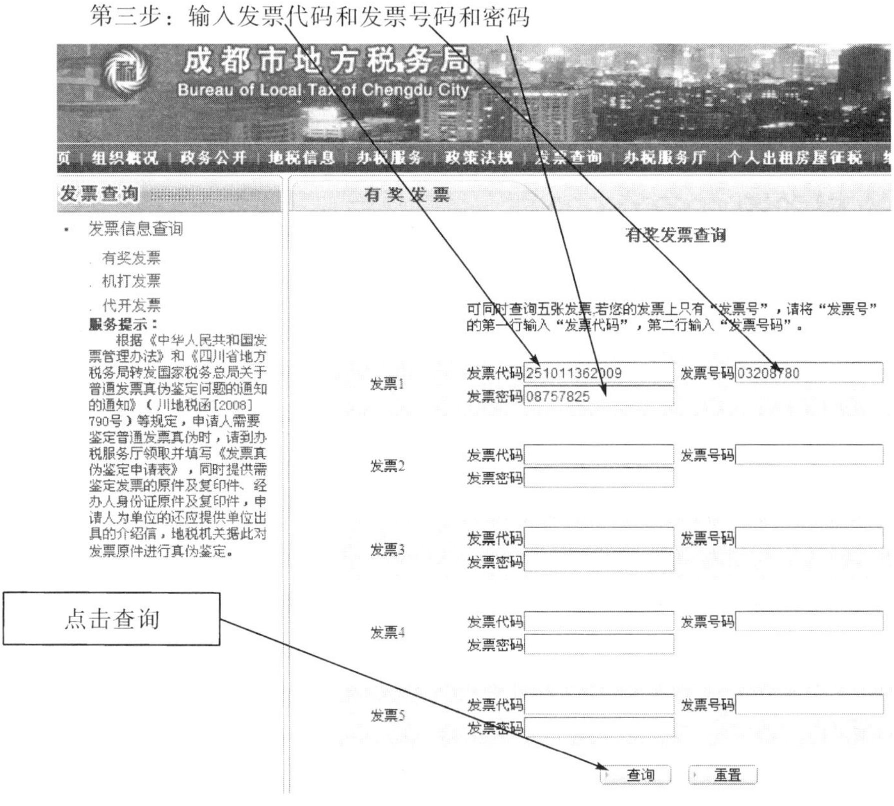

第三步：输入发票代码和发票号码和密码

图 5-37 地税发票网上查询 3

143

第四步：显示查询结果，如图 5-38 所示。

第四步，显示结果

图 5-38　地税发票网上查询 4

 思考题

1. 什么是发票？增值税发票和普通发票有何不同？

2. 什么是增值税防伪税控系统？为什么要采用增值税防伪税控系统进行增值税管理？

3. 如何进行增值税专用发票的认证？哪些情形不得或暂不得作为抵扣凭证？

4. 国税普通发票的防伪措施主要有哪些？

5. 地税普通发票的防伪措施主要有哪些？

6. 如何领购增值税专用发票？

7. 发票使用有哪些基本规定？

8. 发票开具有哪些基本规定？如何正确开具增值税专用发票？

9. 发票丢失或者被盗后，应当采取哪些措施补救并正确处理？

讨论题

如何发挥发票在我国社会经济生活中的积极作用？作为一名出纳人员，在自己的工作中怎样正确使用和管理好各种发票，维护国家的财经法规？

实验项目

实验项目名称：发票网上查询与验证

（一）实验目的及要求

通过本实验掌握网上发票认证和真伪识别基本技能。

要求同学们完成对上网认证发票的全部操作过程。

（二）实验设备、资料

1. 计算机。

2. 发票一套（增值税专用发票、增值税普通发票、国税普通发票、地税普通发票）。

（三）实验内容与步骤

1. 将同学们按每5位一组进行分组，每组同学准备一套发票；

2. 登录国家税务局网站和地税局网站；

3. 点击发票查询，进入查询页面；

4. 输入发票代码；

5. 输入发票号码；

6. 对显示结果进行检验，判断发票的真伪，并保存结果；

7. 打印结果。

（四）实验结果（结论）

1. 了解发票的基本知识；

2. 熟悉网上查询验证发票的基本程序；

3. 掌握网上发票查询验证的方法。

第六章　现金管理实务

● 第一节　现金出纳凭证与账簿

一、现金出纳凭证

（一）会计凭证及其种类

1. 会计凭证的意义

会计凭证是记录经济业务、明确经济责任、作为收付款和记账依据的书面证明，是凭以登记账簿的重要依据。一切企事业单位办理任何经济业务，都必须办理凭证手续，由执行和完成该项经济业务的有关人员填制具有一定格式的凭证，载明经济业务发生的日期和有关实物和货币资金的数额等，并在凭证上签名盖章，对凭证的正确性和真实性负完全责任。凭证经过有关人员严格审核，出纳人员认为合法后，办理货币的收支手续，然后登记账簿。总之，取得、填制会计凭证是会计核算所使用的一个重要方法，也是反映、监督经济活动、财务收支的手段。

2. 会计凭证的作用

会计凭证是各单位进行会计核算的基础，对于提供会计信息、加强会计监督、明确会计责任具有十分重要的作用。

（1）反映经济业务情况，保证核算资料可靠。

（2）明确经济责任，加强经济监督。

（3）保证财产、资金的完整与安全。

3. 会计凭证的种类

会计凭证按其填制程序和用途不同，分为原始凭证和记账凭证两大类。

（1）原始凭证是指经济业务发生时取得或填制的凭证。它是证明经济业务已经发生、明确经济责任、据以记账的原始依据，具有法律效力。

（2）记账凭证，又称记账凭单、传票，是指以审核合格的原始凭证或汇总原始凭证为依据，通过归类整理，用以记载经济业务的简要内容，确定会计分录而编制的凭证。它是登记账簿的直接依据。

（二）现金出纳凭证的意义和作用

1. 现金出纳凭证的意义

现金出纳凭证是记录现金收付业务活动，明确现金出纳工作中经济责任的书面证明，是凭以登记现金账簿的重要依据。

企事业单位每天都要发生大量的现金收付业务，这便要求出纳人员取得或填制现金出纳凭证，真实、完整地记录和反映单位现金出纳业务情况，以明确经济责任。

2. 现金出纳凭证的作用

现金出纳凭证不仅具有初步记载现金出纳业务、传递经济信息，并作为记账依据的作用，同时还有传送现金收支情况、作为办理现金出纳业务手续依据的作用。因此，填制和审核现金出纳凭证对于全面完成现金出纳任务有十分重要的意义。

（1）通过现金出纳凭证的填制和审核，可以如实、及时地归类记载现金收付业务。

（2）通过现金出纳凭证的填制和审查，可以分清各自的经济责任，强化经济责任制。

（3）通过现金出纳凭证的填制和审核，可以检查现金出纳业务的合理性、合法性，保护国家现金财产的安全、完整，使之得到合理使用。

（三）现金出纳凭证的种类

现金出纳凭证仍然可分为现金收支原始凭证和现金收支记账凭证两种。

1. 现金收支原始凭证

现金收支原始凭证主要是出纳人员收入现金和支付现金的会计凭证。它可以是出纳人员自己填制的，也可以是其他单位人员或本单位的非出纳人员填制的。

（1）外来原始凭证是指来自外单位的各种凭证。比如第五章中的增值税专用发票和各种普通发票、非经营性收据、现金缴款单、现金支票等。

① 非经营性收据是由财政部门印制的，作用类似税务机关的发票，出纳按照规定向国家机关、事业单位、社会团体等支付规定费用和咨询服务费用时，应当向它们收取非经营性收据作为付款凭证。

②"现金缴款单"（现金存款单）如图 6-1 所示，是出纳人员将现金送存银行时填写的原始凭证。现金缴款单一式二联：第一联为存根联，交由银行盖章（现金收讫章或业务清讫章）后退回出纳，作为记账依据；第二联为凭证联，作为记账凭证，由银行装订入传票。

中国银行 BANK OF CHINA

现金缴款单

银行打印	客户签字： 银行盖章：				第一联 银行留存
客户填写	客户名称				
	账　号			开户行	
	币种		金额	大写	
				小写	
	来源			摘要	

图 6-1　现金缴款单

（2）自制原始凭证是指本单位人员（可以是出纳，也可以是非出纳人员）填制的原始凭证，如表 6-1 所示的内部收据、表 6-2 所示的请（借）款单、表 6-3 所示的差旅费报销单等。

① 内部收据一般只使用于单位内部职能部门或与职工之间现金往来。内部收据是由各个单位根据自己的需要设计印制或者在商店购买，不需要到税务机构购买。内部收据一式三联：第一联为存根，单位留存；第二联为收据联，交给交款人留存；第三联为记账联。

表 6-1

收　据

年　　月　　日　　　　　　　NO: _____

今收到：			
人民币（大写）：			¥: _____
事由：		现金	
		支票第　　　　号	
收款单位		财务主管	收款人

② 请款单（或借款单）是单位内部职工因各种原因向单位借款和归还款项时使用的。它一般也是一式三联：第一联作为支出凭证，第二联作为暂付清算单，第三联由借款人留存。

表 6-2

请（借）款单

年　　月　　日　　　　　　　　　NO.＿＿＿＿＿＿＿

用途		请款单位			
		付　款　户			
申领金额： 万　千　佰　拾　元　角　分　　¥：＿＿＿＿＿				付款方式	现金	
					支票	
批准金额： 万　千　佰　拾　元　角　分　　　¥：＿＿＿＿＿					汇票	
					本票	
领导批示		请(借)款单位领导			
财务主管		请款人			
备注：					

表 6-3

差　旅　费　报　销　单

报销部门：　　　　　　　　　　　　　　　　填报日期：　　年　月　日

姓名		职别		出差事由					单据：	张

出差起止日期：自　　年　　月　　日起至　　　年　　月　　日止　共　　　天

日期		起　讫 地　点	天数	飞机票	车船费	市内交通费	住宿费	出差补助	住宿节约补助	其他	小计
月	日										

总计金额（大写）　万　千　佰　拾　元　角　分　　¥：＿＿＿＿

借支：＿＿＿＿＿＿＿＿元　　　　　　　　　　补付：＿＿＿＿＿＿＿元

单位领导：　　会计：　　　审核：　　　部门领导：　　　出差人：

③差旅费报销单是本单位人员因公出差归来后填制的保险差旅费的原始凭证，一般情况下只有一联，但差旅费报销单后面必须附有粘贴好的、用以报销的各种出差原始凭证。

2. 现金收支记账凭证

现金收支记账凭证主要是会计人员根据现金收付业务的原始凭证编制的现金收款记账凭证（如图 6-2 所示）和现金付款记账凭证（如图 6-3 所示）。如单位上使用的是通用记账凭证格式，则现金收、付记账凭证如图 6-4 所示。

出纳人员是不能填制现金收支记账凭证的，只能根据现金收支记账凭证登记现金日记账。

149

收 款 凭 证

应借科目 库存现金　　　　　　　2014 年 9 月 28 日　　　现 收字第 09 号

摘要	应 贷 科 目		√√	金 额	附件
	一 级	二 级 或 明 细		千百十万千百十元角分	
销售甲产品	主营业务收入	甲		5 0 0 0 0	张
	应交税费	应交增值税			
		——进项税额		8 5 0 0	
合 计				¥5 8 5 0 0	

会计主管　　　记账　　　稽核　　　出纳 李德庆　　　填制 张敏华

图 6-2　收款凭证

付 款 凭 证

应贷科目 库存现金　　　　　　　2014年 9月 28日　　　现 付字第 08 号

摘要	应 借 科 目		√√	金 额	附件
	一 级	二 级 或 明 细		千百十万千百十元角分	
购买办公用品	管理费用			5 8 5 0 0	1
					张
合 计				¥1 5 8 5 0 0	

会计主管　　　记账　　　稽核　　　出纳 李德庆　　　填制 张敏华

图 6-3　付款凭证

记 账 凭 证

RiGH® 2001 用增版库　　　　　记 字第 12 号

2014年 9 月 28 日

摘 要	科 目		借方金额	贷方金额	√
	总账科目	明细科目	亿千百十万千百十元角分	亿千百十万千百十元角分	
销售甲产品	库存现金		5 8 5 0 0		附单据 1 张
	主营业务收入	甲产品		5 0 0 0 0	
	应交税费	应交增值税		8 5 0 0	
		——进项税额			
合 计			¥5 8 5 0 0	¥5 8 5 0 0	

会计主管：　　记账：　　出纳:李德庆　　复核：　　制单:张敏华

图 6-4　记账凭证

（四）现金出纳凭证的填制

填制现金出纳凭证要求做到内容齐全、书写清晰、数据规范、会计科目准确、编号合理、签章手续完备等。

（1）现金出纳凭证的内容必须齐全。凡是凭证格式上规定的各项内容必须逐项填写齐全，不得遗漏和省略，以便完整地反映经济活动全貌，这是填制现金出纳凭证最起码的要求。

（2）填写现金出纳凭证的文字、数字必须清晰、工整、规范。

（3）记账凭证中所运用的会计科目必须适当。按照原始凭证所反映的现金出纳业务的性质，根据会计制度的规定，确定应"收"、应"付"会计科目，需要登记明细账的还应列明二级科目和明细科目的名称并据以登账。一般来说，出纳人员只涉及收、付款凭证，不涉及转账凭证。对于收款凭证，其借方科目为"库存现金"或"银行存款"，其贷方科目则应根据经济业务内容和本行业具体情况而定，如销售产品取得现金，股份制企业贷方科目为"主营业务收入"；对于付款凭证，贷方科目为"库存现金"或"银行存款"，借方科目也是根据经济业务内容和行业会计制度情况而定，比如企业用现金采购材料借记"原材料"。

（4）现金出纳凭证要求连续编号以便备查，如一式几联的发票收款收据都应连续编号，按编号顺序使用。作废时应加盖"作废"戳记，连同存根联一起保存，不得撕毁。记账凭证一般是按月顺序编写，即将每月第一天第一笔现金收付事项作为会计凭证的第一号，顺序编至月末。不允许漏号、重号、错号，为了防止记账凭证丢失，应在填制凭证时及时编号。

（5）现金出纳的签章必须完备。从外单位或个人处取得的原始凭证，必须盖有填制单位的公章或财务专用章；出纳人员办理收付款项以后，应在收付款的原始凭证上加盖"收讫""付讫"戳记；记账凭证中要有凭证填制人员、稽核人员、记账人员、会计主管人员的签名或盖章。另外，凡是经过审查和处理的凭证，必须加盖规定的公章并有有关人员的签章；传票附件要加盖"作附件"戳记；对外的重要单证，如存单、存折、收据应加盖业务公章。

（五）现金出纳凭证的审核

审查现金出纳凭证是保证现金出纳资料真实可靠的重要措施，不论是自制还是外来的现金出纳凭证都必须根据业务的具体要求，严格进行审查，保证真实、正确、完整、合理、合法。只有审核合格的凭证才能作为办理现金收付和据此登记账簿的根据。现金出纳凭证的审核包括政策性审核和技术性审核两个方面。具体审核办法及技能见第二章的有关内容

（六）现金出纳凭证的保管

现金出纳凭证是记录经济业务、明确经济责任的书面文件和记账根据。因此，

它是重要的经济档案和历史资料。所以各单位对凭证必须妥善保管，以便随时抽查；同时便于上级或其他有关机关事后了解经济业务、检查账务。现金出纳凭证的保管包括登账以后的整理、装订和归档存查的过程。凭证保管的技术要求参见第二章的有关内容。

二、现金出纳账簿

（一）会计账簿及其分类

会计账簿是指根据会计凭证全面、系统、序时、分类地记录和反映各项经济业务情况，具有一定格式的簿籍。按不同的标准，会计账簿有不同的分类。

1. 会计账簿按其用途不同分类

会计账簿按其用途不同可分为序时账簿、分类账簿和备查账簿。

（1）序时账簿，又称日记账，是指按经济业务发生的时间先后顺序逐日、逐笔登记经济业务的账簿。用来登记全部经济业务发生情况的序时账簿称为普通日记账；用来记录某一类经济业务发生情况的日记账称为特种日记账，如现金日记账、银行存款日记账。在我国，出纳须填制现金日记账和银行存款日记账。

（2）分类账簿，是指对全部经济业务按照总分类科目和明细分类科目分类登记的账簿。它又分为总分类账簿和明细分类账簿。

（3）备查账簿，又称辅助账簿，是指对以上两种主要账簿进行补充登记的账簿，如有价证券登记簿等。

按照单位内部控制制度规范，出纳人员只能登记现金日记账和银行存款日记账以及部分备查账簿，不得经手分类账簿。

2. 会计账簿按其外表形式不同分类

会计账簿按其外表形式不同可分为订本账、活页账、卡片账。

（1）订本式账簿，简称订本账，是指在启用前把编有顺序号的若干账页固定装订成册的账簿。这种账簿可以防止账页散失、抽换，用于总分类账、现金日记账和银行存款日记账的登记。

（2）活页式账簿，又称活页账，是指把零散的账页放置在活页账夹内，可以随时增减账页的账簿。其特点是使用灵活。

（3）卡片式账簿，也称卡片账，是指由具有一定格式的卡片组成，存放在卡片箱中，可以随时取放的账簿。

单位的日记账和总账必须采用订本式账簿，其他的账可以采用活页式或卡片式账簿。

（二）现金出纳账簿

1. 现金出纳账簿的概念

现金出纳账簿主要指现金日记账，是出纳用以记录和反映现金增减变动和结存情况的账簿。它是出纳人员以现金收款凭证和付款凭证为根据，全面、系统、连续地记录和反映本单位现金收付业务及其结存情况的一种工具，是各单位会计账簿的重要组成部分，在现金管理中具有十分重要的作用。

2. 现金出纳账的基本内容

由于各个单位各行业特点以及业务活动对现金出纳工作的要求不同，现金出纳账的内容略有不同，但一般应具备以下基本内容：

（1）封面。在账簿封面上应标明账簿名称及单位名称，以及所属年份。

（2）启用登记表。每本出纳账的扉页都要填明启用日期、截止日期、页数、册数、经管人员一览表和签章以及单位公章等。

（3）账页。账页应包括记账日期（年、月、日）、凭证种类及编号、经济业务摘要、收入金额、付出金额、结存金额、对应科目等。

（三）现金日记账的格式

库存现金的核算要设置"库存现金"总账和现金日记账。总账由会计负责登记，现金日记账又称序时账，由各单位出纳人员负责开设和登记。按会计制度规定，各单位的现金日记账必须使用订本式账簿，账页按顺序编号，不得随意抽换或增添，以保持账页页数和序时记录的系统性、完整性。其格式一般为三栏式，即在同一账页上设置"借方""贷方""余额"三栏，分别反映现金收入、付出和结存的情况。其格式如图 6-10 所示。

现金日记账的登记、结账、对账，其方法可参见第二章的有关内容。

第二节　现金收付业务的处理

现金的收付是一项政策性较强的工作，要求出纳人员严格把好现金收支关。特别是对现金支出，一定要有有效的支出凭证，并严格审查支出凭证的审批手续。如费用报销单必须有报销人单位负责人以及会计的签字，并严格审查现金支付范围，对已办理现金收付的会计凭证，出纳人员应在凭证上盖"现金收讫"和"现金付讫"的标志，避免收付凭证重复使用。

一、现金收入业务的处理程序

现金收入业务是各单位在其生产经营和非生产经营活动中取得现金的业务。其内容包括销售商品、提供劳务而取得现金的业务，提供非经营性服务而取得收入的业务以及其他罚没收入，还包括单位内部现金往来的收入项目等。出纳人员在进行现金收入业务时，主要依据的是发票、非经营性收据、内部收据、现金支票等原始凭证以及收付款记账凭证。

（一）从银行提取现金的程序

任何单位必须具有一定的库存现金才能开展支出业务，当库存现金小于需用现金时，除按国家规定可以"坐支"外，均应按规定从银行提取现金。从银行提取现金的程序如下：

1. 签发现金支票

单位需要现金时，一般是由领导批准，出纳人员填写现金支票到银行提取现金。现金支票的填写要求是：必须使用碳素墨水填写，签发日期必须用中文大写数字填写且是实际出票日期，金额必须按规定填写，用途栏应当填明真实用途，不得弄虚作假。现金支票的正面要加盖单位预留银行印鉴，背面要有收款单位或取款人背书。

2. 取款

出纳人员持签发的现金支票到银行提取款时，将支票交给经办本单位结算业务的银行经办出纳人员审核无误后，等待取款；取款人收到银行出纳人员付给的现金时，应当面点清数量，清点无误后才离开柜台。如果金额较大时，应当有其他人陪同前往银行提款。

3. 保管

出纳人员取回现金后，应当立即将现金放入保险柜保管。

4. 记账

将现金支票存根交由会计编制银行存款付款凭证，再根据该记账凭证登记现金日记账或者直接根据现金支票存根登记现金日记账。（视各单位出纳核算程序不同而分别采用）

（二）出纳人员直接收款的程序

直接收款业务，是指由交款人直接持现金到出纳部门交款，出纳人员根据有关的收款原始凭证，办理收取现金的事项，如购货单位交来货款、职工交回欠款、多余款项等。出纳人员在办理这些业务时的基本程序如下：

（1）受理收款业务，查看收款依据是否真实、完整。

（2）审核现金来源是否合法合理，手续是否完备。

（3）与付款人当面清点现金，保证收款依据与收款金额一致，做到收付两清，一笔一清。

（4）开具收款凭证，并在收款凭证和收款依据上加盖"现金收讫"章。

（5）根据收款凭证和收款依据登记现金日记账。

（三）其他人收款后交出纳人员的处理程序

在商品流通企业、餐饮、旅游、服务业等大量行业中，由于收款业务较为频繁，一般都由营业员分散收款或由收款员集中收款后，每天定时向出纳人员缴款。其现金收入业务处理的一般程序如下：

（1）受理收款业务，查看收款依据是否齐备。

（2）根据收款依据来确定应收金额。

（3）根据收款金额来收取现金。与付款人当面清点现金，保证收款依据与收款金额一致。

（4）收取现金后开具收款收据，并在收款收据上加盖"现金收讫"章。

（5）根据收款收据登记现金日记账。

二、现金支出业务的处理程序

现金支付业务是指各单位在其生产经营过程和非生产性经营过程中向外支付现金的业务。它包括各单位向外购买货物、接受劳务而支付现金的业务，发放工资业务，费用报销业务，现金存入银行以及向有关部门支付备用金等。出纳人员在进行现金支付业务时，主要依据是发票、非经营性收据、内部收据、工资发放表、借款单、现金缴款单等原始凭证。

（一）现金送存银行的程序

出纳人员对当天收入的现金和超过库存限额、坐支范围的现金，应当及时送存开户银行。其程序如下：

第一步，清点票币。出纳人员送存现金之前，必须清点票币：将同等面额纸币摆放在一起，然后按 100 张为一把整理好，不够整把的，从大额到小额顺序排列好；将同额硬币放在一起，按 100 枚用纸卷成一卷，不足一卷的硬币一般不送存银行，留作找零用。

第二步，填写"现金缴款单"。款项清点好后，出纳人员填写"现金缴款单"，填写时要用双面复写纸复写，缴款日期必须填写缴款当日，缴款单位名称应当填写全称，款项来源如实填写，金额大小写的书写要标准。卷种和张数栏按实际送存时各种卷面的张数和卷数填写。

第三步，将款项和"现金缴款单"一同送开户银行收款窗口收款。

第四步，银行收款核对后，在"现金缴款单"第一联（回单）盖章退出纳人员。

第五步，出纳人员根据"现金缴款单"登记现金日记账，或交会计人员编制现金付款凭证，再据以登记现金日记账。

（二）出纳人员直接支付现金的程序

出纳人员按现金支付单据直接将现金支付给收款单位或个人的基本程序是：

（1）受理现金支付凭证。这些凭证包括报销单据、借款单、领款收据、工资表、外单位或个人的收款收据或发票等。

（2）审核付款凭据。出纳人员在取得现金支付依据后，应当进行认真审核；对于出纳人员直接经办的业务，如现金汇款等，还需要填制有关原始凭证并补齐手续。

（3）支付现金并当着收款人面进行复点，要求收款人当面确认。

（4）付款完毕，出纳人员应当在审核无误的原始单证上加盖"现金付讫"章。

（5）出纳人员根据付款单证登记现金日记账，或交由会计编制现金付款凭证，再据以登记现金日记账。

第三节 现金结算实务

下面以成都光华机械有限责任公司 2015 年 1 月份发生的现金收付业务为例，说明现金业务的实际操作过程。该公司的现金处理流程为：会计人员对现金收付的各种原始凭证进行审核无误后填制记账凭证，然后传递给出纳人员，出纳人员审核无误后收付现金，并根据现金收付记账凭证登记现金日记账。

光华公司 2015 年 1 月初现金余额为 15 000 元，银行核定的库存限额为 20 000 元。

（1）4 日，王其借支差旅费 2 000 元，填制了借款单，并报请领导签了字。

（2）4 日，销售部章华持手续齐备的领款单，领取备用金 1 000 元。

（3）4 日，销售 A 产品，收到 5 笔现金，开出增值税专用发票 5 份，价款共计 4 000 元，税款共计 680 元。

（4）4 日，职工陈栋归还借款 800 元。

（5）4 日，将销售款项 4 680 元存入银行，带回现金缴款单第一联。

若该单位的会计和出纳是分开办公的，那么，以上 5 笔业务发生时，出纳人员严格审核有关凭证后再付或收款，下班前 1 小时，直接根据这些业务的原始凭证登记现金日记账后，再将这些原始凭证传递给会计人员，以便他们编制现金收付记账凭证及登记库存现金总账。

本例中，该公司的会计和出纳是一起办公的，那么，以上 5 笔业务发生时，由会计人员严格审核有关凭证后，编制现金收付记账凭证，并传递给出纳人员。出纳人员审核无误后再付或收款，并于下班前，根据这些记账凭证登记现金日记账，再将这些记账凭证传递给会计人员，以便他们登记库存现金总账。

会计人员编制的记账凭证如下：

第一笔业务根据借款单编制现金付款凭证如图 6-5 所示。

图 6-5　付款凭证 1

第二笔业务根据领款单编制现金付款凭证如图 6-6 所示。

图 6-6　付款凭证 2

第三笔业务根据增值税专用发票第一联编制现金收款凭证如图 6-7 所示。

收 款 凭 证

| 应借科目 | 库存现金 | | 2015 年 1 月 4 日 | | | 银 收字第 01 号 | | | | | | | | | | |

摘　　要	应 贷 科 目		√	金　额								附件
	一　级	二 级 或 明 细		千	百	十	万	千	百	十	元 角 分	
销售甲产品	主营业务收入	甲产品					￥	4	0	0	0 0 0	5 张
	应交税费	应交增值税										
		——销项税额										
合　　　　计							￥	4	0	0	0 0 0	

会计主管　　　　记账　　　　稽核　　　　出纳 李德庆　　　　填制 张华敏

图 6-7　收款凭证 1

第四笔业务根据借款单编制现金收款凭证如图 6-8 所示。

收 款 凭 证

| 应借科目 | 库存现金 | | 2015 年 1 月 4 日 | | | 银 收字第 02 号 | | | | | | | | | | |

摘　　要	应 贷 科 目		√	金　额								附件
	一　级	二 级 或 明 细		千	百	十	万	千	百	十	元 角 分	
陈荪归还借款	其他应收款	陈荪						￥	8	0	0 0 0	1 张
合　　　　计								￥	8	0	0 0 0	

会计主管　　　　记账　　　　稽核　　　　出纳 李德庆　　　　填制 张华敏

图 6-8　收款凭证 2

第五笔业务根据现金缴款单第一联编制现金付款凭证如图 6-9 所示。

当业务同时涉及现金和银行存款的收付时，只编制付款凭证。

图 6-9　收款凭证 3

下面发生的经济业务，都以会计分录代替记账凭证。

（6）8 日，出纳签发一张现金支票，到银行提取现金 5 000 元。

该业务根据现金支票存根登记现金日记账或编制银行存款付款凭证，会计分录为：

借：库存现金　　　　　　　　　　　　　　　　　　　　　　5 000

　　贷：银行存款　　　　　　　　　　　　　　　　　　　　　　5 000

（7）8 日，公司用现金 900 元购买办公用品。

该业务根据购货发票登记现金日记账或编制现金付款凭证，会计分录为：

借：管理费用——办公费　　　　　　　　　　　　　　　　　900

　　贷：库存现金　　　　　　　　　　　　　　　　　　　　　　900

（8）8 日，职工桑名报销医药费 100 元。

该业务根据医药费保险单登记现金日记账或编制现金付款凭证，会计分录为：

借：应付职工薪酬——福利费　　　　　　　　　　　　　　　100

　　贷：库存现金　　　　　　　　　　　　　　　　　　　　　　100

（9）8 日，收到职工王枚的赔偿款 120 元，开出内部收据一张。

该业务根据内部收据第三联登记现金日记账或编制现金付款凭证，会计分录为：

借：库存现金　　　　　　　　　　　　　　　　　　　　　　120

　　贷：其他应收款——赔偿款　　　　　　　　　　　　　　　　120

（10）15 日，王其出差归来，报销差旅费 1 800 元，并退回多余款项。

该业务根据王其填写的差旅费报销单，并由出纳或会计对其进行审核无误后，登记现金日记账或编制现金收款凭证和转账凭证，会计分录为：

借：库存现金　　　　　　　　　　　　　　　　　　　　200

　　贷：其他应收款——王其　　　　　　　　　　　　　　　　200

借：管理费用　　　　　　　　　　　　　　　　　　　1 800

　　贷：其他应收款——王其　　　　　　　　　　　　　　　1 800

（11）15 日，收回乙公司前欠货款 900 元，开出普通发票一张。

该业务根据普通发票第三联登记现金日记账或编制现金收款凭证，会计分录为：

借：库存现金　　　　　　　　　　　　　　　　　　　　900

　　贷：应收账款——乙公司　　　　　　　　　　　　　　　900

（12）15 日，支付第四季度报刊费 600 元。

该业务根据收到的邮局发票第二联登记现金日记账或编制现金付款凭证，会计分录为：

借：管理费用——报刊费　　　　　　　　　　　　　　　600

　　贷：库存现金　　　　　　　　　　　　　　　　　　　　600

（13）15 日，退回预收甲公司的包装物押金 800 元。

该业务根据收回以前开出的押金收据和付款单登记现金日记账或编制现金付款凭证，会计分录为：

借：其他应付款——甲公司　　　　　　　　　　　　　　800

　　贷：库存现金　　　　　　　　　　　　　　　　　　　　800

（14）30 日，车间购买考勤表等办公用品，款项 300 元用现金支付，取得普通发票。

该业务根据普通发票第三联登记现金日记账或编制现金付款凭证，会计分录为：

借：制造费用　　　　　　　　　　　　　　　　　　　　300

　　贷：库存现金　　　　　　　　　　　　　　　　　　　　300

（15）30 日，根据领导已经审批的工资表，上午，开出金额为 100 000 元的现金支票一张到银行提现。下午发放 1 月份工资 100 000 元。其中：生产工人工资 60 000 元，生产车间管理人员工资 5 000 元，行政管理人员工资 25 000 元，销售人员工资 10 000 元。

该业务根据支票存根和工资表登记现金日记账或编制银行存款付款凭证、现金付款凭证，会计分录为：

借：库存现金　　　　　　　　　　　　　　　　　　100 000

　　贷：银行存款　　　　　　　　　　　　　　　　　　　100 000

借：应付职工薪酬——工资　　　　　　　　　　　　100 000

　　贷：库存现金　　　　　　　　　　　　　　　　　　　100 000

（16）出售办公室废旧报刊，取得现金 100 元。

该业务根据收据第三联登记现金日记账或编制现金收款凭证，会计分录为：

借：库存现金　　　　　　　　　　　　　　　　　　　　　　100

　　贷：管理费用　　　　　　　　　　　　　　　　　　　　　　100

（17）31 日，开出现金支票 3 500 元，补足库存限额。

该业务根据现金支票存根登记现金日记账或编制银行存款付款凭证，会计分录为：

借：库存现金　　　　　　　　　　　　　　　　　　　　　3 500

　　贷：银行存款　　　　　　　　　　　　　　　　　　　　　3 500

根据上述业务，出纳人员登记现金日记账，如图 6-10 所示。

现 金 日 记 账

第 15 页　　　　2015 年度

15 年		记帐凭证		摘　要	对方科目	总页	借　方	√	贷　方	√	结　存	√
月	日	收款	付款				千百十万千百十元角分		千百十万千百十元角分		千百十万千百十元角分	
1	1			期初余额							1500000	
	4		现1	借差旅费					200000			
	4		现2	领备用金					100000			
	4	现1		销售甲产品			468000					
	4	现2		归还借款			80000					
	4		现3	销售款送存银行					468000			
				本日合计			548000		768000		1280000	
	8	假3		支票提现			500000					
	8		现4	购买办公用品					90000			
	8		现5	报销医药费					10000			
	8	现3		收到赔偿款			12000					
				本日合计			512000		100000		1692000	
	15	现4		退回多余款项			20000					
	15	现5		收回货款			90000					
	15		现6	支付报刊费					60000			
	15		现7	退回押金					80000			
				本日合计			110000		140000		1662000	
	30		现8	购买办公用品					30000			
	30	假6		提现发工资			10000000					
	30		现9	发工资					10000000			

现 金 日 记 账

第 16 页　　　　2015 年度

15 年		记帐凭证		摘　要	对方科目	总页	借　方	√	贷　方	√	结　存	√
月	日	收款	付款				千百十万千百十元角分		千百十万千百十元角分		千百十万千百十元角分	
1	30	现6		出售废报纸			10000					
				本日合计			10010000		10030000		1642000	
	31	假10		支提现票			350000					
				本月合计			11530000		11038000		1992000	

图 6-10　现金日记账

思考题

1. 什么是现金出纳凭证？出纳人员应当如何正确填制现金出纳凭证？
2. 出纳人员在办理现金收入业务时应当采用的正确程序是什么？
3. 出纳人员在办理现金支付业务时应当采用的正确程序是什么？

 讨论题

出纳人员主要使用什么账簿？为什么不能填制记账凭证？为什么不能登记分类账簿？如果出纳人员同时掌管现金日记账和库存现金总分类账，可能会带来什么后果？

实验项目

实验项目名称：登记现金日记账

（一）实验目的及要求

1. 通过本实验掌握登记现金日记账的基本技能，达到熟练做现金日记账的目的。

2. 要求同学们完成现金日记账登记的全部登账过程，并正确结出本月发生额及余额。

（二）实验设备、资料

1. 现金日记账 2 页、收款凭证 20 张、付款凭证 20 张。

2. 计算器或算盘。

3. 企业经济业务：

成都华素公司为一般纳税人，2015 年 3 月库存现金日记账期初余额为 34 000 元，银行核定的库存限额为 40 000 元。该公司当月发生经济业务如下：

（1）3 日，销售 A 产品，收到 8 笔现金，开出增值税专用发票 8 份，价款共计 5 000 元，税款共计 850 元。

（2）3 日，采购人员持手续齐备的借款单，领取备用金 5 000 元。

（3）3 日，万达到北京出差，借支差旅费 8 000 元，填制了借款单，并报请领导签了字。

（4）3 日，销售产品 A，收到对方转账支票一张，金额 117 000 元。

（5）3 日，职工杨明归还借款 2 000 元。

（6）3 日，将销售款项 5 850 元存入银行，带回现金缴款单第一联。

（7）3 日，收到银行本票一张 20 000 元，手续办理完毕。

（8）8 日，收到 A 企业开出的一张普通支票，归还欠款 900 元。

（9）8 日，企业用现金购买原材料 900 元。

（10）8 日，万达出差归来，报销差旅费 8 500 元。

（11）8 日，收到职工丁述的赔偿款 220 元，开出内部收据一张。

（12）8 日，出纳签发一张现金支票，到银行提取现金 8 000 元。

（13）8 日，企业销售产品 B 给上海公司，金额为 50 000 元。采用托收承付方式进行结算，产品已经发运，办妥了托收承付手续。

（14）18 日，职工华数出差归来，报销差旅费 2 000 元，该职工没有借款。

（15）18 日，乙公司用现金归还前欠货款 990 元，出纳开出普通发票一张。

（16）18 日，支付第四季度报刊费 600 元。

（17）18 日，退回预收甲公司的包装物押金 800 元。

（18）18 日，企业购买考勤表等办公用品，款项 500 元用现金支付，取得普通发票。

（19）18 日，王经理报销招待费用 990 元。

（20）18 日，出纳人员到开户银行办理银行承兑汇票一张，金额为 100 000 元，手续费率为 0.5‰。

（21）30 日，领导审批完毕工资表。其中：生产工人工资 60 000 元，生产车间管理人员工资 5 000 元，行政管理人员工资 25 000 元，销售人员工资 10 000 元。出纳人员根据该工资表将每位职工的工资上到了各自的银行卡上。

（22）30 日出售办公室废旧报刊，取得现金 200 元。

（20）30 日张都报销招待费 3 500 元。

（21）31 日，开出现金支票 3 500 元，补足库存限额。

（三）实验内容与步骤

1. 每个同学准备现金日记账及记账凭证一套。

2. 三位同学为一组，分别以制证、审核、登账不同角色进行实验。

3. 同学们共同熟悉企业经济业务。

4. 根据经济业务编制现金收款凭证和现金付款凭证。

5. 根据记账凭证登记现金日记账，每天结出余额。

6. 期末结账。

（四）实验结果（结论）

1. 了解日记账的基本知识。

2. 熟悉登记现金日记账的基本要领。

3. 掌握登记现金日记账的核算技能。

第七章　银行存款管理实务

● 第一节　银行存款出纳凭证与账簿

银行存款的核算主要包括序时核算和总分类核算。出纳人员主要从事银行存款的序时核算，银行存款的总分类账核算由会计人员承担。

一、银行存款出纳凭证

（一）银行存款出纳凭证的意义和作用

1. 银行存款出纳凭证的意义

银行存款出纳凭证是记录银行存款收付业务活动、明确出纳与其他相关人员在银行存款工作中经济责任的书面证明，是凭以登记银行存款账簿的重要依据。

企事业单位每天都要发生大量的银行存款收付业务，这便要求出纳人员取得或填制与银行存款相关的出纳凭证，真实、完整地记录和反映单位银行存款业务情况，以明确经济责任。

2. 银行存款出纳凭证的作用

银行存款出纳凭证不仅具有初步记载银行存款业务、传递经济信息、作为记账依据的作用，同时还有传送银行存款收支情况、作为办理银行存款业务手续依据的作用。因此，填制和审核银行存款出纳凭证对于全面完成出纳任务有十分重要的意义。

（1）通过银行存款出纳凭证的填制和审核，可以如实、及时地归类记载银行存款收付业务。

（2）通过银行存款出纳凭证的填制和审查，可以分清各自的经济责任，强化经济责任制。

（3）通过银行存款出纳凭证的填制和审核，可以检查银行存款出纳业务的合理性、合法性，保护单位银行存款财产的安全、完整，使之得到合理使用。

（二）银行存款出纳凭证的种类

出纳在进行银行存款的序时核算使用的凭证分为银行存款收支原始凭证和银行存款记账凭证两种。

1. 银行存款收支原始凭证

银行存款收支原始凭证主要是出纳人员收入和支付银行存款的会计凭证。它们可以是出纳人员自己填制的，也可以是其他单位人员或本单位的非出纳人员填制的。

银行存款收支原始凭证主要是各种票据和结算凭证，具体内容将在第八章中详细介绍。

2. 银行存款记账凭证

银行存款记账凭证是根据银行存款收、付的原始凭证编制的银行存款收款凭证、银行存款付款凭证或银行存款通用记账凭证，其格式和内容与现金收、付记账凭证相同，可参见图6-2、图6-3和图6-4，这里不再赘述。

二、银行存款日记账

银行存款日记账是本单位进行银行存款序时核算的工具，是由出纳人员掌管和登记的出纳账簿之一，是由出纳人员逐日、逐项记录本单位银行存款收支及结存情况的账簿，其格式如图7-6所示。它与现金日记账的格式基本相同。银行存款日记账由出纳人员根据银行存款原始凭证或银行存款收、付款凭证进行登记，并在每日终了时结算出银行存款收支发生额和结存额。月末还要计算出本月收入、支出的合计数和月末结余数，并与"银行存款"总分类账进行核对。银行存款日记账的建立和使用，为随时掌握银行存款收、支动态和结余情况，合理调度资金，实现收、支平衡提供信息资料。

只要有结算业务的单位，不管其规模大小，都要设置银行存款日记账。银行存款日记账可按存款种类设置账簿，也可以在一本账簿中根据不同种类的存款分设不同的类栏。对于外币存款，应按不同币种和开户银行分别设置日记账。银行存款日记账的账簿格式有三栏式和多栏式之分。对于业务量较大的企业，可采用多栏式银行存款日记账。不同单位，由于其经济性质、规模大小、经营管理的要求各不相同，相应需要设置的日记账的种类、格式也就不同。在具体设置日记账时，应从本单位实际情况出发，遵循节约原则，避免复杂与浪费。

有外币存款的企业，应分别按人民币和各种外币设置"银行存款日记账"进行明细核算。企业发生外币业务时，应将有关外币金额折合为人民币记账。除另有规定外，所有与外币业务有关的账户，应采用业务发生时的汇率，也可以采用业务发生当期期初的汇率折合。期末，各种外币账户的期末余额，应按期末汇率折合为人民币金额。按照期末汇率折合的人民币金额与原账面人民币金额之间的差额，作为汇兑损益。

第二节　银行存款核算实务

一、银行存款的序时核算

银行存款的核算主要包括序时核算和总分类核算。出纳人员主要从事序时核算。

银行存款的序时核算就是指利用银行存款日记账，按照经济业务发生完成的时间顺序，对银行存款的收、支、余情况逐日、逐笔地反映。

银行存款的核算程序与现金的核算程序相同，根据出纳与会计分工的不同，可由出纳人员直接根据银行存款收付原始凭证登记银行存款日记账，也可由会计人员先根据收付凭证编制银行存款记账凭证后，再传递给出纳人员，出纳人员再登记银行存款日记账。

若该公司的会计和出纳是分开办公的，那么，发生银行存款收付业务时，由出纳人员严格审核有关凭证后再付款或收款。下班前适当时间，直接根据这些业务的原始凭证登记现金日记账后，再将这些原始凭证传递给会计人员，以便他们编制银行存款收付记账凭证及登记银行存款总账。

若该单位的会计和出纳是一起办公的，那么，发生银行存款收付业务时，由会计人员严格审核有关凭证后，编制银行存款收付记账凭证，并传递给出纳人员。出纳人员审核无误后再付款或收款，下班前，根据这些记账凭证登记银行存款日记账后，再将这些记账凭证传递给会计人员，以便他们登记银行存款总账。

二、银行存款序时核算实务

下面以成都光华机械有限责任公司 2015 年 1 月份发生的银行存款收付业务为例，说明银行存款序时核算的实际操作过程。该公司的银行存款处理流程为：会计人员对银行存款的各种原始凭证进行审核后填制记账凭证，然后传递给出纳人员，出纳人员审核无误后收、付银行存款并据此登记银行存款日记账。

该公司 2015 年"银行存款"账户期初余额为 1 990 000 元，1 月份发生银行存款收付业务如下：

（1）4 日，销售乙产品给丙公司，开出增值税专用发票一张，价款为 100 000 元，税额为 17 000 元，对方开具转账支票一张，出纳人员填制进账单将其存入开户银行。

该业务的操作程序：

①出纳人员在转账支票背面"被背书人"一栏填写开户银行名称，在"背书人签章"一栏填写"委托收款"并加盖预留银行印鉴。

②填写进账单（格式如图 10-32 所示）。

③将转账支票（格式如图 10-29 所示）和进账单一并交开户银行办理收款。

④银行审核无误后，在进账单第一联加盖"转讫"章后退还出纳人员。

⑤银行收妥款项后，退回进账单收账通知联（第三联）。

⑥会计人员根据增值税专用发票第三联（记账联）和进账单第三联编制银行存款收款凭证，如图 7-1 所示。

⑦会计人员将银行存款收款凭证传递给出纳人员。

图 7-1　收款凭证 1

（2）4 日，公司采购原材料 M，交回增值税专用发票一张，价税合计 234 000 元，出纳人员开出转账支票一张及进账单，支付货款。

该业务的操作程序：

①出纳人员根据发票金额签发转账支票、填写进账单。

②将转账支票和进账单一并交开户银行办理收付款，银行审核无误后，在进账单第一联加盖"转讫"章后退还出纳人员。

③会计人员根据增值税专用发票第三联（记账联）、转账支票存根（格式如图 10-29 所示）和进账单第一联编制银行存款付款凭证如图 7-2 所示。

④会计人员将银行存款付款凭证传递给出纳人员。

付 款 凭 证

应贷科目 银行存款　　2015 年 1 月 4 日　　银 付字第 01 号

摘要	应借科目：一级	应借科目：二级或明细	✓	金额（千百十万千百十元角分）	附件
购买原材料	原材料	M		20000000	3 张
	应交税费	应交增值税 ——进项税额		3400000	
合计				¥23400000	

会计主管　　记账　　稽核　　出纳 李德庆　　填制 张华敏

图 7-2　付款凭证 1

（3）4 日，出纳人员到银行办理金额为 200 000 元的银行汇票一张。

该业务的操作程序：

①出纳人员填写银行汇票申请书（格式如图 10-6 所示）。

②银行审核无误后，出纳人员交存款项，银行签发银行汇票（格式如图 10-1 所示），并将银行汇票申请书第一联、银行汇票第二联和第三联交回出纳人员。

③会计人员根据银行汇票申请书第一联编制银行存款付款凭证，如图 7-3 所示。

④会计人员将银行存款付款凭证传递给出纳人员。

付 款 凭 证

应贷科目 银行存款　　2015 年 1 月 4 日　　银 付字第 02 号

摘要	应借科目：一级	应借科目：二级或明细	✓	金额（千百十万千百十元角分）	附件
银行汇票存款	其他货币资金	银行汇票存款		20000000	1 张
合计				¥20000000	

会计主管　　记账　　稽核　　出纳 李德庆　　填制 张华敏

图 7-3　付款凭证 2

（4）4 日，将销售款项 4 680 元存入银行，带回现金缴款单第一联。

出纳人员填写现金缴款单后到银行存入款项，银行收款后在现金缴款单第一联上加盖印章后退回出纳人员。出纳人员带回交会计人员，会计编制现金付款凭证（如图 7-4 所示）后再将银行存款付款凭证传递给出纳人员。

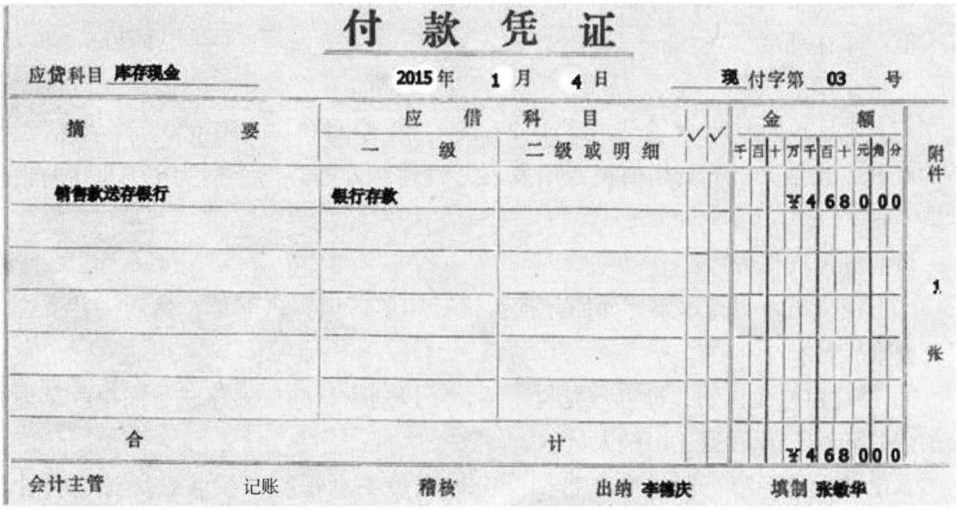

付款凭证

应贷科目 库存现金　　2015年 1 月 4 日　　现 付字第 03 号

摘要	应借科目 一级	二级或明细	✓	✓	金额（千百十万千百十元角分）	附件 1 张
销售款送存银行	银行存款				¥468000	
合计					¥468000	

会计主管　　记账　　稽核　　出纳 李德庆　　填制 张敏华

图 7-4　付款凭证 3

（5）4 日，银行传来信汇凭证收账通知，上月大地公司所欠货款 58 000 元于今日收到。

会计人员根据信汇凭证收账通知（信汇凭证第四联）（格式如图 10-44 所示）编制银行收款凭证（如图 7-5 所示）后传递给出纳人员。

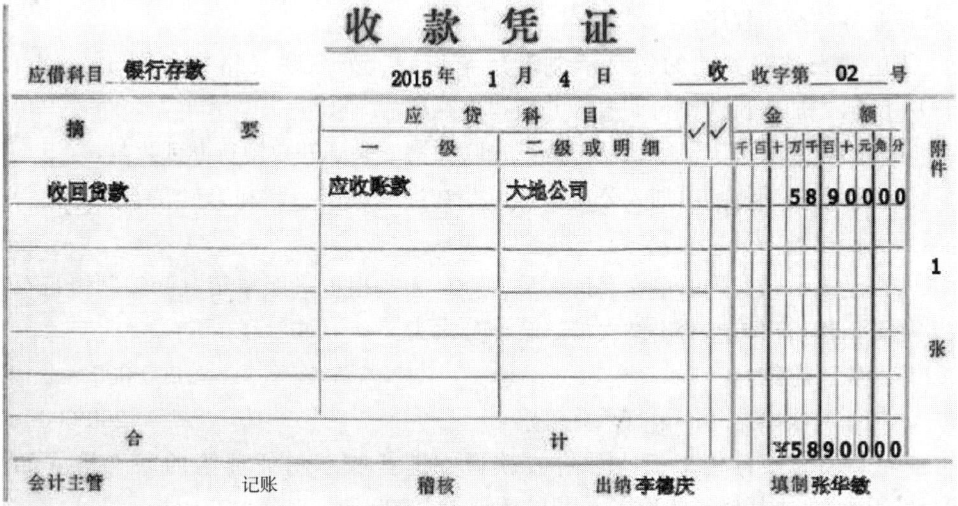

收款凭证

应借科目 银行存款　　2015年 1 月 4 日　　收 收字第 02 号

摘要	应贷科目 一级	二级或明细	✓	✓	金额（千百十万千百十元角分）	附件 1 张
收回货款	应收账款	大地公司			5890000	
合计					¥5890000	

会计主管　　记账　　稽核　　出纳李德庆　　填制张华敏

图 7-5　收款凭证 2

4 号下午 4 点左右（各个单位根据其业务量大小确定具体时间），出纳人员根据当天的银行存款收、付凭证登记当日的银行存款日记账，并结出当日余额。

下面发生的经济业务，都以会计分录代替记账凭证，处理程序和方法与前日相同。

（6）8日，出纳人员签发一张现金支票（格式如图10-27所示），到银行提取现金5 000元。

根据现金支票存根编制银行存款付款凭证，会计分录为：

借：库存现金 5 000

　　贷：银行存款 5 000

（7）8日，向本市N企业出售丙产品一批，取得价款150 000元，增值税额25 500元，出纳人员开具增值税专用发票，收到对方的开出金额为175 500的银行本票一张。

该业务的操作程序：

①出纳人员在银行本票背面加盖预留银行印鉴，填写进账单，然后一并交开户银行办理转账；

②银行审核无误后，即办理兑付手续，予以划款，并在第三联进账单收款通知上加盖"转讫"章后退还出纳人员；

③出纳人员将第三联进账单带回交会计人员编制银行存款收款凭证，会计分录为：

借：银行存款 175 500

　　贷：主营业务收入——丙 150 000

　　　　应交税费——应交增值税（销项税额） 25 500

（8）8日，出纳人员一张到期银行承兑汇票送交银行办理收款，票款200 000元已经存入公司账户。

该业务的操作程序：

①出纳人员在到期的银行承兑汇票第二联、第三联（格式如图10-17、图10-18所示）加盖预留银行印鉴，并填写进账单。

②然后持进账单、银行承兑汇票第二联和第三联到开户银行办理收款。

③银行受理后将款项划入公司账户，并在进账单第一联和第三联上加盖银行业务章后退回出纳人员。

④出纳人员带回进账单交会计人员，会计人员根据进账单第三联编制银行存款收款凭证，然后再传递给出纳人员。会计分录为：

借：银行存款 200 000

　　贷：应收票据——银行承兑汇票 200 000

（9）8日，银行传来托收承付收款通知即托收承付凭证第四联（格式如图10-50所示），委托银行收取K公司的款项117 000元，已经收存银行。

会计人员根据托收承付凭证第四联登记编制银行存款收款凭证，会计分录为：

借：银行存款 117 000

　　贷：应收账款——K公司 117 000

8 号下午，出纳人员根据当天的银行存款收、付凭证登记当日的银行存款日记账，并结出当日余额。

(10) 15 日，向大江厂出售丙产品，价税合计 234 000 元，当即收到对方的银行汇票一张，出纳人员到银行办理了兑现手续，出纳人员开出增值税专用发票。

该业务的操作程序：

①出纳人员对银行汇票审核无误后，将实际结算金额和汇票上的多余金额填入"银行汇票"的有关栏内，并在汇票背面"持票人向银行提示付款签章"处加盖印章，然后根据实际结算金额填制"进账单"，将进账单、银行汇票、解讫通知一起交开户银行办理转账。

②银行受理后，将款项划入公司账户，退回进账单第三联。

③会计根据进账单第三联编制银行存款收款凭证，会计分录为：

借：银行存款 234 000
 贷：主营业务收入——B 产品 200 000
  应交税费——应交增值税（销项税额） 34 000

(11) 15 日，金额为 58 500 的商业承兑汇票一张到期，收到银行委托收款凭证收账通知。

该业务的操作程序：

①出纳人员在汇票到期前一周，填写委托收款凭证（托收凭证），在商业承兑汇票背面加盖银行预留印鉴，将托收凭证和商业承兑汇票一并交给开户银行办理收款，银行受理后退回托收凭证第一联（格式如图 10-47 所示）。

②银行收到款项后，将款项划入公司账户，并将托收凭证收账通知（第四联）传给本公司。

③会计根据委托收款凭证收账通知编制银行存款收款凭证，会计分录为：

借：银行存款 58 500
 贷：应收票据——商业承兑汇票 58 500

(12) 15 日，采购员王强出差，借支差旅费 5 000 元，出纳人员开出现金支票。

出纳人员审核请款单无误后，开具现金支票，会计根据请款单和现金支票存根登记编制银行存款付款凭证。会计分录为：

借：其他应收款——王强 5 000
 贷：银行存款 5 000

(13) 15 日，出纳人员以信汇方式支付前欠海洋厂的材料款 100 000 元。

该业务的操作程序：

①出纳人员填写信汇凭证（格式如图 10-44 所示），在第二联"汇款人"盖章处加盖预留银行印鉴，然后到开户银行办理汇兑。

②银行审核无误后，将信汇凭证第一联加盖"转讫"章后退回出纳人员，并将款项从基本存款账户汇出。

③会计根据信汇凭证第一联编制银行存款付款凭证。会计分录为：

借：应付账款   100 000

    贷：银行存款   100 000

本日下午，出纳人员根据当日银行存款收款凭证和付款凭证登记银行存款日记账，并结出当日余额。

（14）30 日，根据领导已经审批的工资表，开出金额为 100 000 元的现金支票一张到银行提现。会计人员根据现金支票存根和工资表编制银行存款付款凭证，会计分录为：

借：库存现金   100 000

    贷：银行存款   100 000

（15）30 日，公司签发的一张金额为 351 000 元的银行承兑汇票到期，公司收到开户行传来的银行支付到期银行承兑汇票的付款通知。

会计人员根据银行承兑汇票付款通知登记编制银行存款付款凭证，会计分录为：

借：应付票据——银行承兑汇票   351 000

    贷：银行存款   351 000

（16）30 日，收到银行的商业承兑汇票付款通知。此汇票是三个月前开出的一张金额为 200 000 元的商业承兑汇票到期。

会计人员根据商业承兑汇票付款通知编制银行存款付款凭证，会计分录为：

借：应付票据——商业承兑汇票   200 000

    贷：银行存款   200 000

（17）30 日，从本市机器厂购回机器一台，价税合计 234 000 元，采用银行本票结算。

该业务的操作程序：

①出纳人员向签发银行填写一式三联的"银行本票申请书"（格式如图 10-25 所示），并将款项交存银行。

②银行同意后，在"银行本票申请书"第一联上加盖业务章，同时按申请金额签发银行本票，并将"银行本票申请书"第一联和银行本票交给出纳人员带回。

③出纳人员将银行本票交给采购人员办理结算。

④出纳人员将银行本票申请书存根交会计，会计据此编制银行存款付款凭证，会计分录为：

借：其他货币资金——银行本票存款   351 000

    贷：银行存款   351 000

本日下午，出纳人员根据当日银行存款收款凭证和付款凭证登记银行存款日记账，并结出当日余额。

（18）31 日，开出现金支票 3 500 元，补足库存限额。

会计人员根据现金支票存根编制银行存款付款凭证，会计分录为：

借：库存现金   3 500

    贷：银行存款   3 500

（19）31 日，购买 K 公司 M 材料，价税合计 46 800 元，对方开出增值税专用发票，出纳人员开出等额转账支票一张交对方。

根据增值税专用发票第二联和支票存根登记银行存款日记账并编制银行存款付款凭证，会计分录为：

借：原材料　　40 000

　　应交税费——应交增值税（进项税额）　　6 800

　贷：银行存款　　46 800

本日下午，出纳人员根据当日银行存款收款凭证和付款凭证登记银行存款日记账，并结出当日余额。

根据上述业务，出纳人员登记银行存款日记账，如图 7-6 所示。

银行存款日记账

账　　号 51015523456
存款种类 人民币

2015年度　　第 1 页

15年 月	日	记账凭证 收款	付款	摘要（外汇收支应说明原币及汇率）	支票 种类	号数	对方科目	借方	√	贷方	√	余额	√
1	1			期初余额								199000000	
	4	银1		销售乙产品				11700000					
	4		银1	采购M材料						23400000			
	4		银2	办理银行汇票						20000000			
	4		现3	销售款送存银行				468000					
	4	银2		收到货款				5890000					
				本日合计				18058000		43400000		173658000	
	8		银3	支票提现						500000			
	8	银3		销售丙产品				17550000					
	8	银4		银行承兑汇票兑现				20000000					
	8	银5		托收承付款项到账				11700000					
	8			本日合计				49250000		500000		222408000	
	15	银6		银行汇票收款				23400000					
	15	银7		商业承兑汇到期兑现票				5850000					
	15		银4	借支备用金						500000			
	15		银5	信汇付材料款						10000000			
				本日合计				29250000		10500000		241158000	
	30		银6	提现发工资						10000000			
	30		银7	银行承兑汇票到期付款						35100000			
	30		银8	商业承兑汇票到期付款						20000000			

银行存款日记账

账　　号 51015523456
存款种类 人民币

2015年度　　第 2 页

15年 月	日	记账凭证 收款	付款	摘要（外汇收支应说明原币及汇率）	支票 种类	号数	对方科目	借方	√	贷方	√	余额	√
1	30	银9		银行本票付购机器款						23400000			
				本日合计						88500000		152658000	
	31		银10	支票提现						350000			
	31		银11	购买原材料						4680000			
				本日合计						5030000		147628000	
				本月合计				96558000		147930000		147628000	

图 7-6　银行存款日记账

第三节 银行存款余额调节表编制实务

一、银行存款余额调节表与未达账项

（一）银行存款余额调节表的意义

银行存款余额调节表是出纳人员为了核对本单位银行存款日记账余额与银行方的存款账面余额而编制的，通过对双方未达账项进行调整而实现双方余额平衡的一种报表，其格式如表 7-1 所示。编制银行存款余额调节表的意义如下：

（1）编制银行存款余额调节表的目的只是为了核对账目，检查账簿记录是否正确，所以调整的未达账项并不入账。

（2）调节后如果双方余额相等，一般可以认为双方记账没有差错；调节后如果双方余额仍不相等，原因不外乎两个，要么是未全部查出，要么是一方或双方账簿记录还有差错。无论何种原因，都要进一步查清楚，并加以更正，直到调节表中双方余额相等为止。

（3）调整后的余额是企业存款的真实数字，也是企业当日可以动用的银行存款的极大值。

（二）未达账项

未达账项是指企业与银行双方由于接收凭证的时间差造成一方已入账而另一方尚未入账的款项。

企业与银行之间产生的未达账项，其原因有两个方面四种情况：

原因一，单位出纳人员已经入账，银行方尚未入账的款项。具体包括两种情况：

（1）单位存入银行的款项，单位已经作为存款增加入账，而银行尚未办理入账手续。如单位收到外单位的转账支票，填好进账单，并经银行受理盖章，即可记账，而银行则要办妥转账手续后，才能入账。

（2）单位开出转账支票或其他付款凭证，并已作为存款减少入账，银行尚未支付没有记账。如单位已开出支票，而持票人尚未去银行提现或转账等。

原因二，银行方已经入账，单位尚未入账的款项。具体包括两种情况：

（1）银行代单位划转收取的款项已经入账，单位尚未收到银行的收账通知而未入账。如委托银行收取的贷款，银行已入账，而单位尚未收到银行的收款通知。

（2）银行代单位划转支付的款项已经划出并记账，单位尚未收到付款通知而未入账。如扣借款利息、应付购货款的托收承付、代付水电费、通信费等。

出现第 1 类第（1）种和第 2 类第（2）种情况时，单位银行存款日记账账面余

额会大于银行对账单的余额；反过来，出现第 1 类第（2）种和第 2 类第（1）种情况时，单位银行存款日记账账面余额会小于银行对账单的余额。

未达账项不及时查对与调整，就不利于企业合理调配使用资金，还容易开出"空头"支票，造成不必要的经济损失。所以出纳人员应当及时取得银行对账单，编制银行存款余额调节表。

二、银行存款余额调节表的编制

出纳人员在收到银行对账单的当天都要编制银行存款余额调节表，对银行存款进行检查核对。

（一）银行存款余额调节原理

出纳人员在确定了未达账项的具体类型后，即可按照余额调节公式进行试算平衡。余额调节公式为：

银行存款日记账期末余额+银行已收单位未收的款项-银行已付单位未付的款项=

银行对账单期末余额+单位已收银行未收的款项-单位已付银行未付的款项

根据上述原理，银行存款余额调节表的具体编制方法就是在银行与开户单位的账面余额的基础之上，加上各自的未收款减去各自的未付款，然后再计算出双方余额。通过银行存款余额调节表调节后的余额才是单位银行存款的实存数。

（二）编制银行存款余额调节表

大华公司出纳人员 3 月 5 日收到的银行对账单余额为 1 573 080.00 元，而公司 3 月 4 日银行存款日记账余额为 1 529 280 元，出纳人员进行逐笔核对后发现有以下未达账项：

（1）2 日，本公司开户行代自来水公司和电力局扣本月水电费 8 000 元，银行已入账，而本单位尚未收到银行的付账通知，所以公司尚未入账。

（2）3 日，本公司开出 5 000 元现金支票一张给职工胡名，作为借支的差旅费，本单位已入账，但胡名尚未到银行支取，所以银行尚未入账。

（3）3 日，本公司开户行代为妥 L 公司货款 93 600 元，银行已入账，而本单位尚未收到银行收账通知，所以企业尚未入账。

（4）4 日公司开出一张转账支票偿付货款，金额为 46 800 元，支票已送存银行，银行已受理，但尚未入账。

根据以上资料，出纳人员编制银行存款余额调节表，如表 7-1 所示。

表 7-1

光华公司银行存款余额调节表

2015 年 3 月 5 日

项　　目	金额（元）	项　　目	金额（元）
银行存款日记账余额	1 529 280.00	银行对账单余额	1 573 080.00
加：银行已收，公司未收 　　的款项	93 600.00	加：企业已收，银行未收 　　的款项	46 800.00
减：银行已付，公司未入账 　　的款项	8 000.00	减：企业已付，银行未付 　　的款项	5 000.00
调整后的银行存款余额	1 614 880.00	调整后的银行存款余额	1 614 880.00

第四节　银行借款办理实务

一、银行借款的含义及种类

（一）银行借款的含义

银行借款是企事业单位根据其生产经营业务的需要，为弥补自有资金不足，向银行借入的款项，是企事业单位从事生产经营活动资金的重要来源。出纳人员作为向银行借款活动的直接经办人，必须要了解借款的不同种类、借款条件及借款程序和手续，合法而高效地办理银行借款。

（二）银行借款的种类

1. 银行借款按期限长短分类

银行借款按期限长短分为短期借款、中期借贷款和长期借款。

（1）短期借款是指借款期限在 1 年以内（含 1 年）的各种借款。这类借款一般是临时性的周转借款或为特定目的所借的款项。短期借款具有使用灵活、取得手续相对简便且偿还期短的特点，但是借款时取得的资本成本较高而且附加条件较多，对借款单位的短期偿债能力要求较高。

（2）中期借款是指借款期限在 1 年以上（不含 1 年），5 年以下（含 5 年）的各类借款。

（3）长期借款是指借款期限在 5 年（不含 5 年）以上的借款。

中长期借款一般适用于基础设施建设、技术改造、固定资产购置或大修理以及其他特殊事项。这些借款的资本成本相对较低，弹性空间较大，但在借款过程中手续比较复杂而且限制条件较多，对借款单位的长期偿债能力要求较高。

2. 银行借款按有无担保分类

银行借款按有无担保分为信用借款和担保借款。

（1）信用借款是指没有担保、仅依据借款人的信用状况发放的借款。

（2）担保借款指由借款人或第三方依法提供担保而发放的借款。担保借款包括保证借款、抵押借款、质押借款。保证借款、抵押借款或质押借款是指按《中华人民共和国担保法》规定的保证方式、抵押方式或质押方式发放的借款。

二、银行借款的期限及利率

（一）银行借款的期限

银行借款的期限由借贷双方根据借款用途、资金状况、资产转换周期等自主协商后确定，并在借款合同中载明。

（二）借款展期

借款展期是指借款人在银行借款到期日前，不能按期归还借款时，向银行或其他金融机构申请延长还款期限的行为，但是否给予借款人展期是由贷款人决定的。

申请保证贷款展期、抵押贷款展期、质押贷款展期的，还应当有保证人、抵押人、出质人同意的书面证明。已有约定的，按约定执行。

到期借款展期期限累计不得超过原贷款期限；中期借款展期期限累计不得超过原贷款期限的一半；长期借款展期期限累计不得超过 3 年。借款人申请展期未能批准，其借款从翌日起转入逾期贷款账户。

（三）借款利率

银行借款利率水平及计息方式按照中国人民银行利率管理规定及其他有关规定执行。

利率是一定时期内借款本金与利息的比率，即：

$$利率＝利息÷本金$$

利率按计息期限不同可分为年利率、月利率和日利率，三者的关系如下：

$$年利率＝年利息额÷本金$$
$$月利率＝年利率÷12＝日利率×30$$
$$日利率＝年利率÷360＝月利率÷30$$

按照国家规定，如果在借款期限内国家的银行利率发生调整，借款利息分段计算，在利率调整日之前的借款利息，按调整前的利率计算；利率调整日以后到结息日或清户日为止的借款利息按调整后的利率计算。

三、借款人应具备的条件

（一）借款人为法人或其他组织的应具备的基本条件

（1）依法办理工商登记的法人已经向工商行政管理部门登记并连续办理了年检手续；事业法人依照《事业单位登记管理暂行条例》的规定已经向事业单位登记管理机关办理了登记或备案。

（2）有合法稳定的收入或收入来源，具备按期还本付息能力。

（3）已开立基本账户、结算账户或一般存款账户。

（4）按照中国人民银行的有关规定，应持有贷款卡（号）的，必须持有中国人民银行核准的贷款卡（号）。

（5）管理机关另有规定的除外。

（二）借款人为自然人的应具备的基本条件

（1）具有合法身份证件或境内有效居住证明。

（2）具有完全民事行为能力。

（3）信用良好，有稳定的收入或资产，具备按期还本付息的能力。

（4）管理机关另有规定的除外。

机关法人及其分支机构不得申请贷款；境外法人、其他组织或自然人申请贷款，不得违反国家外汇管理规定。

四、银行借款的方法和程序

（一）银行借款的方法

企业向银行申请借款的方法一般有四种：

第一种是逐笔申请，逐笔核贷，逐笔核定期限，到期收回，周转使用。这是指企业每需要一笔借款，都要向银行提出申请，银行对每笔借款加以审查，如果同意借款，对每笔借款都要核定期限，借款期满则要按期收回。收回的借款仍是银行可用于发放借款的指标，可继续周转使用。这种方法适用于工业部门的生产周转借款。

第二种是逐笔申请，逐笔核贷，逐笔核定期限，到期收回，借款指标一次使用，不能周转。这种方法与上述方法相比，不同之处在于，到期收回的借款不能周转使用。这种方法适用于专项用途的借款，如基本建设借款、技术改造借款等。

第三种是一次申请，集中审核，定期调整。企业一年或一个季度办理一次申请借款的手续，银行一次集中审核。平时企业需要这方面借款时，由银行根据可借款额度定期主动进行调整，借款不受指标限制，企业不必逐项进行申请。这种借款方法适合于结算借款。

第四种是每年或每季一次申请借款，由银行集中审核，根据实际情况，下达一定时期内的借款指标，企业进货时自动增加借款，销售时直接减少借款。借款不定期限，在指标范围内，借款可以周转使用，需要突破借款指标时，则要另行申请，调整借款指标。这种方法适用于商品流转借款和物资供销借款。

（二）银行借款程序

第一步，借款人提出借款申请。

实际工作中，借款方提出借款申请，一般采用填写"借款申请书"（其格式如表7-2所示）的方式提出，并提供以下有关资料；

（1）借款人上一年度经工商行政管理部门办理年检手续证明的文件的复印件。

（2）借款人上一年度和最近一期的财会报告及生产经营、物资材料供应、产品销售和出口创汇计划及有关统计资料。

（3）借款人的"贷款证"，借款人在银行开立基本账户、其他账户情况，原有借款的还本付息情况。

（4）借款人财务负责人的资格证书和聘用书复印件。

（5）购销合同复印件或反映企业资金需求的有关凭证、资料，项目建设书或项目可行性研究报告和国家有关部门的批准文件原件。

（6）非负债的自筹资金落实情况的证明文件。

（7）贷款行需要的其他资料。

表 7-2　　　　　　　　　　　　借款申请书

人民币万元：　　　　　　　　　　　　外币万美元：

借款人		经济性质	
开户银行		营业执照号码	
结算账户		注册资金	
法定代表人		电　话	
借款人住所			
申请借款金额(大写)			
借款种类		借款期限	借款利率
借款方式		还款来源	还款方式
借款原因及用途：			
	法定代表人（签字） 年　月　日		财务负责人（签字） 年　月　日

第二步，贷款方审查。

贷款银行必对借款方的申请进行审查，以确定是否给予贷款。审查内容包括两个方面：

一是形式审查，即检查"借款申请书"等有关内容的填写是否符合要求，有关的批准文件、计划是否具备等。

二是实体审查，即检查"借款申请书"的有关内容是否真实、正确、合法。对于符合贷款条件的项目，可在"借款申请书"的审查意见栏内注明"同意贷款"

字样。

第三步，签订借款合同。

借款单位的借款申请，经银行审查同意后，借贷双方即可签订"借款合同"。在借款合同中，应明确规定借款的种类、金额、用途、期限、利率、还款方式、结算办法和违约责任等条款，以及当事人双方商定的其他事项。

 ## 思考题

1. 什么是银行存款出纳凭证？出纳人员应当如何正确填制和运用银行存款的相关凭证？

2. 什么是未达账项？编制银行存款余额调节表有何意义？出纳人员怎样正确编制银行存款余额调节表？

3. 银行借款的基本程序是什么？

 ## 讨论题

出纳人员使用的银行存款日记账是什么账簿？为什么不能用活页账簿？出纳人员为什么只能登记银行存款日记账，而不能登记银行存款总分类账簿？这样做的目的是什么？

实验项目

实验项目名称：登记银行存款日记账

（一）实验目的及要求

1. 通过本实验掌握登记银行存款日记账的基本技能，达到熟练做银行存款日记账的目的。

2. 要求同学们完成银行存款日记账登记的全部登账过程，并正确结出本月发生额及余额。

（二）实验设备、资料

1. 银行存款日记账 2 页、收款凭证 20 张、付款凭证 20 张。

2. 计算器或算盘。

3. 企业经济业务：

成都大明公司为一般纳税人，2015 年 1 月银行存款日记账期初余额为 150 000

元，该公司当月发生经济业务如下：

（1）3日，收到光明公司投入资本350 000元，款项已存入银行。

（2）3日，公司向银行借入6个月借款200 000元，存入银行。

（3）3日，从银行提取现金1 000元备用。

（4）3日，向大众公司购入A材料一批，已验收入库，货款100 000元和增值税17 000元尚未支付。

（5）3日，向光明公司购入A材料，已验收入库。货款80 000元和增值税13 600元已用银行存款支付。

（6）3日，车间领用A材料一批，其中，用于产品生产25 000元，用于车间一般耗费1 000元。

（7）3日，以银行存款80 000元购入小汽车一辆。

（8）9日，以银行存款支付第一季度企业管理部门房屋租金10 000元。

（9）9日，接银行通知，收到群众公司归还的上月所欠货款50 000元。

（10）11日，职工张三出差，借支现金差旅费1 000元。

（11）11日，销售产品给群众公司，货款150 000元，增值税25 500元，产品已发出，并向银行办妥托收手续。

（12）15日，销售一批产品给大毛公司，货款100 000元，增值税17 000元，款项已存入银行。

（13）15日，以银行存款偿还前欠大众公司货款117 000元。

（14）15日，张三出差归来，报销差旅费800元，余款退还现金。

（15）15日，以银行存款支付广告费和其他销售费用10 000元。

（16）15日，以银行存款5 000元支付电费，其中，产品生产用电费4 000元，车间照明用电500元，企业管理部门用电500元。

（17）15日，用银行存款支付管理部门办公费5 000元。

（18）29日，分配本月工资费用30 000元，其中生产工人工资20 000元，车间管理人员工资3 000元，企业行政管理人员工资7 000元。

（19）29日，收到乙公司以现金预交的上半年仓库租金12 000元。

（20）29日，从银行提取现金30 000元，准备发放工资。

（21）29日，以现金发放工资30 000元。

（22）30日，计提本月固定资产折旧费8 000元，其中车间使用固定资产应计提折旧费5 200元，企业行政管理部门使用固定资产应计提折旧费2 800元。

（23）31日，结转本月制造费用9 700元。

（24）31日，结转本月完工产品实际生产成本85 000元。

（25）31日，结转本月已销售产品生产成本183 500元。

（26）31日，根据银行存款余额和利率预计本月利息收入1 500元。

（27）31日，银行划转支付利息支出5 000元。

（三）实验内容与步骤

1. 每个同学准备现金日记账及记账凭证一套。

2. 三位同学为一组，分别以制证、审核、登账不同角色进行实验。

3. 同学们熟悉企业经济业务。

4. 根据经济业务编制银行存款收款凭证和银行存款付款凭证。

5. 根据记账凭证登记银行存款日记账，每天结出余额。

6. 期末结账。

（四）实验结果（结论）

1. 了解日记账的基本知识。

2. 熟悉登记银行存款日记账的基本要领。

3. 掌握登记银行存款日记账的核算技能。

第八章　银行支付结算实务

● 第一节　银行汇票结算方式

一、银行汇票的含义和特点

（一）银行汇票的概念

银行汇票是出票银行签发的，由其在见票时按照实际结算金额无条件支付给收款人或者持票人的票据。

（二）银行汇票的特点

银行汇票结算方式的特点主要有以下五个：

1. 适用范围广

银行汇票是目前异地结算中较为广泛采用的一种结算方式。这种结算方式不仅适用于在银行开户的单位、个体经济户和个人，而且适用于未在银行开立账户的个体经济户和个人。凡是各单位、个体经济户和个人需要在异地进行商品交易、劳务供应和其他经济活动及债权债务的结算，都可以使用银行汇票。银行汇票既可以用于转账结算，也可以支取现金。

2. 票随人走，钱货两清

实行银行汇票结算，购货单位交款，银行开票，票随人走；购货单位购货给票，销售单位验票发货，一手交票，一手交钱；银行见票付款，这样可以减少结算环节，缩短结算资金在途时间，方便购销活动。

3. 信用度高，安全可靠

银行汇票是银行在收到汇款人款项后签发的支付凭证，因而具有较高的信誉，银行保证支付，收款人持有票据，可以安全、及时地到银行支取款项。而且，银行内部有一套严密的处理程序和防范措施，只要汇款人和银行认真按照汇票结算的规定办理，汇款就能保证安全。一旦汇票丢失，如果确属现金汇票，汇款人可以向银行办理挂失，填明收款单位和个人，银行可以协助防止款项被他人冒领。

4. 使用灵活，适应性强

实行银行汇票结算，持票人可以将汇票背书转让给销货单位，也可以通过银行办理分次支取或转让，另外还可以使用信汇、电汇或重新办理汇票转汇款项，因而有利于购货单位在市场上灵活地采购物资。

5. 结算准确，余款自动退回

一般来讲，购货单位很难准确确定具体购货金额，因而常常出现汇多用少的情况。在有些情况下，多余款项往往长时间得不到清算，从而给购货单位带来不便和损失。而使用银行汇票结算则不会出现这种情况，单位持银行汇票购货，凡在汇票的汇款金额之内的，可根据实际采购金额办理支付，多余款项将由银行自动退回。这样可以有效地防止交易尾欠的发生。

二、银行汇票及相关凭证

（一）银行汇票申请书

申请人需要使用银行汇票，应向银行填写汇票申请书。银行汇票申请书一式三联：

第一联存根（白纸黑油墨），由申请人留存，其格式如图 10-6 所示。

第二联借方凭证（白纸蓝油墨），由申请人盖章后交出票行作为借方凭证。申请人交现金办理银行汇票时，第二联注销，其格式如图 10-7 所示。

第三联贷方凭证（白纸红油墨），由申请人填写好后交出票行作为汇出款贷方凭证，其格式如图 10-8 所示。

填写银行汇票申请书时须注意：需要办理支取现金的银行汇票，在申请书的汇款金额栏中必须先填写"现金"字样，其后填写汇票金额（大写）。

申请人和收款人均为个人的，并在申请书填明"现金"字样的银行汇票才能支取现金。

（二）银行汇票

1. 银行汇票的内容和格式

银行汇票由出票行在办理好转账或收妥现金后签发。银行汇票凭证一式四联，内容和格式如下：

第一联卡片（白纸黑油墨），其内容和格式如图 10-1 所示。由出票行结清汇票时作为借方凭证。

第二联银行汇票有正、背两面。正面的内容和格式如图 10-2 所示（专用水印纸蓝油墨，出票金额栏加红水印）；背面的内容和格式如图 10-3 所示。

第三联解讫通知（白纸红油墨），其内容和格式如图 10-4 所示。

第四联多余款收账通知（白纸紫油墨），此联出票行结出多余款后交申请人，本联内容和格式如图 10-5 所示。

填写银行汇票时须注意：银行汇票号码前加省别代号；汇票的出票日期和出票金额必须大写；支取现金的银行汇票，必须在出票金额栏中，先填写"现金"字样后，再紧接着填写汇票金额（大写）；实际付款金额小于或等于出票金额。

2. 银行汇票的附件

银行汇票的附件主要是粘单、挂失止付通知书和银行汇票挂失电报格式。

（1）粘单（白纸黑油墨），其内容和格式如图 10-9 所示。

（2）挂失止付通知书，其内容和格式如图 10-10 所示。该通知书一式三联：

第一联（白纸黑油墨），是银行给挂失止付人的受理回单。

第二联（白纸黑油墨），用于挂失登记。

第三联（白纸黑油墨），凭以拍电报。

（3）银行汇票挂失电报，其内容和格式如图 10-11 所示。

三、银行汇票结算规定和程序

（一）银行汇票结算的当事人

（1）出票人。银行汇票结算的出票人是指签发汇票的银行。

（2）收款人。收款人是指从银行提取汇票所汇款项的单位和个人。收款人可以是汇款人本身，也可以是与汇款人有商品交易往来或汇款人要与之办理结算的人。

（3）付款人。付款人是指负责向收款人支付款项的银行。如果出票人和付款人属于同一个银行，如都是中国工商银行的分支机构，则出票人和付款人实际上为同一个人。如果出票人和付款人不属于同一个银行，而是两个不同银行的分支机构，则出票人和付款人为两个人。

（二）银行汇票结算的主要规定

（1）银行汇票的签发和解付，只能由中国人民银行和商业银行参加"全国联行往来"的银行机构办理。跨系统银行签发的转账银行汇票的解付，应通过同城票据交换将银行汇票和解讫通知提交同城的有关银行审核支付后抵用。省、自治区、直辖市内和跨省、市的经济区域内，按照有关规定办理。在不能签发银行汇票的银行开户的汇款人需要使用银行汇票时，应将款项转交附近能签发银行汇票的银行办理。

（2）银行汇票一律记名。记名是指在汇票中指定某一特定人为收款人，其他任何人都无权领款；但如果指定收款人以背书方式将领款权转让给其指定的收款人，其指定的收款人有领款权。

（3）银行汇票的提示付款期为银行汇票自出票日起 1 个月（按次月对日计算，无对日的，月末日为到期日，遇法定休假日顺延）。持票人超过付款期限提示付款的，代理付款人不予受理。

（三）银行汇票结算程序

银行汇票由企业出纳人员负责办理，其结算一般分为申请、出票、结算、兑付、余款退回五个步骤。银行汇票结算流程如图8-1所示。

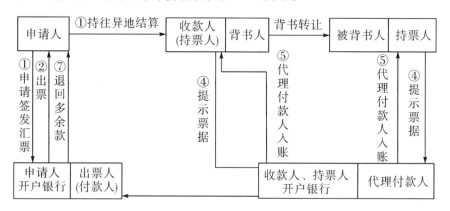

图8-1　银行汇票结算流程图

四、银行汇票结算实务

（一）申请银行汇票

企业内部供应部门或其他业务部门因业务需要使用银行汇票时，应填写银行汇票请领单，具体说明领用银行汇票的部门、经办人、汇款用途、收款单位名称、开户银行、账号等，由请领人签章，并经单位领导审批同意后，由财会部门委派出纳人员具体办理银行汇票手续。银行汇票请领单的基本格式如表8-1所示。

表8-1

银行汇票请领单

请领日期　　　　　　　　　　　年　月　日

收款人		开户银行		账号	
汇款用途					
汇款金额	人民币（大写）		¥		
部门负责人意见		单位领导审批意见		请领人签章	

凡是要求使用银行汇票办理结算业务的单位，财务部门均应按规定向签发银行提交"银行汇票申请书"。"银行汇票申请书"上必须逐项写明汇款人名称和账号、收款人名称和账号、兑付地点、汇款金额、汇款用途等内容，并在"汇款委托书"上加盖汇款人预留银行的印鉴，由银行审查后签发银行汇票。如汇款人未在银行开

立存款账户，则可以交存现金办理汇票。

汇款人办理银行汇票，能确定收款人的，须详细填明单位、个体经济户名称或个人姓名。确定不了的，应填写汇款人指定人员的姓名。

交存现金办理的汇票，需要在汇入银行支取现金的，应在汇票委托书上的"汇款金额"大写栏先填写"现金"字样，后填写汇款金额。这样，银行可签发现金汇票，以便汇款人在兑付银行支取现金。企事业单位办理的汇票，如需要在兑付银行支取现金的，由兑付银行按照现金管理有关规定审查支付现金。

（二）银行签发银行汇票

银行汇票必须记载下列事项：

（1）表明"银行汇票"的字样。

（2）无条件支付的承诺。

（3）确定的金额。

（4）付款人名称。

（5）收款人名称。

（6）出票日期。

（7）出票人签章。

欠缺记载上列事项之一的，银行汇票无效。

银行填写的汇票经复核无误后，在第二联上加盖汇票专用章并由授权的经办人签名或盖章，签章必须清晰；在实际结算金额栏的小写金额上端用总行统一制作的压数机压印出金额，然后连同第三联（解讫通知）一并交给申请人。

（三）使用银行汇票

（1）出纳人员收到签发银行签发的"银行汇票联（第二联）"和"解讫通知联（第三联）"后根据银行盖章退回的"银行汇票申请书"第一联存根联登记银行存款日记账或交由会计人员据此编制银行存款付款凭证，会计分录为：

借：其他货币资金——银行汇票存款

　　贷：银行存款

（2）出纳人员将银行汇票交采购人员（持票人）到汇入地点办理采购，如果银行汇票上"收款人"栏填写的是汇款单位持票人的名字，则持票人可以持票到汇入银行直接办理转账结算，也可以背书转让给在银行开户的单位，由其持票到银行办理进账。

（3）汇款单位在用银行汇票购买货物并办理结算后，应等到签发银行转来的银行汇票第四联，即"多余款收账通知联"后，根据其"实际结算金额"栏的实际结算金额并和供应部门转来的发票账单等原始凭证上的实际结算金额核对相符后，编制记账凭证，会计分录为：

借：材料采购（或在途物资）——××商品

　　贷：其他货币资金——银行汇票存款

对于银行汇票实际结算金额小于银行汇票汇款金额的差额，即多余款，汇款单位财务部门应根据签发银行转来的银行汇票第四联"多余款收账通知联"中列明的"多余金额"数编制银行存款收款凭证，会计分录为：

借：银行存款

贷：其他货币资金——银行汇票存款

（四）收款单位受理银行汇票

1. 审查银行汇票

收款单位出纳人员受理银行汇票时，应该认真审查，审查的内容主要包括：

（1）收款人或背书人是否确为本单位。

（2）银行汇票是否在付款期内，日期、金额等填写是否正确无误。

（3）印章是否清晰，压数机压印的金额是否清晰。

（4）银行汇票和解讫通知是否齐全、相符。

（5）汇款人或背书人的证明或证件是否无误，背书人证件上的姓名与其背书是否相符。

2. 办理结算

（1）审查无误后，在汇款金额以内，根据实际需要的款项办理结算，并将实际结算金额和多余金额准确、清晰地填入银行汇票和解讫通知的有关栏内。（实际结算金额和多余金额如果填错，应用红线划去全数，在上方重填正确数字并加盖本单位印章，但只限更改一次）银行汇票的多余金额由签发银行退交汇款人。全额解付的银行汇票，应在"多余金额"栏写上"0"符号。

（2）填写完结算金额和多余金额后，收款人或被背书人将银行汇票和解讫通知同时提交兑付银行，缺少任何一联均无效，银行将不予受理。

（3）在银行开立账户的收款人或被背书人受理银行汇票后，在汇票背面加盖预留银行印鉴并连同解讫通知和进账单送交开户银行办理转账。

（4）将"银行汇票联""解讫通知联"和进账单送其开户银行办理收账手续后，出纳人员根据银行退回的进账单第三联（收账通知）所列实际结算金额和发票存根联等原始凭证，登记银行存款日记账或由会计人员据此编制银行存款收款凭证：

借：银行存款

贷：主营业务收入

（5）未在银行开立账户的收款单位持银行汇票向银行办理收款时，必须交验兑付地有关单位足以证实收款人身份的证明，在银行汇票背面盖章或签字，注明证件名称、号码及发证机关，才能办理有关结算手续。

（6）收款单位支取现金的，银行汇票上必须有签发银行按规定填明的"现金"字样才能办理，未填明"现金"字样的，需要支取现金的，按支取现金的有关规定经银行审查同意后办理。

（五）办理银行汇票的背书

1. 背书的含义

背书是指汇票持有人将票据权利转让他人的一种票据行为。其中所谓的票据权利是指票据持有人向票据债务人（主要是指票据的承兑人，有时也指票据的发票人、保证人和背书人）直接请求支付票据中所规定的金额的权利。通过背书转让其权利的人称为背书人，接受经过背书汇票的人就被称为被背书人。这种票据权利的转让，一般都是在票据的背面进行的，所以叫作背书。

按照现行规定，银行汇票如果其收款人为个人的，可以经过背书将汇票转让给在银行开户的单位和个人。如果收款人为单位的，不得背书转让。汇票必须转让给在银行开户的单位和个人，不能转让给没有在银行开户的单位和个人。在背书时，背书人必须在银行汇票第二联背面"背书"栏填明其个人身份证件及号码，并签章，同时填明被背书人名称，并填明背书日期。被背书人按规定在汇票有效期内，在被背书人一栏签章并填制一式两联进账单后到开户行办理结算，其会计核算办法与一般银行汇票收款人相同。

2. 办理银行汇票的背书注意事项

（1）银行汇票和汇款解讫通知须同时提交兑付行，两者缺一无效。

（2）收款人直接进账的，应在收款人盖章处加盖预留银行印章；收款人为个人的，应交验身份证件。

（3）收款人如系个人，可以经背书转让给在银行开户的单位和个人；在背书人栏签章并填明被背书人名称；被背书人签章后持往开户行办理结算。

（六）银行汇票退款、超过付款期限付款和挂失的处理手续

1. 退款手续

（1）申请人因汇票超过付款期限或其他原因要求退款时，应交回汇票和解讫通知，并按照支付结算办法的规定提交证明或身份证件。出票行审核无误后办理转账。

多余款收账通知的多余金额栏填入原出票金额并加盖转讫章作为收账通知，交给申请人。

（2）申请人因短缺解讫通知要求退款的，应当备函向出票行说明短缺原因，并交回持有的汇票。出票行于提示付款期满一个月后比照退款手续办理退款。

2. 超过付款期限付款手续

持票人超过付款期不获付款的，在票据权利时效内请求付款时，应当向出票行说明原因，并提交汇票和解讫通知。持票人为个人的，还应当验证本人身份证件。出票行经审核无误，多余金额结计正确无误，即可办理付款手续。

3. 挂失手续

填明"现金"字样及代理付款行的汇票丧失，失票人到代理付款行或出票行挂失时，应当提交三联"挂失止付通知书"，分别做如下处理：

（1）代理付款行接到失票人提交的挂失止付通知书，应审查挂失止付通知书填

写是否符合要求，是否属本行代理付款的现金汇票，并查对确未付款的，方可受理。在第一联挂失止付通知书上加盖业务公章作为受理回单。

（2）出票行接到失票人提交的挂失止付通知书，应审查挂失止付通知书填写是否符合要求，并查对汇出汇款账和汇票卡片系属指定代理付款行支取现金的汇票，并确未注销时方可受理。在第一联挂失止付通知书上加盖业务公章作为受理回单。

● 第二节　商业汇票结算方式

一、商业汇票的概念和特点

（一）商业汇票的概念

商业汇票是指由收款人或存款人（或承兑申请人）签发，由承兑人承兑，并于到期日向收款人或被背书人无条件支付款项的一种票据。承兑是指汇票的付款人承诺在汇票到期日支付汇票金额给收款人或持票人的票据行为。承兑仅限于商业汇票，付款人承兑商业汇票时应当在汇票正面记载"承兑"字样和承兑日期并签章。

商业汇票按其承兑人的不同，可以分为商业承兑汇票和银行承兑汇票两种。

（1）商业承兑汇票，是指由收款人签发，经付款人承兑，或者由付款人签发并承兑的一种商业汇票。

（2）银行承兑汇票，是指由收款人或承兑申请人签发，并由承兑申请人向开户银行申请，经银行审查同意承兑的汇票。

（二）商业汇票结算的特点

商业汇票结算是指利用商业汇票来办理款项结算的一种银行结算方式。与其他银行结算方式相比，商业汇票结算具有如下特点：

（1）与银行汇票等结算方式相比，商业汇票的适用范围相对较窄，各企业、事业单位之间只有根据购销合同进行合法的商品交易，才能签发商业汇票。除商品交易以外，其他方面的结算，如劳务报酬、债务清偿、资金借贷等不可采用商业汇票结算方式。

（2）与银行汇票等结算方式相比，商业汇票的使用对象也相对较少。商业汇票的使用对象是在银行开立账户的法人。使用商业汇票的收款人、付款人、背书人、被背书人等必须同时具备两个条件：一是在银行开立账户，二是具有法人资格。个体工商户、农村承包户、个人、法人的附属单位等不具有法人资格的单位或个人以及虽具有法人资格但没有在银行开立账户的单位都不能使用商业汇票。

（3）商业汇票可以由付款人签发，也可以由收款人签发，但都必须经过承兑。只有经过承兑的商业汇票才具有法律效力，承兑人负有到期无条件付款的责任。商业汇票到期，因承兑人无款支付或其他合法原因，债务人不能获得付款时，可以按照汇票背书转让的顺序，向前手行使追索权，依法追索票面金额；该汇票上的所有关系人都应负连带责任。商业汇票的承兑期限由交易双方商定，一般为 3 个月至 6 个月，最长不得超过 6 个月，属于分期付款的应一次签发若干张不同期限的商业汇票。

（4）未到期的商业汇票可以到银行办理贴现，从而使结算和银行资金融通相结合，有利于企业及时地补充流动资金，维持生产经营的正常进行。

（5）商业汇票在同城、异地都可以使用，而且没有结算起点的限制。

（6）商业汇票一律记名并允许背书转让。商业汇票到期后，一律通过银行办理转账结算，银行不支付现金。

二、商业汇票及相关凭证

（一）商业承兑汇票

商业承兑汇票一式三联：

第一联卡片（白纸黑油墨），出票人签章后由承兑人留存，其格式如图 10-12 所示。

第二联汇票，有正、背两面。正面的内容和格式如图 10-13 所示（专用水印纸蓝油墨，出票金额栏加红水纹）；背面的内容和格式如图 10-14 所示。此联是银行之间的传递凭证。

第三联存根（白纸黑油墨），由出票人存查，其格式如图 10-15 所示。

（二）银行承兑汇票

银行承兑汇票一式三联：

第一联卡片（白纸黑油墨），由承兑银行留存备查，其格式如图 10-16 所示。

第二联汇票，有正、背两面。正面的内容和格式如图 10-17 所示（专用水印纸蓝油墨，出票金额栏加红水纹）；背面的内容和格式与商业承兑汇票的第二联背面相同，如其格式如图 10-14 所示所示。此联是银行之间的传递凭证。

第三联存根（白纸黑油墨），由出票人存查，其格式如图 10-18 所示。

（三）银行承兑协议

银行承兑协议，其内容和格式如图 10-19 所示。出票人或持票人持银行承兑汇票向汇票上记载的付款银行申请或提示承兑时，承兑银行审查同意后，即可与出票人签署银行承兑协议。本协议一式三联（都是白纸黑油墨）：

第一联由出票人留存。

第二联、第三联（副本）和汇票的第一、二联一并交银行会计部门。

（四）贴现凭证

持票人持未到期的商业汇票向银行申请贴现时，应当根据汇票填制贴现凭证。贴现凭证一式五联（都是白纸黑油墨）：

第一联，既可作为银行的贴现凭证，又可作为申请书，其格式如图 10-20 所示。

第二联，银行作贴现申请人账户贷方凭证，其格式如图 10-21 所示。

第三联，银行作贴现利息贷方凭证。

第四联，是银行给出票人的收账通知。

第五联，是到期卡。

（五）承兑汇票申请书

持票人持商业汇票向银行申请承兑时，应当根据汇票填制承兑汇票申请书。该申请书一式三联，第一、二联交存银行，第三联由申请单位留存。格式如图 10-22 所示。

三、商业汇票结算规定和程序

（一）商业汇票结算的基本规定

（1）在银行开立存款账户的法人以及其他组织之间，必须具有真实的交易关系或债权债务关系，才能使用商业汇票。

（2）签发商业汇票必须记载下列事项：表明"商业承兑汇票"或"银行承兑汇票"的字样；无条件支付的委托；确定的金额；付款人的名称；收款人的名称；出票日期；出票人签章。

欠缺记载上列事项之一的，商业汇票无效。

（3）商业汇票可以在出票时向付款人提示承兑后使用，也可以在出票后先使用再向付款人提示承兑。定日付款或者出票后定期付款的商业汇票持票人应当在汇票到期日前向付款人提示承兑。见票后定期付款的汇票，持票人应当自出票日起 1 个月内向付款人提示承兑。付款人接到提示承兑的汇票时，应当在自收到提示承兑的汇票之日起 3 日内承兑或者拒绝承兑（拒绝承兑必须出具拒绝承兑的证明）。

（4）商业汇票的付款期限，最长不得超过 6 个月。（按到期月的对日计算，无对日的，月末日为到期日，遇法定休假日顺延）

① 定日付款的汇票付款期限自出票日起计算，并在汇票上记载具体的到期日；

② 出票后定期付款的汇票付款期限自出票日起按月计算，并在汇票上记载；

③ 见票后定期付款的汇票付款期限自承兑或拒绝承兑日起按月计算，并在汇票上记载。

（5）商业汇票的提示付款期限，自汇票到期日起 10 日。

（6）符合条件的商业汇票的持票人可持未到期的商业汇票向银行申请贴现。

（二）商业汇票结算流程

商业汇票结算的具体办理步骤为：商业汇票的签发及承兑、收款人收款、付款人付款。商业承兑汇票和银行承兑汇票的结算流程图分别如图 8-2 和图 8-3 所示。

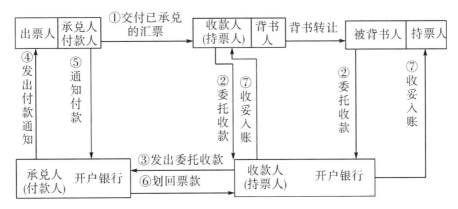

图 8-2　商业承兑汇票结算流程图

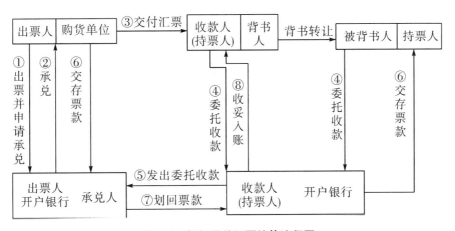

图 8-3　银行承兑汇票结算流程图

四、商业汇票的办理实务

（一）银行承兑汇票的办理

1. 签订交易合同

交易双方经过协商，签订商品交易合同，并在合同中注明采用银行承兑汇票进行结算。

2. 付款人签发银行承兑汇票

付款单位出纳人员在填制银行承兑汇票时，应当逐项填写银行承兑汇票中签发日期，收款人和承兑申请人（即付款单位）的单位全称、账号、开户银行，汇票金额大、小写，汇票到期日，交易合同编号等内容，并在银行承兑汇票的第一联、第二联、第三联的"汇票签发人盖章"处加盖预留银行印鉴及负责人和经办人印章。

3. 申请汇票承兑

付款单位出纳人员在填制完银行承兑汇票后，应将汇票的有关内容与交易合同进行核对，核对无误后填制"银行承兑协议"，并在"承兑申请人"处盖单位公章。

填制完银行承兑协议后，有关人员应在银行承兑汇票的第一、二联中"承兑申请人盖章"处加盖预留银行的印鉴，然后将银行承兑汇票连同交易合同和银行承兑协议一并递交开户银行申请承兑。

4. 银行受理并承兑汇票

（1）银行按照有关政策规定对承兑申请进行审查，经过审查同意后，银行与付款人签订承兑协议。

（2）银行予以承兑，银行在银行承兑汇票上注明"承兑"字样和协议书编号，在第二联"承兑行签章"处盖汇票专用章，用压数机压印汇票金额后将银行承兑汇票和解讫通知联交承兑申请人转交收款人。

5. 支付手续费

按照"银行承兑协议"的规定，付款单位办理承兑手续并向承兑银行支付手续费，由开户银行从付款单位存款户中扣收。银行承兑手续费按银行承兑汇票的票面金额的 5‰计收，每笔手续费不足 10 元的，按 10 元计收。

付款单位出纳人员按规定向银行支付手续费时，应登记银行存款日记账或由会计填制银行存款付款凭证，会计分录为：

借：财务费用

　　贷：银行存款

6. 交付银行承兑汇票

付款单位按照交易合同的规定，向供货方购货，并将银行承兑后的汇票第二、三联交付收款单位，以便收款单位到期收款或背书转让。

付款单位的出纳人员在寄交汇票时，应同时登记"应付票据备查簿"，逐项登记发出票据的种类（银行承兑汇票）、交易合同号、票据编号、签发日期、到期日期、收款单位及汇票金额等内容。

收款单位的出纳人员收到银行承兑汇票，据此登记"应收票据备查簿"，逐项填写备查簿中的汇票种类（银行承兑汇票）、交易合同号、票据编号、签发日期、到期日期、票面金额、付款单位、承兑单位等有关内容。

7. 交存票款

按照银行承兑协议的规定，承兑申请人即付款人应于汇票到期前将票款足额地交存其开户银行（即承兑银行），以便承兑银行于汇票到期日将款项划拨给收款单位或贴现银行。付款单位财务部门应经常检查专类保管的银行承兑协议和"应付票据备查簿"，及时将应付票款足额交存银行。

8. 收款人在银行承兑汇票到期时收款

（1）收款单位出纳人员在汇票到期时，办理收款手续。应填制进账单，并在银行承兑汇票第二、三联背面加盖预留银行的印鉴，将汇票和进账单一并送交其开户银行，办理收取票款的手续。

（2）开户银行按照规定对银行承兑汇票进行审查，审查无误后将进账单第三联收账通知联加盖"转讫"章交收款单位作为收款通知，并按规定办理汇票收款业务。收款单位出纳人员根据银行退回的进账单第三联登记银行存款日记账，会计人员据此编制银行存款收款凭证，会计分录为：

借：银行存款

　　贷：应收票据

同时在"应收票据备查簿"上登记承兑的日期和金额情况，并在注销栏内予以注销。

9. 承兑银行在汇票到期日按照规定办理银行承兑汇票票款划拨

承兑银行在汇票到期日按照规定办理银行承兑汇票票款划拨收款人，并向付款单位发出付款通知，付款单位收到银行支付到期汇票的付款通知，出纳人员登记银行存款日记账，会计人员编制银行存款付款凭证，会计分录为：

借：应付票据

　　贷：银行存款

同时在"应付票据备查簿"上登记到期付款的日期和金额，并在注销栏内予以注销。

10. 银行承兑汇票遗失及注销

持票单位遗失银行承兑汇票，应及时向承兑银行办理挂失注销手续，待汇票到期日满一个月再办理如下手续：

（1）付款单位遗失的，应备函说明遗失原因，并附第四联银行承兑汇票送交银行申请注销，银行受理后，在汇票第四联注明"遗失注销"字样并盖章后即可注销。

（2）收款单位遗失的，由收款单位与付款单位协商解决，汇票到期满一个月后，付款单位确未支付票款的，付款单位可代收款单位办理遗失手续，其手续与付款单位遗失的手续相同。

（二）商业承兑汇票的办理

商业承兑汇票的办理除以下几点外，其余手续和银行承兑汇票基本相同：

（1）付款人签发汇票。付款人按照商品购销合同签发商业承兑汇票，将汇票第二联正面签署"承兑"字样并加盖预留银行的印鉴后，交给收款人。

（2）收款人收到商业承兑汇票后，经审核无误，按合同发运商品。

（3）收款人在汇票将要到期时，应当提前将汇票和委托收款凭证交开户行办理收款手续。

委托银行收款时，应填写一式五联的"托收凭证"（格式如图 10-47 所示），在"托收凭证名称"栏内注明"商业承兑汇票"字样，在商业承兑汇票第二联背面加盖收款单位公章后，一并送交开户银行。开户银行审查后办理有关收款手续，并将盖章后的"托收凭证"第一联受理回单退回给收款单位保存。

（4）收款人开户行将收到的凭证寄交付款人开户行，委托代其收款。

（5）付款人在汇票到期日之前，应当将票款足额交存银行，以备到期支付。

（6）付款人开户行收到收款人开户行转来的有关凭证后，于汇票到期日，将票款从付款人账户内划转给收款人开户行，并向付款人发出付款通知。付款人收到付款通知后，出纳人员据此登记银行存款日记账，会计人员编制银行存款付款凭证，会计分录为：

借：应付票据——商业承兑汇票

　　贷：银行存款

（7）收款人开户行收到票款后，将托收凭证的收款通知联加盖"转讫"章后交给收款人，通知款项已收妥。收款单位的出纳人员根据通知联登记银行存款日记账，会计人员编制银行存款收款凭证，会计分录为：

借：银行存款

　　贷：应收票据——商业承兑汇票

（8）付款人到期无力兑现的处理。商业承兑汇票到期，付款单位存款账户无款支付或不足支付时，付款单位开户银行将按规定按照商业承兑汇票的票面金额的5%收取罚金，不足50元的按50元收取，并通知付款单位送回委托收款凭证及所附商业承兑汇票。付款单位应在接到通知的次日起2天内将委托收款凭证第五联及商业承兑汇票第二联退回开户银行。付款单位开户银行收到付款单位退回的委托收款凭证和商业承兑汇票后，应在其收存的委托收款凭证第三联和第四联"转账原因"栏注明"无款支付"字样并加盖银行业务公章后，一并退回收款单位开户银行转交给收款单位，再由收款单位和付款单位自行协商票款的清偿问题。

如果付款单位财务部门已将委托收款凭证第五联及商业承兑汇票第二联做了账务处理因而无法退回时，可以填制一式两联"应付款项证明单"，将其第一联送付款单位开户银行，由其连同其他凭证一并退回收款单位开户银行再转交收款单位。应付款项证明单的基本格式如图10-53所示。

（9）商业承兑汇票遗失及注销。商业承兑汇票遗失或未使用，不须向银行办理注销手续，而由收付款单位双方自行联系处理。

（三）办理商业汇票的贴现

贴现是指汇票持有人将未到期的商业汇票交给银行，银行按照票面金额扣收自贴现日至汇票到期日期间的利息，将票面金额扣除贴现利息后的净额交给汇票持有人。商业汇票持有人在资金暂时不足的情况下，可以凭承兑的商业汇票向银行办理贴现，以提前取得货款。商业汇票持有人办理汇票贴现，应按下列步骤：

1. 申请贴现

汇票持有人向银行申请贴现，应填制一式五联"贴现凭证"。

汇票持有单位（即贴现单位）出纳人员应根据汇票的内容逐项填写贴现凭证的有关内容，如贴现申请人的名称、账号、开户银行，贴现汇票的种类、发票日、到期日和汇票号码，汇票承兑人的名称、账号和开户银行，汇票金额的大、小写等。

其中，贴现申请人即汇票持有单位本身；贴现汇票种类是指银行承兑汇票还是商业承兑汇票；汇票承兑人，银行承兑汇票为承兑银行即付款单位开户银行，商业承兑汇票为付款单位自身；汇票金额（即贴现金额）指汇票本身的票面金额。填完贴现凭证后，在第一联贴现凭证"申请人盖章"处和商业汇票第二、三联背后加盖预留银行印鉴，然后一并送交开户银行信贷部门。

开户银行信贷部门按照有关规定对汇票及贴现凭证进行审查，重点是审查申请人持有汇票是否合法，是否在本行开户，汇票联数是否完整，背书是否连续，贴现凭证的填写是否正确，汇票是否在有效期内，承兑银行是否已通知不应贴现以及是否超过本行信贷规模和资金承受能力等。审查无误后在贴现凭证"银行审批"栏签注"同意"字样，并加盖有关人员印章后送银行会计部门。

2. 办理贴现

银行会计部门对银行信贷部门审查的内容进行复核，并审查汇票盖印及压印金额是否真实有效。审查无误后即按规定计算并在贴现凭证上填写贴现率、贴现利息和实付贴现金额。其中，贴现率是国家规定的月贴现率；贴现利息是指汇票持有人向银行申请贴现面额付给银行的贴现利息；实付贴现金额是指汇票金额（即贴现金额）减去应付贴现利息后的净额，即汇票持有人办理贴现后实际得到的款项金额。按照规定，贴现利息应根据贴现金额、贴现天数（自银行向贴现单位支付贴现票款日起至汇票到期日前一天止的天数）和贴现率计算求得。用公式表示为：

$$贴现利息 = 贴现金额 \times 贴现天数 \times 日贴现率$$
$$日贴现率 = 月贴现率 \div 30$$

贴现单位实得贴现金额则等于贴现金额减去应付贴现利息，用公式表示为：

$$实付贴现金额 = 贴现金额 - 应付贴现利息$$

银行会计部门填写完贴现率、贴现利息和实付贴现金额后，将贴现凭证第四联加盖"转讫"章后交给贴现单位作为收账通知，同时将实付贴现金额转入贴现单位账户。贴现单位出纳人员根据开户银行转回的贴现凭证第四联，按实付贴现金额登记银行存款日记账，会计人员编制银行存款收款凭证。会计分录为：

借：银行存款

　　贷：应付票据

同时将贴现利息作为转账凭证，会计分录为：

借：财务费用

　　贷：应付票据

并在"应收票据登记簿"登记有关贴现情况。

例：光华公司向满心公司销售产品，取得满心公司签发并承兑的商业承兑汇票一张，票面金额为 1 000 000 元，签发承兑日期为 6 月 8 日，付款期为 6 个月。7 月 8 日，光华公司因急需用款持该汇票到银行申请贴现，经银行同意后办理贴现。假定银行月贴现率为 6‰，则贴现天数为 5 个月。

贴现利息 = 1 000 000×5×6‰ = 30 000（元）

实付贴现金额 = 1 000 000-30 000 = 970 000（元）

光华公司出纳人员应根据银行转回的贴现凭证第四联登记银行存款日记账或由会计人员编制银行存款收款凭证，会计分录为：

借：银行存款　　　　　　　　　　　　　　　　　　　970 000

　贷：应收票据　　　　　　　　　　　　　　　　　　　　970 000

同时编制转账凭证，会计分录为：

借：财务费用　　　　　　　　　　　　　　　　　　　 30 000

　贷：应收票据　　　　　　　　　　　　　　　　　　　　 30 000

3. 票据到期

汇票到期，由贴现银行通过付款单位开户银行向付款单位办理清算，收回票款。

（1）对于银行承兑汇票，不管付款单位是否无款偿付或不足偿付，贴现银行都能从承兑银行取得票款，不会再与收款单位发生关系。银行承兑汇票贴现的结算程序如图8-4所示。

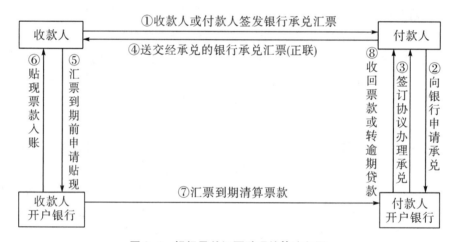

图8-4　银行承兑汇票贴现结算流程图

（2）对于商业承兑汇票，贴现的汇票到期，如果付款单位有款足额支付票款，收款单位应于贴现银行收到票款后将应收票据在备查簿中注销。当付款单位存款不足，无力支付到期商业承兑汇票时，按照《支付结算办法》的规定，贴现银行将商业承兑汇票退还给贴现单位，并开出特种转账传票，在其中"转账原因"栏注明"未收到××号汇票款，贴现款已从你账户收取"字样，从贴现单位银行账户直接划转已贴现票款。贴现单位收到银行退回的商业承兑汇票和特种转账传票时，凭特种转账传票编制银行存款付款凭证，会计分录为：

借：应收账款

　贷：银行存款

同时立即向付款单位追索票款。如果贴现单位账户存款也不足时，按照《支付结算办法》的规定，贴现银行将贴现票款转作逾期贷款，退回商业承兑汇票，并开出特种转账传票，在其中"转账原因"栏注明"贴现已转逾期贷款"字样，贴现单位据此编制转账凭证，会计分录为：

借：应收账款

　　贷：短期借款

商业承兑汇票贴现的结算程序如图8-5所示。

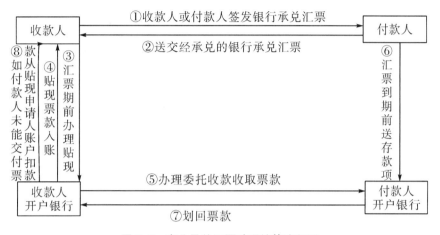

图8-5　商业承兑汇票贴现结算流程图

第三节　银行本票结算方式

一、银行本票的概念及特点

（一）银行本票的概念

银行本票是申请人将款项交存银行，由银行签发的承诺自己在见票时无条件支付确定的金额给收款人或者持票人的票据。

（二）银行本票结算的特点

1. 使用方便

我国现行的银行本票使用方便灵活。单位、个体经济户和个人不管其是否在银行开户，他们之间在同城范围内的所有商品交易、劳务供应以及其他款项的结算都可以使用银行本票。收款单位和个人持银行本票可以办理转账结算，也可以支取现金，同样也可以背书转让。银行本票见票即付，结算迅速。

2. 信誉度高，支付能力强

银行本票是由银行签发，并于指定到期日由签发银行无条件支付，因而信誉度很高，一般不存在得不到正常支付的问题。

二、银行本票及相关凭证

（一）银行本票式样

银行本票一式两联：

第一联卡片（白纸红油墨），由出票行留存，其格式如图 10-23 所示。

第二联本票（专用水印纸蓝油墨），由出票行结清本票时作为借方凭证。第二联本票分为正、背两面，正面如图 10-24 所示，背面与银行汇票第二联的背面相同，如图 10-3 所示。

（二）银行本票申请书

申请人需要使用银行本票，应向银行填写本票申请书，银行本票申请书一式三联：

第一联存根（白纸黑油墨），由申请人留存，其格式如图 10-25 所示。

第二联借方凭证（白纸蓝油墨），由申请人盖章后交出票行作为借方凭证。申请人交现金办理银行本票时，第二联注销，其格式如图 10-26 所示。

第三联贷方凭证（白纸红油墨），由申请人填写好后交出票行作汇出款贷方凭证。

填写银行本票申请书时注意：需要办理支取现金的银行本票，在申请书的汇款金额栏中必须先填写"现金"字样后填写本票金额（大写）。

申请人和收款人均为个人的，并在申请书填明"现金"字样的银行本票才能支取现金。

三、银行本票结算规定与程序

（一）银行本票结算的基本规定

（1）单位和个人在同一票据交换区域需要支付各种款项，均可以使用银行本票，即银行本票在指定城市的同城范围内使用。

（2）银行本票可以用于转账，注明"现金"字样的银行本票可以用于支取现金。申请人或收款人为单位的，银行不得为其签发现金银行本票。

（3）银行本票的提示付款期限自出票日起最长不超过 2 个月。逾期的银行本票，兑付银行不予受理，但可以在签发银行办理退款。

（4）银行本票一律记名，允许背书转让。

（5）银行本票见票即付，不予挂失。遗失的不定额银行本票在付款期满后一个月确未被冒领的，可以办理退款手续。

（6）签发银行本票必须记载下列事项：①表明"银行本票"的字样；②无条件支付的承诺；③确定的金额；④收款人名称；⑤出票日期；⑥出票人签章。欠缺记载上列事项之一的，银行本票无效。

（二）银行本票结算程序

银行本票结算可以分为银行本票的签发和款项的结算两个步骤。银行本票结算流程如图8-6所示。

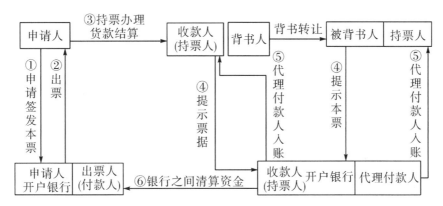

图8-6　银行本票结算流程图

四、银行本票结算实务

（一）付款人办理银行本票

1. 申请

付款人需要使用银行本票办理结算，应向银行填写一式三联"银行本票申请书"，详细写明收款单位名称等各项内容。如申请人在签发银行开立账户的，应在"银行本票申请书"第二联上加盖预留银行印鉴。个体经济户和个人需要支取现金的应在申请书上注明"现金"字样。"银行本票申请书"的格式由人民银行各分行确定和印制。

2. 签发本票

签发银行受理"银行本票申请书"，审查无误后，办理收款手续并签发银行本票。

付款人在银行开立账户的，签发银行直接从其账户划拨款项；付款人用现金办理本票的，签发银行直接收取现金。银行按照规定收取办理银行本票的手续费，其收取的办法与票款相同。银行办妥票款和手续费收取手续后，即签发银行本票。

签发银行在签发银行本票时，应按照申请书的内容填写收款人名称，并填写签发日期（大写），用于转账的本票须在本票上划去"现金"字样，用于支取现金的本票须在本票上划去"转账"字样，然后在本票第一联上加盖汇票专用章和经办、复核人员名章，用总行统一订制的压数机在"人民币大写"栏大写金额后端压印本票金额后，将本票第一联连同"银行本票申请书"存根联一并交给申请人。

付款单位出纳人员收到银行本票和银行退回的"银行本票申请书"存根联后，登记银行存款日记账或由会计据此编制银行存款付款凭证，会计分录为：

借：其他货币资金——银行本票

　　贷：银行存款

对于银行按规定收取的办理银行本票手续费，付款单位应当编制银行存款或现金付款凭证，会计分录为：

借：财务费用——银行手续费

　　贷：银行存款或库存现金

（二）付款单位持银行本票购买货物

付款单位收到银行签发的银行本票后，即可持银行本票向其他单位购买货物，办理货款结算。付款单位可将银行本票直接交给收款单位，然后根据收款单位的发票账单等有关凭证编制转账凭证，会计分录为：

借：材料采购（或商品采购）

　　贷：其他货币资金——银行本票

如果实际购货金额大于银行本票金额，付款单位可以用支票或现金等补齐不足的款项，同时根据有关凭证按照不足款项编制银行存款或现金付款凭证，会计分录为：

借：物资采购

　　贷：银行存款（或库存现金）

如果实际购货金额小于银行本票金额，则由收款单位用支票或现金退回多余的款项，付款单位应根据有关凭证，按照退回的多余款项编制银行存款或现金收款凭证，会计分录为：

借：银行存款（或库存现金）

　　贷：其他货币资金——银行本票

(三) 收款人收到银行本票的处理

收款人收到付款人交来的银行本票后，首先应对银行本票进行认真的审查。审查的内容主要包括：

（1）银行本票上的收款人或被背书人是否为本单位，背书是否连续。

（2）银行本票上加盖的汇票专用章是否清晰。

（3）银行本票是否在付款期内（付款期限为两个月）。

（4）银行本票中的各项内容是否符合规定。

（5）银行本票是否有压数机压印的金额，本票金额大小写数与压印数是否相符。

审查无误后，受理付款人的银行本票，填写一式三联"进账单"，并在银行本票背面加盖单位预留银行印鉴，将银行本票连同进账单一并送交开户银行。开户银行接到收款单位交来的本票，按规定认真审查。审查无误后即办理兑付手续，在第三联进账单收款通知上加盖"转讫"章作为收款通知退回收款单位。如果购货金额大于本票金额，付款单位用支票补足款项的，可将本票连同支票一并送存银行，也可分开办理。如果收款单位收受的是填写"现金"字样的银行本票，按规定同样应办理进账手续。当然如果收款人是个体经济户和个人，则可凭身份证办理现金支取手续。

收款单位出纳人员应根据银行退回的进账单第三联及有关原始凭证登记银行存款日记账，会计人员编制银行存款收款凭证，会计分录为：

借：银行存款

　贷：主营业务收入

　　　应交税费——应交增值税（销项税额）

（四）银行本票的背书转让

银行本票的持有人转让本票，应在本票背面"背书"栏内背书，加盖本单位预留银行印鉴，注明背书日期，在"被背书人"栏内填写受票单位名称，之后将银行本票直接交给被背书人，同时向被背书人交验有关证件，以便被背书人查验。被背书人对收受的银行本票应认真进行审查，其审查内容与收款人审查内容相同。按照规定，银行本票的背书必须连续，也就是说银行本票上的任意一个被背书人就是紧随其后的背书人，并连续不断。如果本票的签发人在本票的正面注有"不准转让"字样，则该本票不得背书转让；背书人也可以在背书时注明"不准转让"，以禁止本票背书转让后再转让。

（五）银行本票的退款处理

银行本票见票即付，其流动性极强，银行不予挂失。一旦遗失或被窃，被人冒领款项，后果由银行本票持有人自负。所以银行本票持有人必须像对待现金那样，认真、妥善保管银行本票，防止遗失或被窃。

按照规定，超过付款期限的银行本票如果同时具备下列两个条件的，可以办理退款：

一是该银行本票由签发银行签发后未曾背书转让；

二是持票人为银行本票的收款单位。

付款单位办理退款手续时，应填制进账单连同银行本票一并送交签发银行，签发银行审查同意后，在进账单通知联上加盖"转讫"章，退给付款单位作为收账通知。付款单位凭银行退回的进账单登记银行存款日记账，编制银行存款收款凭证，会计分录为：

借：银行存款

　贷：其他货币资金——银行本票

如果遗失银行本票，且付款期满一个月确未冒领的，可以到银行办理退款手续。在办理退款手续时，应向签发银行出具盖有单位公章的遗失银行本票退款申请书，连同填制好的进账单一并交银行办理退款，并根据银行退回的进账单通知联登记银行存款日记账和编制银行存款收款凭证。

第四节 支票结算方式

一、支票的概念及特点

（一）支票的概念

支票是指由出票人签发的，委托办理支票存款业务的银行在见票时无条件支付确定的金额给收款人或者持票人的票据。支票上印有"现金"字样的为现金支票，现金支票只能用于支取现金。支票上印有"转账"字样的为转账支票，转账支票只能用于转账。支票上未印有"现金"或"转账"字样的为普通支票，普通支票既可以用于支取现金，也可以用于转账。在普通支票左上角划两条平行线的，为划线支票。划线支票只能用于转账，不得支取现金。

（二）支票的特点

支票结算具有简便、灵活、迅速和可靠的特点，是目前较为常用的一种同城结算方式。

（1）简便，是指使用支票办理结算手续简便。付款人只要在银行有足够的存款，就可以签发支票给收款人，银行凭支票就可以办理款项的划拨或现金的支付。

（2）灵活，是指按照规定，支票可以由付款人向收款人签发以直接办理结算，也可以由付款人出票委托银行主动付款给收款人。另外转账支票在指定的城市中还可以背书转让。

（3）迅速，是指使用支票办理结算，收款人将转账支票和进账单送交银行，一般当天或次日即可入账，而使用现金支票当时即可取得现金。

（4）可靠，是指银行严禁签发空头支票。各单位必须在银行存款余额内才能签发支票，因而收款人凭支票就能取得款项。一般是不存在无法正常支付的情况的。

二、支票及其相关凭证

（一）现金支票

现金支票一页两面：正面分为存根联和正联（底纹按行别分色，大写金额栏加红水纹），其内容和格式如图 10-27 所示；背面内容和格式如图 10-28 所示。

（二）转账支票

转账支票一页两面：正面分为存根联和正联（底纹按行别分色，大写金额栏加红水纹），其内容和格式如图 10-29 所示；背面内容和格式如图 10-30 所示。

（三）普通支票

普通支票既可以用于支取现金，又可以用于转账。普通支票也为一页两面：正面分为存根联和正联（底纹按行别分色，大写金额栏加红水纹），其内容和格式如图 10-31 所示；背面内容和格式与转账支票的背面相同，如图 10-30 所示。

（四）进账单

出票人或持票人将支票送交银行时，必须同时开具一式三联的进账单：

第一联回单（白纸黑油墨），由银行盖章后交回出票人或持票人，其格式和内容如图 10-32 所示。

第二联贷方凭证（白纸红油墨），由银行收存，其格式和内容如图 10-33 所示。

第三联收账通知（白纸黑油墨），由收款人银行盖章后交收款人，其格式和内容如图 10-34 所示。

三、支票结算的规定及程序

（一）支票结算的基本规定

（1）单位和个人在同一票据交换区域的各种款项结算均可以使用支票。

（2）签发支票必须记载下列事项：

① 表明"支票"的字样；

② 无条件支付的委托；

③ 确定的金额；

④ 付款人名称；

⑤ 出票日期；

⑥ 出票人签章。

欠缺记载上列事项之一的，支票无效。支票的付款人为支票上记载的出票人开户银行。

（3）签发支票要用墨汁或碳素墨水（或使用支票打印机）认真填写；支票大写金额和收款人三处不得涂改，其他内容如有改动须由签发人加盖预留银行印鉴之一证明。

（4）签发现金支票和用于支取现金的普通支票，必须符合国家现金管理的规定。

（5）出票人不得签发与其预留银行签章不符的支票；使用支票密码的，出票人不得签发支付密码错误的支票；禁止签发空头支票（空头支票是指签发的支票金额超过银行存款余额的支票）。否则，银行予以退票，并按票面金额处以 5% 但不低于 1 000 元的罚款，持票人有权要求出票人赔偿支票金额 2% 的赔偿金。对屡次签发的，银行应停止其签发支票的权利。

（6）支票的提示付款期限自出票日起 10 日有效（遇法定休假日顺延）。过期支票作废，银行不予受理。

（7）不准签发远期支票。远期支票是指签发当日以后日期的支票。因为签发远期支票容易造成空头支票，所以银行禁止签发远期支票。

（8）不准出租、出借支票。

（9）已签发的现金支票遗失，可以向银行申请挂失；挂失前已经支付的，银行不予受理。已签发的转账支票遗失，银行不受理挂失，但可以请收款单位协助防范。

（二）支票结算的程序

支票结算的办理分为支票的领用和现金（或转账）支票的签发与办理两步。收款人持支票结算流程如图8-7所示，出票人持支票结算流程如图8-8所示。

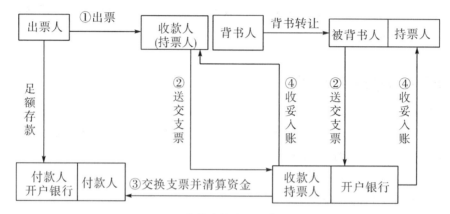

图8-7　收款人持支票结算流程图

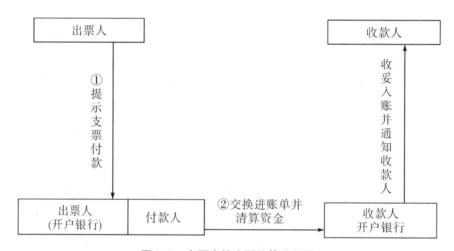

图8-8　出票人持支票结算流程图

四、支票结算实务

（一）现金支票的签发与办理

现金支票有两种，一种是支票上印有"现金"字样的现金支票，一种是用于支取现金的普通支票。各单位使用现金支票或普通支票（以下均称现金支票）时，必须按《现金管理暂行条例》中的现金使用范围及有关要求办理。

（1）签发现金支票必须写明收款单位名称或收款人姓名，并只准收款方或签发单位持票向银行提取现金或办理转账结算，不得将现金支票流通。

（2）签发现金支票首先必须查验银行存款是否有足够的余额，签发的支票金额必须在银行存款账户余额以内，不准超出银行存款账户余额签发空头支票。

（3）签发现金支票不得低于银行规定的金额起点，起点以下的用库存现金支付。支票金额起点为100元，但结清账户时，可不受其起点限制。

（4）要严格执行支票有效期限的规定。

（5）支票的持票人应当自出票日起10日内提示付款，异地使用的支票，其提示付款的期限由中国人民银行另行规定。超过提示付款期限的，付款人可以不予付款。

（6）各单位在填写现金支票时，应按有关规定认真填写支票中的有关栏目。现金支票须填写的内容有收款人和开户银行名称、支票号码、签发日期、签发人账号、大小写金额、用途等项目，填写时必须注意要素齐全、内容真实、数字正确、字迹清晰，不潦草，不错漏，做到标准、规范，防止涂改。

出纳人员签发好现金支票后，撕下正联即可到银行办理取现或将正联交由收款人；出纳人员根据现金支票存根联登记银行存款日记账或交由会计人员编制银行存款付款凭证后登记银行存款日记账。

（二）转账支票的签发与办理

转账支票的签发及办理与现金支票基本相同。不同之处是：

（1）经中国人民银行总行批准的地区，转账支票可以背书转让。

（2）转账支票的收账手续不同，收款单位在收到转账支票时，除审核有关项目外，须填制进账单，连同转账支票送交开户银行，并根据银行退回的加盖银行印章的进账单第一联（回单）编制收款凭证，出纳人员据以登记银行存款日记账。

在日常业务中，有时付款单位签发转账支票后，同时代收款单位填制银行进账单，将支票连同进账单一并送交银行后，将银行盖章的进账单第一联送交收款单位，收款单位可据以编制收款凭证，出纳人员据以登记银行存款日记账。

（三）支票挂失处理

已经签发的普通支票和现金支票，如因遗失、被盗等原因丧失的，应立即向银行申请挂失。

（1）出票人将已经签发内容齐备的可以直接支取现金的支票遗失或被盗等，应当出具公函或有关证明，填写两联挂失申请书（可以用进账单代替），加盖预留银行的签名式样和印鉴，向开户银行申请挂失止付。银行查明该支票确未支付，经收取一定的挂失手续费后受理挂失，在挂失人账户中用红笔注明支票号码及挂失的日期。

（2）收款人将收受的可以直接支取现金的支票遗失或被盗等，也应当出具公函或有关证明，填写两联挂失止付申请书，经付款人签章证明后，到收款人开户银行申请挂失止付。其他有关手续同上。《票据法》第十五条第三款的规定："失票人应当在通知挂失止付后3日内，也可以在票据丧失后，依法向人民法院申请公示催告，或者向人民法院提起诉讼。"即可以背书转让的票据的待票人在票据被盗、遗失或灭失时，须以书面形式向票据支付地（即付款地）的基层人民法院提出公示催告申请。在失票人向人民法院提交的申请书上，应写明票据类别、票面金额、出票人、付款人、背书人等票据主要内容，并说明票据丧失的情形，同时提出有关证据，以证明自己确属丧失的票据的持票人，有权提出申请。

失票人在向付款人挂失止付之前，或失票人在申请公示催告以前，票据已经由付款人善意付款的，失票人不得再提出公示催告的申请，付款银行也不再承担付款的责任。由此给支票权利人造成的损失，应当由失票人自行负责。

按照规定，已经签发的转账支票遗失或被盗等，由于这种支票可以直接持票购买商品，银行不受理挂失，所以，失票人不能向银行申请挂失止付。但可以请求收款人及其开户银行协助防范。如果丧失的支票超过有效期或者挂失之前已经由付款银行支付票款的，由此所造成的一切损失，均应由失票人自行负责。

● 第五节　信用卡结算方式

一、信用卡的概念及种类

（一）信用卡的概念

信用卡，是指商业银行向个人和单位发行的，凭以向特约单位购物、消费和向银行存取现金，且具有消费信用的特制载体卡片。

（二）信用卡的种类

信用卡按使用对象，可分为单位卡和个人卡；按信誉等级，可分为金卡和普通卡。目前，我国各商业银行发行的信用卡主要有：中国工商银行发行的牡丹卡，中国银行发行的长城卡，中国建设银行发行的龙卡，中国农业银行发行的金穗卡以及交通银行发行的太平洋卡等。

使用信用卡购物、消费，既方便、安全，又可以应急，允许在规定限额内小额善意透支，是现代社会一种较理想的信用支付工具。

（三）信用卡结算的特点

（1）方便性，即可以凭卡在全国各地大中城市的有关银行提取存入现金或在同城、异地的特约商场、商店、饭店、宾馆购物和消费。

（2）通用性，即它可用于支取现金，进行现金结算，也可以办理同城、异地的转账业务，代替支票、汇票等结算工具，具有银行户头的功能。

（3）在存款余额内消费，可以善意透支。信用卡的持卡人取现或消费以卡内存款余额为限度，当存款余额减少到一定限度时，应及时补充存款，一般不透支，如急需，允许在规定限额内小额善意透支，并计付透支利息。

二、信用卡及其相关凭证

（一）汇计单和签购单

特约单位办理信用卡时，应当填制进账单和按发卡银行分别填制汇计单并提交签购单。

（1）汇计单一式三联，其内容和格式如图 10-35 所示。

第一联是交费收据（白纸黑油墨），由银行盖章后退特约单位。

第二联是银行贷方凭证附件（粉红纸黑油墨）。

第三联是发卡机构存根（黄纸黑油墨）。

（2）签购单由封面和内容组成：

① 封面的内容和格式如图 10-36 所示。

② 签购单的内容和格式如图 10-37 所示，本单一式四联：

第一联回单（粉红纸黑油墨），是特约单位给持卡人的回单；

第二联是持卡人开户行的借方凭证（蓝纸黑油墨）；

第三联是银行的贷方凭证附件（淡绿纸黑油墨）；

第四联是特约单位的存根（黄纸黑油墨）。

（二）取现单

取现单是持卡人持信用卡支取现金的凭证。它由封面和内容组成：

（1）取现单封面的内容和格式如图 10-38 所示。

（2）取现单的内容如图 10-39 所示，本取现单一式四联：

第一联回单（粉红纸黑油墨），是代理行给持卡人的回单；

第二联是持卡人开户行的借方凭证（蓝纸黑油墨）；

第三联是银行的贷方凭证附件（淡绿纸黑油墨）；

第四联是代理行的存根（黄纸黑油墨）。

（三）存款单

存款单是持卡人凭个人卡存入现金时的凭证。它由封面和内容组成：

（1）存款单封面的内容和格式如图 10-40 所示。

（2）存款单的内容如图 10-41 所示，本存款单一式四联：

第一联回单（绿纸红油墨），是代理行给持卡人的回单；

第二联是持卡人开户行的借方凭证（粉红纸红油墨）；

第三联是银行的贷方凭证附件（粉红纸黑油墨）；

第四联是特约单位的存根（黄纸黑油墨）。

（四）转账单

转账单持卡人销户时，凭借发卡银行压制的凭证销户。它由封面和内容组成：

（1）转账单封面的内容和格式如图 10-42 所示。

（2）转账单的内容如图 10-43 所示，本转账单一式四联：

第一联回单，是发卡银行给持卡人的回单（蓝纸红油墨）；

第二联是持卡人开户行的借方凭证（蓝纸红油墨）；

第三联是银行的贷方凭证附件（粉红纸黑油墨）；

第四联是发卡银行给申请人的收款通知或取现单（黄纸黑油墨）。

三、信用卡结算的规定及程序

（一）信用卡结算的基本规定

为了加强信用卡结算的规范和管理，中国人民银行于 1999 年颁发了《银行卡业务管理办法》，在《支付结算办法》中又专设一章，对信用卡结算的一些主要方面做出了明确规定。

（1）凡在中国境内金融机构开立基本存款账户的单位可申领单位卡。单位卡可申请若干张，持卡人资格由申领单位法定代表人或其委托的代理人书面指定和注销。

（2）单位卡账户的资金一律从基本存款账户转账存入，不得交存现金，不得将销货收入的款项存入其账户；单位卡在使用过程中，需要向其账户续存资金的，一律从其基本存款账户转账存入。

（3）信用卡备用金存款利息，按照中国人民银行规定的活期存款利率及计算方法计算。

（4）信用卡仅限于合法持卡人本人使用，持卡人不得出租或转借信用卡。

（5）持卡人可持信用卡在特约单位购物、消费。单位卡不得用于 100 000 元以上的商品交易、劳务供应款项的结算。

（6）单位卡一律不得支取现金。

（7）信用卡透支额，金卡最高不超过 10 000 元，普通卡最高不得超过 5 000 元。信用卡透支期限最长为 60 天。对信用卡透支利息的利率及其利息的计算规定是：自签单日或银行汇账日起 15 日内按日息万分之五计算，超过 15 日按日息万分之十计算，超过 30 日或透支金额超过规定限额的，按日息万分之十五计算。透支计息不分段，按最后期限或者最高透支额的最高利率档次计算。

（8）持卡人使用信用卡不得发生恶意透支。恶意透支是指持卡人超过规定限额或规定期限，并且经发卡银行催收无效的透支行为。

（二）信用卡结算的基本程序

信用卡使用结算一般可分为申领、受理、特约单位办理信用卡进账三个步骤。信用卡结算流程如图 8-9 所示。

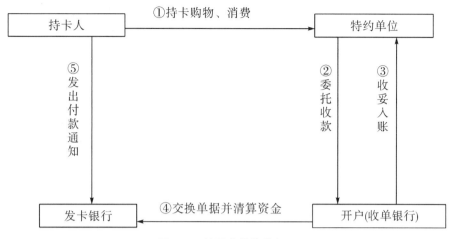

图 8-9　信用卡结算流程图

四、信用卡结算实务

（一）信用卡发卡的处理

单位申请使用信用卡，应按发卡银行规定向发卡银行填写申请表。发卡银行审查同意后，应及时通知申请人前来办理领卡手续，并按规定向其收取备用金和手续费。

申请人从其基本存款账户交存备用金，须送交支票和进账单，送开户银行，经银行审查无误，支付手续费。

（二）使用信用卡购物或直接消费

单位持卡人在取得信用卡后，可用于支取差旅费和采购零星物品，可在发卡银行在各地约定的饭店、宾馆、商店等特约单位记账付款，也可凭卡在发卡银行各地分支机构提取一定数额的现金。

持卡人持卡在特约单位购物或直接消费时，应向特约单位收款员出示本人身份证和信用卡。特约单位在销货或提供服务时，填制一式四联直接购货签购单。收款员对持卡人出示的信用卡进行审查，包括信用卡是否在有效期内，是否已经止付，与身份证是否相符，等等。核对无误后，请持卡人在签购单上签名，签名式样必须与信用卡背面预留签名一致，盖章后将第一联签购单退还给持卡人。如需开发票，由收款员另开发票交持卡人。

持卡人凭特约单位退回的签购单第一联和发票等原始凭证回单位报销，财务部门据此编制转账凭证，会计分录为：

借：物资采购等
　　贷：其他货币资金——信用卡存款

（三）使用信用卡支取现金

持卡人凭信用卡可在发卡银行指定的银行机构支取现金。持卡人在支取现金时，应填制一式三联取现单，并向银行交验信用卡和身份证。取现银行按规定审查信用卡的真伪，有效期及是否列入止付名单，持卡人在取现单上的签名与信用卡上的预留签名是否相符，身份证与取现人是否相符，等等。超额付现需要授权的，付现银行向发卡银行信用卡部申请授权，审查无误后办理付款，并将第一联取现单连同信用卡、身份证及现金交持卡人。按照规定，持卡人在当地支取现金不用支付任何费用，在异地支取现金须支付 1% 的手续费（也有的信用卡不需要支付此项手续费的），手续费不在现金中抵扣，通过银行进行转账结算。各单位根据持卡人取现单编制现金收款凭证，会计分录为：

借：库存现金

　贷：其他货币资金——信用卡存款

（四）信用卡注销的处理

发卡银行在确认持卡人具备销户条件时，应通知持卡人办理销户手续，并收回信用卡。有效卡无法收回时，应予以止付。发卡银行核对账务无误后，按以下情况处理：

（1）个人卡销户时，银行压制一式四联转账单。按规定计付利息，由持卡人签名后结清账户，第一联转账单加盖转讫章交给持卡人，第四联转账单加盖现金付讫章或加盖转讫章交给持卡人。

（2）单位卡销户时，持卡人应向发卡银行提交授权单位的销户证明和基本存款账户开户许可证及单位卡，银行审查无误后，压制转账单，并按规定计付利息，由持卡人签名后，结清账户。第一联转账单加盖转讫章交给持卡人，第四联转账单加盖转讫章交给申请人。

● 第六节　汇兑结算方式

一、汇兑的概念和特点

（一）汇兑的概念

汇兑，是指汇款人委托银行将其款项支付给收款人的结算方式。

（二）汇兑的种类及特点

汇兑按款项划转方式的不同，可分为信汇和电汇两种。信汇是指汇款人委托银行通过邮寄方式将款项划给收款人。电汇是指汇款人委托银行通过电报方式将款项划转给收款人。在这两种汇兑结算方式中，信汇费用较低，但速度相对较慢；电汇速度快，但费用较高。

单位和个人的各种款项的结算，均可使用汇兑结算方式。如单位之间先付款后发货的商品交易，单位对在异地的退休职工支付工资、医药费一类款项都可采用信

（电）汇结算方式。

二、汇兑结算凭证

（一）信汇结算凭证

汇款人委托银行办理信汇时，应当向银行填写一式四联的信汇凭证，其内容和格式如图 10-44 所示。

第一联是汇出银行给汇款人的回单（白纸黑油墨）。

第二联是汇出银行的借方凭证（白纸蓝油墨）。

第三联是汇出银行的贷方凭证（白纸红油墨）。

第四联是收款人的收账通知或代收款收据（白纸黑油墨）。

2. 电汇凭证

汇款人委托银行办理电汇时，应当向银行填写一式三联的电汇凭证，其内容和格式如图 10-45 所示。

第一联是汇出银行给汇款人的回单（白纸黑油墨）。

第二联是汇出银行的借方凭证（白纸蓝油墨）。

第三联是汇出银行的贷方凭证（白纸紫油墨）。

（二）支付结算通知查询查复书

支付结算通知查询查复书的内容和格式如图 10-46（白纸黑油墨）所示。它用作支付结算时，只需将"查询查复"字样划去；用作查询书时，又将"通知"和"查复"字样划去；用作查复书时，将"通知"和"查询"字样划去。

当汇款人要求退款时，由银行填写"退汇通知书"（用该支付结算通知查询查复书格式代替）。支付结算通知查询查复书一式四联：

第一联上批注"某月某日申请退汇，等款项退回后再办理退款手续"字样，交汇款人；第二、三联寄汇入行；第四联与函件和回单一起保管。

如果汇款人要求用电报通知退汇时，只需要填写上述第一联和第四联即可。

三、汇兑结算的主要规定及流程

（一）使用汇兑结算的主要规定有：

（1）签发汇兑凭证必须记载下列事项：表明"信汇"或"电汇"的字样；无条件支付的委托；确定的金额；收款人的名称；汇票人名称；汇入地点、汇入行名称；汇出地点、汇出行名称；委托日期；汇款人签章。汇兑凭证上欠缺上列记载事项之一的，银行不予受理。汇兑凭证上记载的汇款人名称、收款人名称，其在银行开立存款账户的，必须记载其账号，欠缺记载的，银行不予受理。委托日期是指汇款人向汇出银行提交汇兑凭证的当日。

（2）汇兑凭证上记载收款人为个人的，收款人需要到汇入银行领取汇款。汇款人应在汇兑凭证"收款人账号或住址"栏注明"留行待取"字样。留行待取的汇款，需要指定单位的收款人领取汇款的，应注明收款人的单位名称；信汇凭收款人签章支取的，应在信汇凭证上预留其签章。汇款人确定不得转汇的，应在汇兑凭证备注中注明"不得转汇"字样。

（3）汇款人和收款人均为个人，需要在汇入银行支取现金的，应在信汇或电汇凭证的"汇款金额"大写栏，填写"现金"字样后，填写汇款金额。

（4）汇入银行对于向收款人发出取款通知，经过两个月无法交付的汇款以及收款人拒绝接受的汇款，应主动办理退汇。

（二）汇兑结算的程序

汇兑结算的具体办理有两个步骤，即付款人办理汇款，收款人办理进账或取款。汇兑结算流程如图 8-10 所示。

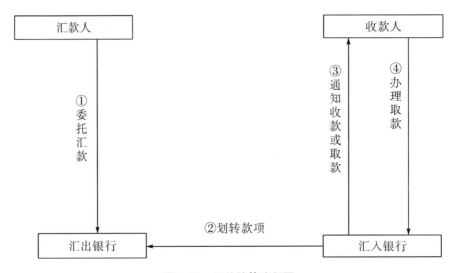

图 8-10　汇兑结算流程图

四、汇兑结算实务

（一）信汇的处理手续

1. 汇款人的处理手续

汇款人委托银行办理信汇时，应向银行填制一式四联信汇凭证。

（1）汇款人派人到汇入行领取汇款，应在信汇凭证各联的"收款人账号或住址"栏注明"留行待取"字样。"留行待取"的汇款，需要指定单位的收款人领取汇款的，应注明收款人的单位名称；信汇凭签章支取的，应在第四联凭证上加盖预留的收款人签章。

汇款人和收款人均为个人需要在汇入行支取现金的，汇款人应在信汇凭证"汇款金额"大写栏，先填写"现金"字样，后填写汇款金额。

（2）汇出行受理信汇凭证时，应认真审查无误后，在第一联信汇凭证加盖转讫章后退给汇款人。

2. 收款人的处理手续

（1）直接收账的，汇入行将第四联信汇凭证加盖转讫章作为收账通知交给收款人。

（2）不直接收账的，汇入行以便条通知收款人来行办理取款手续。

收款人持便条来行办理取款，"留行待取"的向收款人问明情况，抽出第四联信汇凭证，并认真审查收款人的身份证件，信汇凭证上是否注明其证件名称、号码及发证机关以及收款人是否在"收款人签章"处签章。如系信汇留交凭签章付款的，收款人签章必须同预留签章相符，然后办理付款手续。

需要支取现金的，信汇凭证上必须有汇出银行按规定填明的"现金"字样，应一次办理现金支付手续；未注明"现金"字样，需要支取现金的，由汇入银行按照现金管理规定审查支付。

（二）电汇的处理手续

1. 汇款人的处理手续

汇款人委托银行办理电汇时，应向银行填制一式三联电汇凭证。汇出行受理电汇时，比照信汇审查，无误后，第一联凭证加盖转讫章退汇款人。

电汇凭证上填明"现金"字样的，应当在电报的金额前加拍"现金"字样。

2. 收款人的处理手续

汇入行接到汇出行或转汇行发出的电报，经审核无误后，应编制三联电划贷方补充报单，第一联代联行来账卡片，第二联代贷方凭证，第三联加盖转讫章代收账通知，交给收款人或作为借方凭证附件，其余各项处理手续，均与信汇相同。

（三）退汇的处理手续

1. 汇出行承办的处理手续

汇款人要求退汇时，对收款人在汇入行开立账户的，由汇款人与收款人自行联系退汇；对收款人未在汇入行开立账户的，应由汇款人备函或本人身份证件连同原信（电）汇回单交汇出行办理退汇。

汇出行接到退汇函件或身份证件以及回单，应填写四联"退回通知书"（用结算通知书格式，如图10-46所示），在第一联上批注"某年某月申请退汇，款项退回后再办理退款手续"字样，交给汇款人。

如汇款人要求用电报通知退汇时，只需填制两联退汇通知书，比照信件退汇通知书第一、四联的手续处理，并凭退汇通知书拍发电报通知汇入行。

2. 汇入行的处理手续

汇入行接到汇出行寄来的第二、三联退汇通知书或通知退汇的电报，如该笔汇款已转入应解汇款及临时存款科目，尚未解付的，应向收款人联系索回便条。

如该笔汇款业已解付，应在第二、三联退汇通知书或电报上注明解付情况及日期后，将第二联退汇通知书或电报留存，以第三联退汇通知书（或拍发电报）通知汇出行。

3. 汇出行收到的处理手续

汇出行接到汇入行寄来的邮划贷方报单及第三联退汇通知书或退汇电报时，应以留存的第四联退汇通知书注明"退汇款汇回已代进账"字样，加盖转讫章后作为收账通知交给原汇款人。

如接到汇入行寄回的第三联退汇通知书或发来的电报注明汇款业已解付时，应在留存的第四联退汇通知书上批注解付情况，通知原汇款人。

● 第七节　托收承付结算方式

一、托收承付的概念及种类

（一）托收承付的概念

托收承付，是指根据购销合同由收款人发货后委托银行向异地付款人收取款项，由付款人向银行承认付款的结算方式。

（二）托收承付的种类及特点

托收承付按结算款项的划回方法不同，可分为邮划和电划两种。

托收承付结算具有使用范围较窄、监督严格和信用度较高的特点。

二、托收承付结算凭证及其基本规定

（一）托收承付结算凭证

1. 托收凭证

收款人办理托收时，应当填写托收凭证。托收凭证一式五联：

第一联是受理回单，由收款人开户行交给收款人（白纸蓝油墨），其内容和格式如图 10-47 所示。

第二联是贷方凭证，由收款人开户行作为收入传票（白纸红油墨），其内容和格式如图 10-48 所示。

第三联是借方凭证，由付款人开户行作为借方凭证（白纸黑油墨），其内容和格式如图 10-49 所示。

第四联是收账通知，由收款人开户行在款项收妥后给收款人的收账通知（白纸紫油墨），其内容和格式如图 10-50 所示。

第五联是付款通知，由付款人开户行给付款人按期付款的通知（白纸绿油墨），其内容和格式如图 10-51 所示。

2. 托收承付（委托收款）结算全部（部分）拒绝付款理由书

付款人在承付期内提出全部或部分拒绝付款时，应当填写拒绝付款理由书，其内容和格式如图 10-52 所示。拒绝付款理由书一式四联：

第一联是回单或付款通知，是付款人开户行给付款人的回单或付款通知（白纸黑油墨）。

第二联是借方凭证，由付款人开户行作为借方凭证（白纸蓝油墨）。

第三联是收账通知，由收款人开户行作为贷方凭证或存查（白纸红油墨）。

第四联是收账通知，由收款人开户行作为收账通知或全部拒付通知（白纸褐油墨）。

3. 应付账款证明单

当付款人延期付款时，需要将有关单证退还开户行，而这些单证又已经做了账务处理，无法取出时，就应当填写"应付账款证明单"，其内容和格式如图 10-53 所示。应付账款证明单一式两联（白纸黑油墨）：

第一联通过银行转交收款人作为应收款项的凭据。

第二联为付款人留存作为应付款项的凭据。

（二）托收承付结算的主要规定

（1）使用托收承付结算方式的收款单位和付款单位，必须是国有企业、供销合作社以及经营管理较好，并经开户银行审查同意的城乡集体所有制工业企业。

（2）办理托收承付的款项，必须是商品交易，以及因商品交易而产生的劳务供应的款项。代销、寄销、赊销商品的款项，不得办理托收承付结算。

（3）收付双方使用托收承付结算必须签有符合《中华人民共和国合同法》的购销合同，并在合同上注明使用托收承付结算方式。

（4）收付双方办理托收承付结算，必须重合同、守信用。收款人对同一付款人发货托收累计三次收不回货款的，收款人开户银行应暂停收款人向该付款人办理托收；付款人累计三次提出无理拒付的，付款人开户银行应暂停其向外办理托收。

（5）收款人办理托收，必须具有商品确已发运的证件（包括铁路、航运、公路等运输部门签发的运单、运车副本和邮局包裹回执）。

（6）托收承付结算每笔的金额起点 10 000 元。新华书店系统每笔的金额起点为 1 000 元。

（7）签发托收承付凭证必须记载下列事项：表明"托收承付"的字样，确定的金额，付款人名称及账号，收款人名称和账号，付款人开户银行名称，收款人开户银行名称，托收附寄单证张数或册数，合同名称、号码，委托日期，收款人签章。托收承付凭证上欠缺记载上列事项之一的，银行不予受理。

三、托收承付结算的办理

（一）托收承付结算程序

托收承付结算流程如图 8-11 所示。

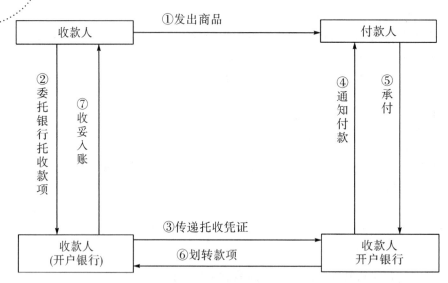

图 8-11 托收承付结算流程图

（1）收款单位按合同发货。

（2）收款单位委托开户行收取货款。收款人办理托收时，填制一式五联的托收凭证，银行受理后在第一联回单上盖章后退回收款人。

（3）收款人开户行向付款人开户行传递托收凭证。

（4）付款人开户行向付款人发出承付通知。通知的方法，可以根据具体情况与付款人签订协议，采用付款人来行自取、派人送达或对距离较远的付款人邮寄等方式。验单付款的承付期为 3 天，从银行对付款人发出承付通知日的次日（付款人来行自取的，为银行收到托收凭证日的次日）算起（承付期内遇法定休假日顺延），必须邮寄的，应加邮寄时间；验货付款的承付期为 10 天，从运输部门向付款人发出提货通知日的次日算起。然后根据邮划或电划第三、四联托收凭证，逐笔登记定期代收结算凭证登记簿，将邮划或电划第三、四联托收凭证专夹保管，将第五联托收凭证加盖业务公章，连同交易单证一并及时交给付款人。

（5）付款人承付。

（6）银行之间划转承付的款项。付款人在承付期满终了前，账户有足够资金支付全部款项的，付款行在次日上午（遇法定休假日顺延）进行转账。

（7）收款人开户行通知收款人款项已经收妥。

（二）收款单位的处理

收款单位采用托收承付结算方式，在办妥托收手续时，应当根据托收凭证第一联回单及有关的销售凭证编制转账凭证，会计分录为：

借：应收账款——某单位

贷：主营业务收入——×产品

应交税费——应交增值税（销项税额）

收到款项时，根据银行转来的收款通知联，出纳人员直接登记银行存款日记账或由会计据此编制银行存款收款凭证，会计分录为：

借：银行存款

　　贷：应收账款——某单位

　　　　应交税费——应交增值税（销项税额）

（三）付款单位的处理

（1）付款单位在承付款项后，出纳人员应根据银行转来的付款通知联，登记银行存款日记账或由会计据此编制银行存款付款凭证，会计分录为：

借：物资采购——×材料

　　应交税费——应交增值税（进项税额）

　　贷：银行存款

（2）付款单位全部拒付的处理。付款人在承付期内提出全部拒绝付款时，应当填写四联全部拒绝付款理由书（如图10-52所示），连同有关的拒付证明、第五联托收凭证及所附单证送交开户行。

银行要严格按照支付结算办法有关托收承付拒绝付款的规定对付款人提出的拒绝付款进行认真审查。对拒绝付款的手续不全、依据不足、理由不符合规定和不属于支付结算办法有关托收承付中七种可以拒绝付款情况的，以及超过承付期拒付或将部分拒付提为全部拒付的，均不得受理。对不同意拒付的，要实行强制扣款。对无理的拒绝付款，增加银行审查时间的，应从承付期满日起，为收款人计扣逾期付款赔偿金。

对符合规定同意拒付的，经批准后将第一联拒绝付款理由书加盖业务公章作为回单退还付款人，将第二联连同第三联托收凭证一并留存备查，将第三、四联连同有关的拒付证明和第四、五联托收凭证及单证一并寄收款人开户行。如系电报划款的，不另拍电报。

（3）付款单位部分拒绝付款的处理。付款人在承付期内提出部分拒绝付款时，应填具四联部分拒绝付款理由书，连同有关的拒付证明、拒付部分商品清单送交开户行。开户行应按照全部拒绝付款的审查程序和要求认真审查。对不符合规定的拒付，不得受理拒付。对符合规定同意拒付的，依照全部拒绝付款的审查手续办理，并在托收凭证和登记簿备注栏注明"部分拒付"字样及部分拒付金额。对同意承付部分，以第二联拒绝付款理由书代借方凭证，第三联托收凭证作为借方凭证附件，进行转账。转账后，将第一联拒绝付款理由书加盖转讫章作为支款通知交给付款人，将第三、四联和第四联托收凭证连同拒付部分的商品清单和有关证明，随同联行邮划贷方报单一并寄收款人开户行。如系电报划款，部分拒付和部分承付，除拍发电报外，另将第三、四联部分拒绝付款理由书，连同拒付部分的商品清单和有关证明邮寄收款人开户行。

第八节 委托收款结算方式

一、委托收款的概念及特点

（一）委托收款的概念

委托收款是收款人委托银行向付款人收取款项的结算方式。

（二）委托收款的种类及特点

（1）委托收款按结算款项的划回方式不同，分为邮寄和电报两种，由收款人选用。

（2）委托收款结算具有使用范围广、灵活、简便等特点，在同城、异地均可以使用。

二、委托收款结算凭证及其基本规定

（一）委托收款结算凭证

委托收款结算凭证与托收承付结算凭证完全相同，如图 10-47 至图 10-53 所示。

（二）委托收款结算的基本规定

（1）单位和个人凭已承兑商业汇票、债券、存单等付款人债务证明办理款项的结算，均可以使用委托收款结算方式。

（2）签发委托收款凭证必须记载下列事项：表明"委托收款"的字样，确定的金额，付款人名称，收款人名称，委托收款凭证名称及附寄单证张数，委托日期，收款人签章。委托收款凭证上欠缺记载上列事项之一的，银行不予受理。委托收款以银行以外的单位为付款人的，委托收款凭证必须记载付款人开户银行名称；以银行以外的单位或在银行开立存款账户的个人为收款人的，委托收款凭证必须记载收款人开户银行名称；未在银行开立存款账户的个人为收款人的，委托收款凭证必须记载被委托银行名称。委托收款凭证上欠缺记载上列事项之一的，银行不予受理。

（3）银行不负责审查付款人拒付理由。

（4）委托收款的付款期为 3 天，凭证索回期为 2 天。

三、委托收款结算的办理

（一）委托收款结算程序

委托收款结算流程如图 8-12 所示。

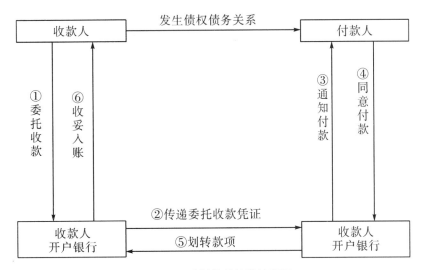

图 8-12　委托收款结算流程图

（1）收款人填写托收凭证，并加盖预留银行印鉴并交开户行委托收款；银行受理后退回回单。

（2）收款人开户行向付款人开户行传递委托收款凭证。

（3）付款人开户行通知付款人付款。

（4）付款人同意付款或拒绝付款。

（5）付款人开户行划转款项或传递拒绝付款理由书并传递有关债务证明。

（6）收款人开户行通知收款人已收妥款项或对方拒绝付款。

（二）收款人办理委托收款

（1）收款人办理委托收款时，应当填写"托收凭证"，并持相关的收款依据及证明，在开户行办理委托收款手续。收款人应当采用蓝色双面复写纸将一式五联的托收凭证一次套写，在凭证上逐项填明收款人名称、付款人名称、账号、开户行收款人行号、委托金额、委托收款凭证名称、附寄单证张数等有关内容。在第二联"收款人盖章"处加盖单位财务专用章后，一并交开户行。

（2）收款人开户行经审查同意后，即可办理委托收款，将"托收凭证"第一联回单加盖银行业务受理章后退回收款人，会计人员据此编制转账凭证，会计分录为：

借：应收账款

　贷：其他业务收入（或主营业务收入）

　　　应交税费——应交增值税（销项税额）

（3）收款人在收到开户行转来的收款通知时，出纳人员据此登记银行存款日记账，会计人员编制银行存款收款凭证，会计分录为：

借：银行存款

　贷：应收账款

　　　应交税费——应交增值税（销项税额）

（三）付款人承付处理

（1）付款人开户行接到收款人开户行寄来的委托收款凭证及有关附件后，经审核无误后，即可办理付款手续。

（2）付款人为银行的，银行应当于当天将款项划转给收款人开户行。

（3）付款人为银行客户的，银行应当及时通知付款人承付。

（4）付款人接到银行的付款通知和有关附件后，对银行转来的托收凭证和相关附件进行仔细审查。主要审查以下内容：

① 托收凭证填列的付款人是否为本单位。

② 委托收款的项目是否与实际经济业务相符；所列内容和所附单证是否齐全、正确。

③ 委托收款金额和应付金额是否一致，付款期限是否到期。

如果出纳人员审查无误，应当在收到通知的当天书面通知银行付款；如果委托收款的金额少于应付金额，应当填写一式四联的"多付款理由书"（可用"委托收款拒绝付款理由书"代替），于付款到期前，由出纳人员送交银行。

从付款人开户行发出付款通知的次日算起（遇节假日顺延）3天内付款人未向银行提出异议，银行即可视作付款人同意付款，并在第4日（节假日顺延）上午银行开始营业时，将款项划转收款人开户行。

（四）付款人拒绝付款的处理

如果出纳人员在审查中发现开户行转来的托收凭证不属于本单位的，应当立即退回银行。

如果出纳人员在审查托收凭证及有关凭证中发现问题，需要拒绝付款的，应当在付款期（3日内）填制一式四联的拒绝付款理由书，以及付款人持有的债务证明和第五联委托收款凭证一并交开户行。经银行受理后（注意：银行不负责审查拒付理由），在委托收款凭证和收到委托收款凭证登记簿备注栏注明"拒绝付款"字样；然后将第一联拒付理由书加盖业务公章作为回单退还付款人，将第三、四联拒付理由书连同付款人提交或本行留存的债务证明和第四、五联委托收款凭证一并寄收款人开户行，并转交收款人。

属于全部拒付的，付款人将拒付理由书保管备查；属于部分拒付的，付款单位会计人员据以编制承付部分的银行存款付款凭证，出纳人员根据承付金额登记银行存款日记账。

填写委托收款介绍全部或部分拒绝理由书的注意事项：如果是部分拒付，"部分拒付金额"栏内填写实际支付的金额，并具体说明拒付的理由，出具拒绝付款部分商品清单；如果是全部拒付，在"拒付金额"栏填写委托收款金额，"部分付款金额"栏大小写金额为零。

（五）付款人延期付款的处理

（1）付款人在付款期满日营业终了前，如果没有足够资金支付全部款项，应当在委托收款凭证上注明"无款支付"字样，并填写付款人未付款通知书，连同有关凭证一并交收款人开户行转收款人。

（2）如果有关的债务证明留存在付款人开户行，付款人应当在两天内，将有关委托收款凭证第五联付款通知连同有关单证退回开户行（如单证已做了账务处理，付款单位出纳人员可以填制一式两联的"应付账款证明单"），由开户行将有关结算凭证连同单证（或"应付账款证明单"）退回收款人开户行转交收款人。

（3）付款人逾期不退回单证的，开户行按照委托收款的金额，自发出通知的第3天起，每天处以万分之五但不低于5元的罚金，并暂停付款人委托银行办理结算业务，直到退回单证为止。

● 第九节 互联网支付结算方式

一、互联网支付的特点

（一）数字化

网络支付是采用先进的技术通过数字流转来完成信息传输的，其各种支付方式都是采用数字化的方式进行款项支付的；而传统的支付方式则是通过现金的流转、票据的转让及银行的汇兑等物理实体的流转来完成款项支付的。

（二）互联网平台

网络支付的工作环境是基于一个开放的互联网平台系统，而传统支付则是在较为封闭的系统中运作。

（三）通信手段

网络支付使用的是最先进的通信手段，如因特网、外联网，而传统支付使用的则是传统的通信媒介。网络支付对软、硬件设施的要求很高，一般要求有联网的微机、相关的软件及其他一些配套设施，而传统支付则没有这么高的要求。

（四）经济优势

网络支付具有方便、快捷、高效、经济的优势。用户只要拥有一台上网的个人电脑，便可足不出户，在很短的时间内完成整个支付过程。支付费用仅相当于传统支付的几十分之一，甚至几百分之一。网络支付可以完全突破时间和空间的限制，可以满足24/7（每周7天，每天24小时）的工作模式需求，其效率之高是传统支付望尘莫及的。

二、互联网支付的不足

（1）网络技术的安全存在着隐患。网上银行的支付是在无纸化的情况下进行的，这就需要确保数据的传输安全，保证交易数据不被盗取和篡改。因此人们对数据传输的安全性等有怀疑。

（2）虚拟交易风险。网上支付的工作是基于开放系统平台的，而且他们双方的身份是置于虚拟世界中的。这无疑就增加了电子支付的风险。

三、互联网支付流程（如图8-13所示）

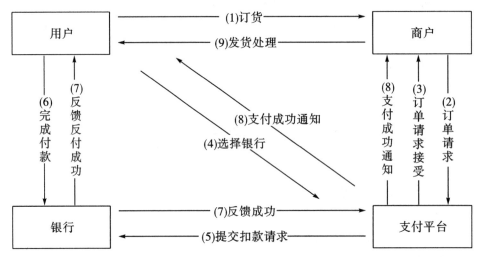

图8-13　互联网支付流程图

（1）用户在与商户进行交易时，申请使用互联网支付。

（2）商户生成订单，并送给支付平台，将用户转向网络支付业务系统。

（3）支付平台收到订单请求后，向商户反馈订单已接收。

（4）用户在支付平台上选择互联网支付的银行，使用银行卡进行互联网支付。

（5）网络支付业务系统记录用户所选择的支付方式，并将用户转向相应支付系统。

（6）支付平台把扣款信息发送给银行，并引导用户到银行（和实现方式有关）；用户在银行输入卡、密码等信息，完成付款；银行把支付成功的信息反馈给支付平台、用户。

（7）支付平台向用户提供支付界面；用户完成账户、密码等信息输入，完成付款。

（8）支付平台将支付结果反馈给商户，商户收到支付成功通知后进行发货处理。

（9）支付平台根据商户结算周期与商户进行资金结算，风险识别通过后，将资金结算到商户之前关联的银行账户。

四、资金流说明

买方和卖方的最终资金来源于银行结算账户或银行卡。若买卖双方开立了支付账户，则通过资金交易的触发，产生账户之间资金及权益所有权的转移，在不发生充值、提现和退款的情况下，在备付金银行账户的资金不发生转移；若为银行账户支付模式，则通过网关，由根据约定的交易指令或交易周期将买方资金转移至卖方银行账户。

（1）买方可以用其管理的银行卡向其支付账户进行充值，也可以将充值的金额从其支付账户转移到其关联的银行卡。

（2）买方可以用其支付账户完成代收代付资金的支付，系统内部将支付资金从买方支付账户转移到卖方的支付账户；买方也可以申请退款，系统内部将支付资金从卖方的支付账户转移到买方支付账户。

（3）买方可以用其银行卡通过互联网支付完成代收代付资金的支付，系统内部将支付资金从买方银行卡转移到卖方的支付账户；买方也可以申请退款，系统内部将支付资金从卖方的支付账户转移到买方银行卡。

（4）同一客户名下的不同支付账户之间可以进行转账，转账资金从转出方支付账户流入转入方支付账户。

（5）通过结算业务，可将卖方支付账户中的需要结算的资金转入其关联银行账户。

五、客户开通、充值、退款流程

（一）开通流程

客户开户时，需要选择合同约定的业务类型。客户在开户时将相关信息填写完成，并接受客户开户相关协议后，客户开户状态为待审核状态，经审核通过后，客户开户才算正式完成。客户开户信息同时保存为个人客户信息和机构客户信息。若收款方为企业客户，开户时需要参与技术联调测试环节，即我司提供标准接入接口给企业客户收款方，企业客户按接口开发接入支付平台模块后进行联调测试包括企业客户申请、资质审核、关联银行卡、开通业务等主要操作。

（1）客户申请注册，填写基本信息，提交资质证明。

（2）进行反洗钱实名认证，支付平台相关人员录入资质等基本信息，并做出风险审核。

（3）支付平台相关人员录入客户关联银行信息。

（4）支付平台申请银行账户验证。

（5）银行处理验证并将结果反馈给支付平台。

（6）支付平台做银行关联处理、银行账户实名认证处理。

（7）支付平台开通支付账户并通知客户。

（8）支付平台相关人员将客户协议归档。

（二）充值流程

（1）客户提交充值请求。

（2）选择付款银行和充值金额。

（3）平台创建充值订单，对是否是风险交易进行判断。若为风险交易且满足交易拒绝条件，则通知客户交易被拒绝，提示客户联系客服人员，否则进行下一步操作。

（4）客户被引导到对应银行的网关页面，根据银行业务流程完成支付。

（5）银行向平台发送处理结果，同时向客户展示支付结果页面。

（6）若支付成功，则平台提交充值入账请求，进行入账处理，通知客户充值成功。

（三）退款业务流程

（1）客户提出退款申请，同意退款。

（2）平台收到请求后与原支付订单匹配，创建退款订单。

（3）平台对是否是风险交易进行判断。若为风险交易且满足交易拒绝条件，则通知客户交易被拒绝，提示客户联系客服人员，否则进行下一步操作。

（4）平台修改原交易状态，向银行提交退款请求。

（5）银行处理退款请求。

（6）平台进行资金退款处理。

（7）系统记录退款结果，通知客户退款成功。

六、常见的互联网支付手段

（一）二维码支付

打开手机上的支付客户端，其中有一项二维码识别的功能，可以用来拍摄和识别印制在各种物体上的二维码商品信息。识别后，你直接点击付款，完成交易。

（二）NFC 手机钱包

通过在手机中植入近场通信（NFC）芯片或在手机外增加 NFC 贴片等方式，将手机变成真正的钱包。在付钱时，需要商户提供相应的接收器，这样，大家才能拿着手机去完成"刷一下"这个动作，便捷付款。整个过程很像是在刷公交卡。

（三）摇一摇转账

打开支付客户端，拿出手机"摇一摇"，对方的账号就自动跑到你的手机上，接下来就是输入金额和收款付款了。

（四）短信支付

短信支付是通过发送一串字符到指定号码，完成手机充值、网上交水、电、气费等。

（五）语音支付

电视广告中已经嵌入了特定的语音命令，而手机上则安装了相应的支付应用。当你在看电视时，把支付应用打开，就能接收和识别广告里嵌入的语音波段，并主动询问用户是否需要购买此商品并完成付款。

（六）随身刷卡器

随身刷卡器可以用来识别各种银行卡，从而实现随时刷卡消费或缴费的目的。刷卡器很小，呈正方形或长方形，可以轻松插入手机中的耳机插孔，安装后，打开应用就可以刷卡了。

（七）条码支付

这个支付方式更像是"条码收款"。通过安装支付客户端，用户的第三方支付账户可以生成一个条形码，而收银员用条码枪在用户的手机上一扫，用户点下"同意支付"的按键，一次付款就完成了。

 思考题

1. 试比较三种票据结算方式的特点及适用范围。如何正确选择应用？

2. 银行汇票结算流程是怎样的，出纳人员及会计人员怎样进行会计处理？

3. 商业汇票有哪几种？它们的区别与联系是什么？

4. 如何进行票据贴现？

5. 有几种支票，如何正确使用支票结算？

6. 何为托收承付？怎样正确办理托收承付并进行正确的会计处理？

7. 委托收款与托收承付有何异同？

 讨论题

出纳人员以及会计人员在实际工作中应当怎样正确选择结算方式对企业更有利？

实验项目

实验项目一名称：办理银行汇票结算

（一）实验目的及要求

1. 通过本实验掌握银行汇票结算的基本技能，达到熟练办理银行汇票结算的目的。

2. 要求同学们完成一项经济业务的银行汇票结算全过程，并正确进行会计处理。

（二）实验设备、资料

1. 银行汇票、银行汇票申请书、进账单等银行结算单证和印章；

2. 记账凭证；

3. 企业经济业务：

成都市大海企业采购人员要到上海市 K 公司去采购物资 A，使用银行汇票结算。

（1）2014 年 9 月 1 日，出纳人员到银行办理了金额为 10 万元的银行汇票。

（2）2014 年 9 月 2 日~10 日，采购人员持汇票到上海采购 A 物资 10 吨，单价为 8 000 元/吨，采购人员将汇票交给 K 公司的出纳人员，该出纳人员持汇票到开户银行办理了结算。

（3）2014 年 9 月 15 日，物资运抵企业并验收入库，采购人员到会计部门办理了结算。

（4）2014 年 9 月 15 日，接开户行通知，汇票多余款项已入账。

（三）实验内容与步骤

1. 每个同学准备银行汇票及进账单各 2 份。

2. 两位同学为一组，分别扮演两个公司的出纳人员角色进行实验。

3. 同学们共同熟悉企业经济业务。

4. 根据经济业务填制银行汇票及进账单等银行结算凭证并编制记账凭证。

5. 完成该业务的会计处理程序。

（四）实验结果（结论）

1. 了解银行汇票的基本知识。

2. 熟悉银行汇票结算的基本方法及程序。

3. 掌握银行汇票的结算技能。

实验项目二名称：填制支票

（一）实验目的及要求

1. 通过本实验掌握支票结算的基本技能，达到熟练办理支票结算的目的。

2. 要求同学们正确、完整地填制现金支票和转账支票及进账单。

（二）实验设备、资料

1. 现金支票和转账支票各两份。

2. 相关印鉴。

3. 企业经济业务：

（1）成都市大海企业在本市采购物资 100 件，单价为 100 元/件，采用转账支票结算。

（2）采购人员青化借支差旅费 5 000 元，出纳人员开出现金支票一张。

（三）实验内容与步骤

1. 每个同学准备现金支票、转账支票和进账单各 2 份。

2．两位同学为一组进行实验。

3．同学们共同熟悉企业经济业务。

4．根据经济业务填制支票和进账单。

（四）实验结果（结论）

1．了解支票的基本知识。

2．熟悉支票结算的基本程序。

3．掌握支票及进账单的填制技能。

第九章　出纳办税实务

依法纳税是每个企业和单位应尽的义务，办理纳税有关事务是单位会计或出纳的基本业务之一。出纳人员必须掌握必要的税收知识和办税的基本常识及方法，才能正确、合理地进行报税与纳税工作。

● 第一节　企业纳税基本知识

一、纳税人的含义

（一）纳税人

纳税人亦称纳税义务人，是指税法上规定的直接负有纳税义务的单位和个人。负有纳税义务的单位是指具有法人资格的社会组织，如公司企业、社会团体等；负有纳税义务的个人是指在法律上可以享有民事权利并承担民事义务的公民。

（二）扣缴义务人

扣缴义务人亦称代扣代缴义务人，是指税法规定的，在经营活动中负有代扣税款并向国库缴纳税款义务的单位和个人。扣缴义务人主要有以下两类：一类是向纳税人支付收入的单位，如个人所得税实行源泉扣缴办法时，则由向个人支付应纳税收入的支付者为代缴义务人；另一类是为纳税人办理汇款的单位，如中外合资经营企业的外国合作者在将利润汇给国外时，由承办汇款的单位按汇出额扣缴应纳的所得税。

（三）代收代缴义务人

代收代缴义务人是指有义务借助经济往来关系向纳税人收取应纳税款并代为缴

纳的企业或单位。如企业在向个体农户收购农副产品时，则成为农业特产税的代收代缴义务人。

代收代缴单位不同于代扣代缴单位。代扣代缴单位直接持有纳税人收入，可以从中扣除纳税人的应纳税款；代收代缴单位不直接持有纳税人的收入，只能在与纳税人的经济往来中收取纳税人的应纳税款并代为缴纳。

二、征税对象和税率

（一）征税对象

征税对象，亦称课税对象，是指征税的标的物。一般称纳税人为课税主体，称课税对象为课税客体。纳税人表明对谁征税，课税对象则表明对什么客体征税。

（二）税率

税率，是对征税对象征税的比例或额度。它可以分为比例税率、累进税率和定额税率三种。

1. 比例税率

比例税率是指应纳税额与纳税对象数量之间的等比关系。这种税率不会因纳税数量的多少而变化，即对同一纳税对象不论数额大小，只规定同一比率纳税。

2. 累进税率

累进税率是随纳税对象数额增大而提高的税率，即按纳税对象数额的大小，划分若干等级，每个等级由低到高规定相应的税率，纳税对象数额越大，税率越高。累进税率与纳税对象的比，表现为税额增加幅度大于纳税数量增长幅度。

3. 定额税率

定额税率，又叫固定税率，是税率的一种特殊形式。它是按纳税对象的一定计量单位规定固定税额，而不是规定纳税比例。

三、计税依据、计税标准和计税价格

（一）计税依据

计税依据是计算应纳税额的根据，是征税对象量的表现。征税对象解决的是对什么征税，而计税依据则是在确定征税对象之后，解决如何计量问题。如消费税的征税对象是列举的产品，而计税依据则是应税消费品的销售额和销售数量。作为所得税征税对象的"所得"，只是说明纳税人的所得需要征税；而作为计税依据的所得额，则是从纳税人全部所得中依法扣除有关项目之后的余额，即应纳税所得额。

（二）计税标准

计税标准是征税对象数额的计量标准，分为以货币为单位的计税标准和以实物为单位的计税标准。如资源税的计税标准是"吨"和"立方米""千立方米"；增值税、营业税的计税标准是"元"。

(三）计税价格

计税价格是从价计征的税种在计算应纳税时须用的价格，包括含税价格和不含税价格两大类。含税价格是指包括应纳税在内的价格，由成本、利润、应纳税金三部分组成；不合税价格则只由成本、利润两部分组成，不包含应纳税金。在现行税种中，除增值税为按不含税价格的销售额计征外，其余税种大多为按含税价格计征的。二者的换算公式为：

含税价格＝不合税价格×（1+税率）

不合税价格＝含税价格÷（1-税率）

四、纳税期限和纳税地点

（一）纳税期限

纳税期限是指纳税人依法向国家缴纳税款的时间限制。纳税期限的确定大体可分为两种情况：

1. 按期纳税

按期纳税是以纳税人发生纳税义务的一定时期如 1 天、3 天、5 天、10 天、1 个月、1 年等作为纳税期限。

2. 按次纳税

按次纳税以纳税人发生纳税义务的次数作为纳税期限。

（二）纳税地点

纳税地点是指纳税人在什么地方完成缴纳税款的义务，大体分为以下三种情况：

一是纳税人在其从事生产经营活动的所在地缴纳税款；

二是纳税人在其纳税行为发生地缴纳税款；

三是对于既有总机构又有分支机构并且不在同一行政区域内的纳税人，其税款的缴纳，既可以由总机构与分支机构分别在各自所在地税务机构办理，也可以经国家或省级税务机构批准后，由总机构汇总在总机构所在地缴纳。

五、减税免税

减税免税是纳税制度中对某些纳税人和课税对象给予鼓励和照顾的一种规定。减税是对应纳税额少缴纳一部分税额，免税是对应纳税额全部予以免征。减税免税包括以下三项内容：

（一）起征点

起征点是课税达到征税数额开始征税的界限。课税对象的数额未达到起征点的不征税，达到或者超过起征点的，就课税对象的全部数额征税。

（二）免征额

免征额是税法规定在课税对象总额中免予征税的数额，是按照一定标准从全部课税对象总额中预先减除的部分。免征额部分不征税，只就超过免征额的部分征税。

（三）减税免税规定

减税免税规定是对特定的纳税人和特定的课税对象所做的某种程序的减征税款或全部免征税款的规定。

 # 第二节 与企业关系密切的常见税种及分类

一、与企业关系密切的税种

1994 年我国进行了税制改革，随后又进行了一系列的改革，目前与企业关系密切的税种如表 9-1 所示。

表 9-1 与企业关系密切的常见税种

征收机关	税种
税务机关	增值税、消费税、资源税、企业所得税、个人所得税、印花税、土地增值税、城镇土地使用税、房产税、屠宰税、筵席税、车船税、城市维护建设税、土地增值税、烟叶税
海　关	关税、船舶吨税
财政机关	耕地占用税、契税

二、我国税收基本分类

我国税收按课税对象的不同分为五类：

（一）商品劳务课税即流转课税

商品劳务课税是以商品劳务为对象，按其价值量计征的货币税，由于它是在商品劳务的流转过程中征收的税，又称为流转税。它是我国纳税收入的支柱，也是企业应纳的主要税种，具体包括五种：

1. 增值税

增值税是对从事商品生产和经营的单位和个人，就其经营的商品或提供劳务服务时实现的增值额征收，并实行税款抵扣制的一种流转税。

2. 消费税

消费税是对从事应税消费品生产和进口的单位和个人，就其生产或进口的应税消费品征收的一种商品税。

3. 营业税

营业税是对在我国境内提供劳务、转让无形资产和销售不动产取得的营业收入征收的一种税。

从 2012 年开始，在运输服务业开始试点营业税改征增值税，自 2016 年 5 月 1 日起在全国范围内全面推行营业税改征增值税改革试点，现行缴纳营业税的建筑业、房地产业、金融业、生活服务业纳税人将改为缴纳增值税，由国家税务局负责征收。纳税人销售取得的不动产和其他个人出租不动产的增值税，国家税务局暂委托地方税务局代为征收。

2016 年营业税改征增值税最新税率表如表 9-2 所示。

表 9-2   2016 年营业税改征增值税最新税率表

大类	中类	小类	征收品目	原营业税税率	增值税税率
销售服务	交通运输服务	陆路运输服务	铁路运输服务	3%	11%
			其他陆路运输服务		
		水路运输服务	水路运输服务		
		航空运输服务	航空运输服务		
	邮政服务	管道运输服务	管道运输服务	3%	11%
		邮政普遍服务	邮政普遍服务		
		邮政特殊服务	邮政特殊服务		
	电信服务	其他邮政服务	其他邮政服务	3%	11%
		基础电信服务	基础电信服务		6%
	建筑服务（新增）	增值电信服务	增值电信服务	3%	11%
		工程服务	工程服务		
		安装服务	安装服务		
		修缮服务	修缮服务		
		装饰服务	装饰服务		
	金融服务（新增）	其他建筑服务	其他建筑服务	5%	6%
		贷款服务	贷款服务		
		直接收费金融服务	直接收费金融服务		
		保险服务	人寿保险服务		
			财产保险服务		
	现代服务	金融商品转让	金融商品转让	5%	6%
		研发和技术服务	研发服务		
			合同能源管理服务		
			工程勘察勘探服务		
			专业技术服务（新增）		
		信息技术服务	软件服务	5%	6%
			电路设计及测试服务		
			信息系统服务		
			业务流程管理服务		
			信息系统增值服务（新增）		

表9-2(续)

大类	中类	小类	征收品目	原营业税税率	增值税税率
销售服务	现代服务	文化创意服务（商标和著作权转让重分类至销售无形资产）	设计服务	3%/5%	6%
			知识产权服务		
			广告服务		
			会议展览服务		
		物流辅助服务	航空服务	3%/5%	6%
			港口码头服务		
			货运客运场站服务		
			打捞救助服务		
			装卸搬运服务		
			仓储服务		
			收派服务		
		租赁服务	不动产融资租赁（新增）	5%	11%
			不动产经营租赁（新增）		
			有形动产融资租赁		17%
			有形动产经营租赁		
		鉴证咨询服务	认证服务	5%	6%
			鉴证服务		
			咨询服务		
		广播影视服务	广播影视节目（作品）制作服务	3%/5%	6%
			广播影视节目（作品）发行服务		
			广播影视节目（作品）播映服务		
		商务辅助服务（新增）	企业管理服务	5%	6%
			经纪代理服务		
			人力资源服务		
			安全保护服务		
		其他现代服务（新增）	其他现代服务		
	生活服务（新增）	文化体育服务	文化服务	3%/5%，娱乐业5%～20%	6%
			体育服务		
		教育医疗服务	教育服务		
			医疗服务		
		旅游娱乐服务	旅游服务		
			娱乐服务		

表9-2(续)

大类	中类	小类	征收品目	原营业税税率	增值税税率
销售服务	生活服务（新增）	餐饮住宿服务	餐饮服务	3%/5%，娱乐业5%~20%	6%
			住宿服务		
		居民日常服务	居民日常服务		
		其他生活服务	其他生活服务		
销售无形资产	销售无形资产（新增）	专利技术和非专利技术	专利技术和非专利技术	5%	6%（除销售土地使用权适用11%）
		商标	商标		
		著作权	著作权		
		商誉	商誉		
		自然资源使用权	自然资源使用权（含土地使用权）		
		其他权益性无形资产	其他权益性无形资产		
销售不动产	销售不动产（新增）	建筑物	建筑物	5%	11%
		构筑物	构筑物		

4. 资源税

资源税是对在我国境内从事应税资源的开采、生产的单位和个人，就其开采和生产的应税资源征收的一种商品税。

5. 关税

关税是对进出我国关境的货物和物品由海关在关境线上课征的一种商品的跨国流通税。

（二）所得课税

所得课税是以从事生产经营活动获得的纯利润或个人获得的各种所得为对象，按所得的数额计征的纳税。我国属于这类纳税的税种有：

1. 企业所得税

企业所得税是对我国境内的企业和其他取得收入的组织（统称企业）从事生产经营取得的所得和其他所得征收的一种税。

2. 个人所得税

个人所得税是对个人取得的各种所得征收的一种税。

（三）财产课税

财产课税是以财产为对象，按财产价值量或实物量计征的货币税。属于这类纳税的我国现行税种有：

1. 房产税

房产税是以房屋为对象，按房产价值或房租收入征收的一种财产税。

2. 契税

契税是在房屋买卖、典当、赠予或交换过程中，发生产权转移变动，订立契约时，向产权承受人征收的一种税。

（四）行为课税

行为课税是以某些特定行为为对象，按应税行为涉及的货币金额或某些实物数量计征的纳税。我国现行的行为课税税种有：

1. 城镇土地使用税

城镇土地使用税是对使用国有土地的单位和个人，就其使用的土地按面积定额征收的一种税。

2. 车船使用税

车船使用税是对在我国境内行驶的车船，按其种类、吨位定额征收的一种税。

3. 印花税

印花税是对在我国境内因商事、产权等行为所书立或使用的凭证征收的一种税。

4. 耕地占用税

耕地占用税是对占用耕地从事建房或其他非农业生产的行为，就其占用的耕地按面积定额征收的一种税。

（五）为特定目的的课税

为特定目的的课税一般都与商品和土地使用权的流动有关，所以也可以把它们纳入流转税的范畴。这类税主要包括两种：

1. 城市维护建设税

城市维护建设税是对从事生产经营活动的单位和个人，按其实际缴纳的增值税、消费税、营业税税额计征，专门用于城市维护建设的一种特定目的税。

2. 土地增值税

土地增值税是对转让国有土地使用权、地上建筑物及其附着物取得的收入中就其增值部分征收的一种税，其目的在于调节级差收入。

现将纳税企业各期间、各环节的工商纳税分布及主要列支渠道汇总成表，如表9-3所示。

表9-3　　　　主要工商纳税分布及主要列支渠道汇总表

税　　　种	工商纳税分布							主要列支渠道														
	投资创建	购进	生产	销售	费用结算	利润结算	终止清算	进项税额	销项税额	采购成本	长期投资	在建工程	递延资产	产品销售税金	生产成本	委托加工材料	营业税金	固定资产清理	其他业务支出	管理费用	所得税	清算损益
增值税		√		√			√	√	√	√	√	√										√
消费税			√	√			√			√	√	√		√	√	√						√
营业税				√			√										√	√	√			√
资源税				√											√							
土地增值税				√													√	√	√			
城市维护建设税				√			√							√								√
房产税	√				√								√							√		
土地使用税	√				√								√							√		
车船税	√				√								√							√		
印花税	√	√	√		√								√							√		
企业所得税						√	√														√	
个人所得税							√															

第三节　办理税务登记

一、办理税务登记的对象

（一）必须申报办理税务登记的纳税人

（1）领取法人营业执照或者营业执照（以下统称营业执照），有缴纳增值税、消费税义务的国有企业、集体企业、私营企业、股份制企业、联营企业、外商投资企业、外国企业以及上述企业在外地设立的分支机构和从事生产、经营的场所。

（2）领取营业执照，有缴纳增值税、消费税义务的个体工商户。

（3）经有权机关批准从事生产、经营，有缴纳增值税、消费税义务的机关、团体、部队、学校以及其他事业单位。

（4）从事生产经营，按照有关规定不需要领取营业执照，有缴纳增值税、消费税义务的纳税人。

（5）实行承包、承租经营，有缴纳增值税、消费税义务的纳税人。

（6）有缴纳由国家税务机关负责征收管理的企业所得税、外商投资企业和外国企业所得税义务的纳税人。

（二）可以不申报办理税务登记的纳税人

（1）偶尔取得应当缴纳增值税、消费税收入的纳税人。

（2）自产自销免税农、林、牧、水产品的农业生产者。

（3）县级以上国家税务机关规定不需要办理税务登记的其他纳税人。

二、开业税务登记

（一）办理开业税务登记的时间

（1）从事生产、经营的纳税人应当自领取营业执照之日起 30 日内，主动依法向国家税务机关申报办理开业税务登记。

（2）按照规定不需要领取营业执照的纳税人，应当自有关部门批准之日起 30 日内或者自发生纳税义务之日起 30 日内，主动依法向主管国家税务机关申报办理开业税务登记。

（二）办理开业税务登记的地点

（1）纳税企业和事业单位向当地主管国家税务机关申报办理开业税务登记。

（2）纳税企业和事业单位跨县（市）、区设立的分支机构和从事生产经营的场所，除总机构向当地主管国家税务机关申报办理开业税务登记外，分支机构还应当向其所在地主管国家税务机关申报办理开业税务登记。

（3）有固定生产经营场所的个体工商业户向经营地主管国家税务机关申报办理开业税务登记；流动经营的个体工商户，向户籍所在地主管国家税务机关申报办理开业税务登记。

（4）对未领取营业执照从事承包、租赁经营的纳税人，向经营地主管国家税务机关申报办理开业税务登记。

（三）办理开业税务登记的手续

（1）营业执照或其他核准执业证件及工商登记表或其他核准执业登记表复印件。

（2）有关机关、部门批准设立的文件。

（3）有关合同、章程、协议书。

（4）法定代表人和董事会成员名单。

（5）法定代表人（负责人）或业主居民身份证、护照或者其他证明身份的合法证件。

（6）组织机构统一代码证书。

（7）银行账号证明。

（8）住所或经营场所证明。

（9）委托代理协议书复印件（仅适用于委托税务代理的单位附送）。

（10）税务机关需要的其他资料。

（四）填报税务登记表

纳税人领取税务登记表一式两份，税务机关存一份，纳税人保留一份。纳税人应当按照规定内容逐项如实填写，并加盖企业印章，经法定代表人签字或业主签字后，将税务登记表报送主管国家税务机关。

不同纳税人填报不同的税务登记表，内资企业填报表9-4所示的税务登记表，个体经营户填报表9-5所示的税务登记表，企业分支机构填报表9-6所示的税务登记表。

表9-4　　　　　　　（DJ001）税务登记表（适用于内资企业）

纳税人名称					
法定代表人（负责人）		身份证件名称		证件号码	
注册地址				邮政编码	
生产经营地址				邮政编码	
生产经营范围	主营				
	兼营				
所属主管单位					

239

表9-4（续）

发照工商机关	工商机关名称					
	营业执照名称			营业执照字号		
	发照日期	年 月 日		开业日期	年 月 日	
	有效期限		年 月 日至 年 月 日			

开户银行名称	银行账号	币 种	是否缴税账号

生产经营期限	年 月 日至 年 月 日		从业人数	
经营方式		登记注册类型	行 业	
财务负责人		办税人员	联系电话	
办税人员证件名称		办税人员证件号码		
隶属关系		注册资本（币种）		

投资方名称	投资金额	投资币种	与美元汇率比价	所占投资比例	分配比例

会计报表种类	
低值易耗品摊销方法	
折旧方式	

所属非独立核算的分支机构	纳税人识别号	纳税人名称	生产经营地址	负责人

E-mail(电子邮件)地址	

法定代表人（负责人）签章：

　　　　　　　　　　　　　　　　　　　　　　　纳税人（签章）

填表日期：　　　年　月　日

以下由受理登记税务机关填写：

核准税务登记日期：　　　年　月　日　　　税务登记证发放日期：　　　年　月　日

纳税人状态：

所属税务机关（公章）　　　　　　　　税务登记经办人（签章）

第九章 出纳办税实务

表 9-5　　　　　　　　（DJ005）税务登记表（适用于个体经营）

纳税人名称							业主照片
注册地址				邮政编码			
生产经营地址				邮政编码			
业主姓名			身份证件名称		证件号码		
业主住所				联系电话			

合伙人情况	姓　名	证件类型	身份证件号码	联系电话	邮政编码	住所

生产经营范围	主　营	
	兼　营	

发照工商机关	工商机关名称		
	营业执照名称	营业执照字号	
	发照日期　　　年　月　日	开业日期	年　月　日
	有效期限　　　　　年　月　日至　　年　月　日		

银行种类	开户银行名称	银行账号	币种	是否缴税账号

生产经营期限	年　月　日至　　年　月　日	从业人数	
经营方式	登记注册类型代码	行业代码	
注册资本		注册币种	
投资总额		投资币种	
所在市场			
摊位号			
商品货物存放地址		面积	
E-mail（电子邮件）地址			

纳税人（签章）

填表日期：　　年　月　日

以下由受理登记税务机关填写

核准税务登记日期：　　　年　月　日　　税务登记证发放日期：　　　年　月　日

纳税人状况：　　　　　　　　　　　　受理登记日期：　　　　　年　月　日

所属税务机关（公章）　　　　　　　　税务登记经办人（签章）

表9-6　　　　　（DJ003）税务登记表（适用于企业分支机构）

纳税人名称					
法定代表人（负责人）		法人证件类型		证件号码	
注册地址				邮政编码	
生产经营地址				邮政编码	
生产经营范围	主营				
	兼营				
合同（章程）批准机关	批准机关				
	批准文号		批准日期	年 月 日	
发照工商机关	工商机关名称				
	营业执照名称		营业执照字号		
	发照日期	年 月 日	开业日期	年 月 日	
	有效期限	年 月 日至 年 月 日			
生产经营期限	年 月 日至 年 月 日		从业人数		
经营方式代码		登记注册类型代码		行业代码	
财务负责人		办税人员		联系电话	
办税人员证件名称			证件号码		
隶属关系代码		注册资本		注册资本币种	

银行种类	开户银行名称	银行账号	币种	是否缴税账号

会计报表种类	
低值易耗品摊销方法	
折旧方式	

总机构情况	纳税人识别号		
	纳税人名称		
	国别		
	注册地址		
	注册资本	注册资本币种	
	登记注册类型		
	经营范围		
	法定代表人		
	主管税务机关		
E-mail（电子邮件）地址			

法定代表人（负责人）签章：

　　　　　　　　　　　　　纳税人（签章）：

　　　　　　　　　　　　　填表日期：　年　月　日

以下由受理登记税务机关填写

核准税务登记日期：　　年 月 日　　税务登记证发放日期：　年 月 日

纳税人状况：　　　　　　　　受理登记日期：　年 月 日

税务登记机关（公章）　　　　税务登记经办人（签章）

（五）领取税务登记证件

纳税人报送的税务登记表和提供的有关证件、资料，经主管国家税务机关审核后，报有关国家税务机关批准予以登记的，应当按照规定的期限到主管国家税务机关领取税务登记证或者注册税务登记证及其副本，并按规定缴付工本管理费。

（六）开业税务登记流程

开业税务登记流程如图 9-1 所示。

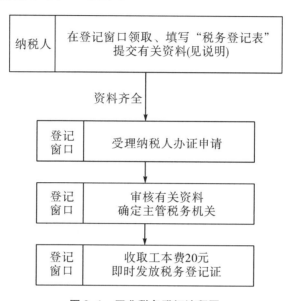

图 9-1　开业税务登记流程图

三、变更税务登记

（一）纳税人变更税务登记的缘由

纳税人改变名称、法定代表人或者业主姓名、经济类型、经济性质、住所或者经营地点（指不涉及改变主管国家税务机关）、生产经营范围、经营方式、开户银行及账号等内容的，纳税人应当自工商行政管理机关办理变更登记之日起 30 日内，持下列有关证件向原主管国家税务机关提出变更登记书面申请报告：

（1）企业名称变更核准通知书及变更登记表（工商部门提供）。

（2）企业营业执照。

（3）税务登记证。

（4）组织机构代码。

（5）金融许可证。

（6）单位更名时报工商局的所有文件（工商部门提供）。

（7）产权证或国土证复印件（无国土证的提供出让合同和税票，产权未贴完税花的要提供产权来源的相关资料或税票）。

（8）新旧公司章程（工商部门提供）。

（9）主管税务机关需要的其他资料。

以上资料看原件，收复印件加盖鲜章。

纳税人按照规定不需要在工商行政管理机关办理注册登记的，应当自有关机关批准或者宣布变更之日起 30 日内，持有关证件向原主管国家税务机关提出变更登记书面申请报告。

（二）填报税务变更登记表

纳税人办理变更登记时，应当向主管国家税务机关领取税务变更登记表（如表 9-7 所示），一式两份（税务机关留一份，企业留一份），按照表格内容逐项如实填写，加盖企业或业主印章后，于领取变更税务登记表之日起 10 日内报送主管国家税务机关。

表 9-7　　　　　　　　　　（DJ008）**税务变更登记表**

纳税人识别号：

纳税人名称：

变更登记事项			
序号	变更项目	变更前内容	变更后内容

送缴证件情况：

　

纳税人（签章）

法定代表人（负责人）：　　　　办税人员：　　　　　年　月　日

主管税务机关审批意见

（公章）

负责人：　　　　　　经办人：　　　　　　年　月　日

注：（1）涉及税务登记内容变化的，均应办理变更登记。

（2）本表为 A4 竖式。

（三）领取变更税务登记证件

经主管国家税务机关核准后，报有关国家税务机关批准予以变更的，应当按照规定的期限到主管国家税务机关领取填发的税务登记证等有关证件，并按规定缴付工本管理费。

（四）变更税务登记流程

变更税务登记流程如图 9-2 所示。

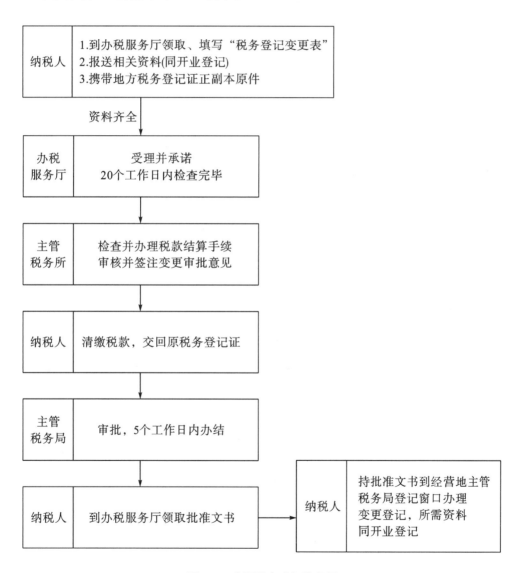

图 9-2　变更税务登记流程图

四、注销税务登记

（一）注销登记的对象和时间

（1）纳税人发生破产、解散、撤销以及其他依法应当终止履行纳税义务的，应当在向工商行政管理机关办理注销登记前，持有关证件向原主管国家税务机关提出注销税务登记书面申请报告；未办理工商登记的，应当自有权机关批准或者宣布终止之日起15日内，持有关证件向原主管国家税务机关提出注销税务登记书面申请报告。

（2）纳税人因变动经营地点、住所而涉及改变主管国家税务机关的，应当在向工商行政机关申报办理变更或者注销工商登记前，或者在经营地点、住所变动之前申报办理注销税务登记，同时纳税人应当自迁达地工商行政管理机关办理工商登记之日起15日内或者在迁达地成为纳税人之日起15日内重新办理税务登记。其程序和手续比照开业税务登记办理。

（3）纳税人被工商行政管理机关吊销营业执照的，应当自营业执照被吊销之日起15日内，向原主管国家税务机关提出注销税务登记书面申报报告。

（二）注销登记的要求

纳税人在办理注销税务登记前，应当向原主管国家税务机关缴清应纳税款、滞纳金、罚款，缴销原主管国家税务机关核发的税务登记证及其副本、注册税务登记证及其副本、未使用的发票、发票领购簿、发票专用章、税收缴款书和国家税务机关核发的其他证件。

（三）注销登记的手续

纳税人办理注销税务登记时，应当向主管国家税务机关领取注销税务登记申请表（如表9-8所示），一式两份，并根据表内的内容逐项如实填写，加盖企业印章后，于领取注销税务登记表之日起10日内报送主管国家税务机关，经主管国家税务机关核准后，报有关国家税务机关批准予以注销。

第九章 出纳办税实务

表 9-8   **（DJ015）注销税务登记申请审批表**

纳税人识别号：☐☐☐☐☐☐☐☐☐☐☐☐☐☐☐☐

纳税人名称：

联系地址			联系电话	
注销原因				
批准机关	名　称			
	批准文号及日期			
迁入地税务机关代码				
税务机关名称				
迁入地址				

<table>
<tr><td colspan="5" style="text-align:right">纳税人（签章）</td></tr>
<tr><td>法定代表人（负责人）：</td><td colspan="2">办税人员：</td><td colspan="2" style="text-align:right">年　　月　　日</td></tr>
<tr><td colspan="5" style="text-align:center">以下由税务机关填写</td></tr>
</table>

税政环节意见	实际经营期限		已享受税收优惠		
	负责人：	经办人：		年　月　日	

发票管理环节缴销发票情况	发票代码				
	发票名称				
	购领发票数量				
	已使用发票数量				
	结存发票数量				
	起止号码				
	发票领购簿名称		证件号码		
	负责人：	经办人：	年　月　日		

稽查环节清算情况	负责人：	经办人：	年　月　日

征收环节结算清缴税款情况			
	负责人：	经办人：	年　月　日

登记管理环节审核意见	税务登记证正本		税务登记证副本		其他有关证件	
	号码		数量	号码	数量	号码
	负责人：		经办人：		年　月　日	

分支机构纳税人识别号	分支机构名称	税务登记注销情况	主管税务机关

批准意见	主管税务机关： 负责人签字：	（公章） 年　　月　　日

注：（1）本表一式两份，一份税务机关留存，一份交纳税人。

　　（2）本表为 A4 竖式。

（四）注销税务登记流程

注销税务登记流程如图9-3所示。

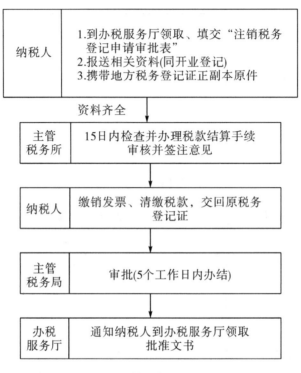

图9-3 注销税务登记流程图

五、税务登记证的使用、管理和验证、换证

（一）税务登记证的使用、管理

（1）纳税人领取税务登记证或者注册税务登记证后，应当在其生产、经营场所内明显易见的地方张挂，亮证经营。出县（市）经营的纳税人必须持有所在地国家税务机关填发的"外出经营活动税收管理证明"、税务登记证或者注册税务登记证的副本，向经营地国家税务机关报验登记，接受税务管理。

（2）纳税人办理下列事项时必须持税务登记证副本或者注册税务登记证副本：申请减税、免税、退税、先征税后返还；申请领购发票；申请办理"外出经营活动税收管理证明"；其他有关税务事项。

（3）税务登记证件只限纳税人自己使用，不得转借、涂改、损毁、买卖或者伪造。

（4）纳税人税务登记证件要妥善保管，如有遗失，应当在登报声明作废的同时，及时书面报告主管国家税务机关，经国家税务机关审查处理后，可申请补发新证，并按规定缴付工本管理费。

（二）税务登记的验证、换证

纳税人应当根据国家税务机关的验证或者换证通知，在规定的期限内，持有关证件到主管国家税务机关申请办理验证或者换证手续。

六、违反税务登记规定的法律责任

（一）未按规定办理税务登记的法律责任

纳税人未按照规定申报办理开业税务登记、注册税务登记、变更或者注销税务登记，以及未按规定申报办理税务登记验证、换证的，应当依照主管国家税务机关的通知按期改正。逾期不改正的，由国家税务机关处以 2 000 元以下的罚款；情节严重的处以 2 000 元以上 10 000 元以下的罚款。

（二）未按规定使用税务登记证件的法律责任

纳税人未按规定使用税务登记证件或者转借、涂改、损毁、买卖、伪造税务登记证件的，由国家税务机关处以 2 000 元以下的罚款；情节严重的处以 2 000 元以上 10 000 元以下的罚款。

 ## 第四节　纳税申报

一、纳税申报的对象和期限

（一）纳税申报的对象

下列纳税人或者扣缴义务人、代征人应当按期向主管国家税务机关办理纳税申报或者代扣代缴、代收代缴税款报告、委托代征税款报告：

（1）依法已向国家税务机关办理税务登记的纳税人。他们包括：各项收入均应当纳税的纳税人；全部或部分产品、项目或者税种享受减税、免税照顾的纳税人；当期营业额未达起征点或没有营业收入的纳税人；实行定期定额纳税的纳税人；应当向国家税务机关缴纳企业所得税以及其他税种的纳税人。

（2）按规定不需向国家税务机关办理税务登记，以及应当办理而未办理税务登记的纳税人。

（3）扣缴义务人和国家税务机关确定的委托代征人。

（二）纳税申报的期限

1. 各税种的申报期限

缴纳增值税、消费税的纳税人，以一个月为一期纳税的，于期满后 10 日内申报，以 1、3、5、10、15 日为一期纳税的，自期满之日起 5 日内预缴税款，于次月 1 日起 10 日内申报并结算上月应纳税款。

缴纳企业所得税的纳税人应当在月份或者季度终了后 15 日内，向其所在地主管国家税务机关办理预缴所得税申报；内资企业在年度终了后45日内，外商投资企业和外国企业在年度终了后4个月内向其所在地主管国家税务机关办理所得税申报。

其他税种，税法已明确规定纳税申报期限的，按税法规定的期限申报。

税法未明确规定纳税申报期限的，按主管国家税务机关根据具体情况确定的期限申报。

2. 申报期限的顺延

纳税人办理纳税申报的期限最后一日，如遇公休、节假日的，可以顺延。

3. 延期办理纳税申报

纳税人、扣缴义务人、代收代缴义务人按照规定的期限办理纳税申报或者报送代扣代缴、代收代缴税款报告表、委托代征税款报告表确有困难，需要延期的，应当在规定的申报期限内向主管国家税务机关提出书面延期申请，经主管国家税务机关核准，在核准的期限内办理。纳税人、扣缴义务人、代征人因不可抗力情形，不能按期办理纳税申报或者报送代扣代缴、代收代缴税款或委托代征税款报告的，可以延期办理。但是，应当在不可抗力情形消除后立即向主管国家税务机关报告。

二、纳税申报方式

（一）上门申报

纳税人、扣缴义务人、代征人应当在纳税申报期限内到主管国家税务机关办理纳税申报、代扣代缴、代收代缴税款或委托代征税款报告。

上门申报缴税流程如图9-4所示。

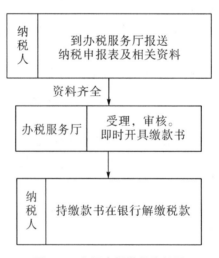

图9-4　上门申报缴税流程图

（二）邮寄申报

邮寄申报，是指经税务机关批准的纳税人使用统一规定的纳税申报特快专递专用信封，通过邮政部门办理交寄手续，并向邮政部门索取收据作为申报凭据的方式。

纳税人采取邮寄方式办理纳税申报的，应当使用统一的纳税申报专用信封，并以邮政部门的收据作为申报凭据。邮寄申报以寄出的邮戳日期为实际申报日期。

（三）数据电文申报

数据电文，是指经税务机关确定的电话语音、电子数据交换和网络传输等电子方式。例如目前纳税人的网上申报，就是数据电文申报方式的一种形式。

以数据电文方式办理纳税申报的，以税务机关计算机网络系统收到该数据电文的时间为申报日期。

网上申报缴税流程如图9-5所示。

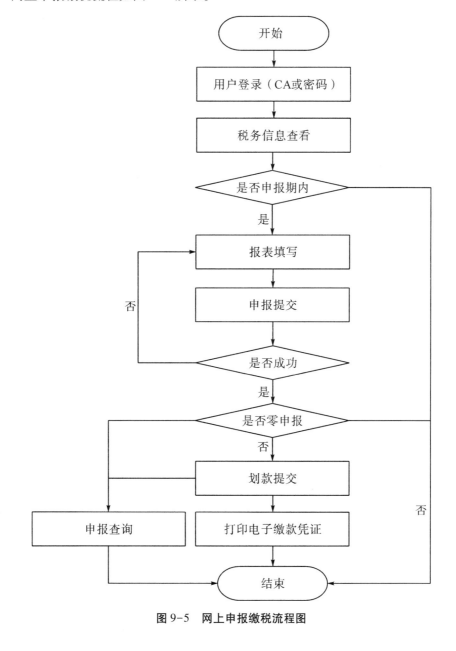

图9-5　网上申报缴税流程图

纳税人邮寄或电传申报的须填写邮寄（电子）申报申请审批表，如表9-9所示。

表 9-9 　　　　　　（HD011）**邮寄（电子）申报申请审批表**

纳税人识别号：☐☐☐☐☐☐☐☐☐☐☐☐☐☐☐☐☐☐

纳税人名称：

邮政编码		联系电话	
生产经营地址		填表日期	
申请期限			
申请邮寄（电子）申报的报表名称			
申请邮寄（电子）申报的理由： （签章） 法定代表人（负责人）　　　　办税人员：　　　　　年　　月　　日			
主管税务机关意见： （公章） 税务所所长：　　　　　经办人：　　　　　年　　月　　日			

注：（1）本表一式一份，由税务机关留存。

　　（2）本表为A4竖式。

（四）现场申报

对临时取得应税收入以及在市场内从事经营的纳税个人，经主管国家税务机关批准，可以在经营现场口头向主管国家税务机关（人员）申报。

三、纳税申报的要求

（一）领取并填写税收申报表

纳税人、扣缴义务人、代收代缴义务人应当到当地国家税务机关购领纳税申报表或者代扣代缴、代收代缴税款报告表、委托代征税款报告表，按照表格内容全面、如实填写，并按规定加盖印章。

（二）纳税人办理纳税申报时应提供的有关资料

纳税人办理纳税申报时，应根据不同情况提供下列有关资料和证件：

（1）财务、会计报表及其说明材料；

（2）增值税专用发票领、用、存月报表，增值税销项税额和进项税额明细表；

（3）增值税纳税人先征税后返还申请表；

（4）外商投资企业超税负返还申请表；

（5）与纳税有关的经济合同、协议书、联营企业利润转移单；

（6）未建账的个体工商户，应当提供收支凭证粘贴簿、进货销货登记簿；

（7）外出经营活动税收管理证明；

（8）境内或者境外公证机构出具的有关证明文件；

（9）国家税务机关规定应当报送的其他证件、资料。

（三）扣缴义务人或者代收代缴义务人申报纳税

扣缴义务人或者代收代缴义务人应当按照规定报送代扣代缴、代收代缴税款的报告表或者委托代征税款报告表，代扣代缴、代收代缴税款或者委托代征税款的合法凭证，与代扣代缴、代收代缴税款或者委托代征税款有关的经济合同、协议书。

四、违反纳税申报规定的法律责任

（1）纳税人未按照规定的期限办理纳税申报的，或者扣缴义务人、代收代缴义务人未按照规定的期限向国家税务机关报送代扣代缴、代收代缴税款报告表的，由国家税务机关责令限期改正，并可以处以 2 000 元以下的罚款；逾期不改正的，可以处以 2 000 元以上 10 000 元以下的罚款。

（2）一般纳税人不按规定申报并核算进项税额、销项税额和应纳税额的，除按前款规定处罚外，在一定期限内还可取消其进项税额抵扣资格和专用发票使用权，其应纳增值税，一律按销售额和规定的税率计算征税。

第五节 税款缴纳

一、税款缴纳与支付的方式

（一）税款缴纳方式

纳税人应当按照主管国家税务机关确定的征收方式缴纳税款。税款缴纳的方式主要有自核自缴、申报核实缴纳、申报查定缴纳和定额申报缴纳四种。

1. 自核自缴

生产经营规模较大、财务制度健全、会计核算准确、一贯依法纳税的企业，经主管国家税务机关批准，企业依照税法规定，自行计算应纳税款，自行填写、审核纳税申报表，自行填写税收缴款书（如表9-9所示），到开户银行解缴应纳税款，并按规定向主管国家税务机关办理纳税申报并报送纳税资料和财务会计报表。

2. 申报核实缴纳

生产经营正常，财务制度基本健全，账册、凭证完整，会计核算较准确的企业，依照税法规定计算应纳税款，自行填写纳税申报表，按照规定向主管国家税务机关办理纳税申报，并报送纳税资料和财务会计报表。经主管国家税务机关审核，并填开税收缴款书，纳税人按规定期限到开户银行缴纳税款。

3. 申报查定缴纳

财务制度不够健全、账簿凭证不完备的固定业户，应当如实向主管国家税务机关办理纳税申报并提供其生产能力、原材料、能源消耗情况及生产经营情况等，经主管国家税务机关审查测定或实地查验后，填开税收缴款书或者完税证，纳税人按规定期限到开户银行或者税务机关缴纳税款。

4. 定额申报缴纳

生产经营规模较小、确无建账能力或者账证不健全、不能提供准确纳税资料的固定业户，按照国家税务机关核定的营业（销售）额和征收率，按规定期限向主管国家税务机关申报缴纳税款。纳税人实际营业（销售）额与核定额相比升降幅度在20%以内的，仍按核定营业（销售）额计算申报缴纳税款；对当期实际营业（销售）额上升幅度超过20%的，按当期实际营业（销售）额计算申报缴纳税款；当期实际营业（销售）额下降幅度超过20%的，当期仍按核定营业（销售）额计算申报缴纳税款，经主管国家税务机关调查核实后，其多缴税款可在下期应纳税款中予以抵扣。需要调整定额的，向主管国家税务机关申请调升或调降定额。但是对定额的调整规定不适用实行起点定额或保本定额缴纳税款的个体工商户。

（二）税款支付的方式

1. 转账支付

转账支付是指纳税人根据税务机关填制的缴款书通过开户银行转账缴纳税款的

方式。

2. 专用信用卡支付

专用信用卡支付是指纳税人用信用卡缴纳税款的方式。

3. 现金支付

现金支付是指纳税人用现金缴纳税款的方式。

二、税款缴纳流程

（一）自核自缴式税款缴纳流程

1. 自核自缴式税款缴纳

自核自缴式，是一种由纳税人自行计税、自行填票、自行缴款的税款缴纳方式，其核心是税收缴款书由纳税人自行填写。该方式的报税程序如图9-6所示。

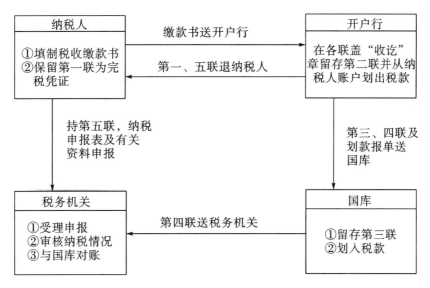

图9-6　自核自缴流程图

2. 自核自缴式税款缴纳具体操作程序

（1）企业领取税收缴款书（如表9-10所示），按表中项目自行计算应纳税款，并逐项填写，一式五联。

（2）企业将税收缴款书送开户银行。

（3）银行收到税收缴款书后，在缴款书的各联加盖"收讫"的印章，并当即将第一联（收据联）和第五联（报查联）退回给小企业经办人，留存第二联（支付凭证联），并从企业账户中划出税款；同时将第三联（收款凭证联）和第四联（回执联）及划款报单送国库。

（4）国库留存第三联作为国库的收入凭证，表示税款已经入库，将第四联随预算收入日报表退回同级税务机关，作为税务机关掌握税款入库的凭证。

（5）企业保存第一联为完税凭证，并持第五联和纳税申报表及相关资料到税务机关申报。

（6）税务机关受理小企业的纳税申报，审核纳税情况，并与国库对账。

表 9-10　　　　　　　　中华人民共和国税收缴款书

隶属关系：　　　　　　　　　　　　　　　　　　　　　　（　）国缴　　号

经济类型：　　　　　填发日期：　　年　月　日　　　　征收机关：

缴款单位（人）	识别号		预算科目	款	
	全　称			项	
	开户银行			级次	
	账　号		收缴国库		

| 税款所属时期　年 月 日 | | | 税款限缴日期　年 月 日 | | |

品目名称	课税数量	计税金额或销售收入	税率或单位税额	已缴或扣除额	实缴金额
金额合计	（大写）亿 仟 佰 拾 万 仟 佰 拾 元 角 分				

| 缴款单位（人）（盖章）　　经办人（章） | 税务机关（盖章）　　填票人（章） | 上列款项已收妥并划转收款单位账户国库（银行）（盖章）　　年　月　日 | 备注 |

（左侧竖排）无银行收讫章无效

（右侧竖排）第一联（收据）国库经收处收款盖章后退缴款单位人作完税凭证

第二联

| 缴款单位（人）（盖章）　　经办人（章） | 税务机关（盖章）　　填票人（章） | 上列款项已从缴款单位（人）账户支付并划转收款单位账户　　国库（银行）（盖章）　　年　月　日 | 会计分录　借方：　贷方：　转账日期　　年　月　日　复核员　记账员 | 备注： |

逾期不缴按税法规定加收滞纳金

第三联

缴款单位（人） （盖章） 经办人（章）	税务机关 （盖章） 填票人（章）	上列款项已收入收款 单位账户 国库（银行）（盖章） 年　月　日	会计分录 借方： 贷方： 复核员　记账员	备注：

逾期不缴按税法规定加收滞纳金

第四联

缴款单位（人） （盖章） 经办人（章）	税务机关 （盖章） 填票人（章）	上列款项已核收记入收款单位账户 国库（银行）盖章　　　年　月　日	备注：

逾期不缴按税法规定加收滞纳金

第五联

缴款单位（人） （盖章） 经办人（章）	税务机关 （盖章） 填票人（章）	上列款项已被收记入收款单位账户 国库（银行）盖章　　　年　月　日	备注：

逾期不缴按税法规定加收滞纳金

第六联

缴款单位（人） （盖章） 经办人（章）	税务机关 （盖章） 填票人（章）	上列款项已核收记入收款单位账户 国库（银行）盖章　　　年　月　日	备注：

逾期不缴按税法规定加收滞纳金

（二）自报核缴式税款缴纳流程

自报核缴式，又称税务机关开票式，这是目前运用最广的税款缴纳方式。该方式是以税务机关根据纳税人的纳税申报表填开税收缴款书为核心进行的，其程序如图 9-7 所示。

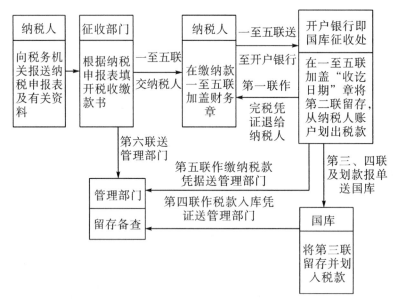

图 9-7　自报核缴流程图

自报核缴式税款缴纳具体操作程序如下：

（1）企业领取纳税申报表并按表中项目逐项填写。

（2）企业到基层税务机关送交纳税申报表，基层税务机关根据纳税申报表填开一式六联的税收缴款书，将第六联（存根联）留存，并将其余五联全部交企业。

（3）企业在缴款书各联上加盖企业的财务专用章后，自行送上开户银行。如果是用现金缴纳的，还应当将现金送指定银行。

（4）银行收到税收缴款书后，在缴款书的各联加盖"收讫"的印章，并当即将第一联（收据联）退回给企业经办人，作为企业的完税凭证；第二联（支付凭证联）代替支票由开户银行留存，作为缴款人存款账户的支付凭证或现金收入传票；银行将第三联（收款凭证联）和第四联（回执联）与银行划款报单一起上划其管辖支行，再由支行当天划转国库，第三联作为国库的收入凭证，表示税款已经入库，第四联由国库将其随预算收入日报表退回同级税务机关，作为税务机关掌握税款入库的凭证；第五联（报查联）直接由开户银行退送基层税务机关，作为基层税务机关掌握各个纳税人税款入库的凭证。

（三）银行信用卡缴税方式

银行信用卡缴税方式，是指纳税人必须按照税务机关的要求到指定银行提前存入足额的款项，然后携带"储蓄卡""纳税卡"、纳税申报表和有关纳税资料到税务机关办理纳税手续的缴税方式。其报税程序如图 9-8 所示。

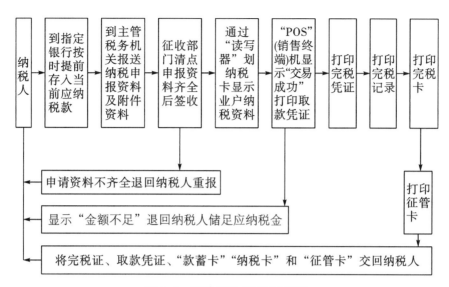

图9-8　银行信用卡缴税流程图

银行信用卡缴税具体操作程序如下：

（1）企业经办人员到税务机关指定的银行，提前存入当期的应纳税款。

（2）企业经办人员到主管税务机关报送纳税申报资料及附件资料。

（3）税务机关征收部门审核申报资料，初审合格签收，不齐全的退回，企业重报。

（4）通过"读写器"划"纳税卡"，显示纳税人的纳税资料。

（5）通过"POS"机划储蓄卡显示"交易成功"，则打印取款凭证；若显示"余额不足"，税务机关则将储蓄卡退回纳税人，待存足款项后再办理。

（6）通过电脑打印完税凭证和打印征管卡。

 **思考题**

1. 我国目前主要的税种有哪些？

2. 出纳人员如何办理变更税务登记？

3. 我国目前纳税申报的方式有哪些？

4. 我国目前税款缴纳的方式有哪些？

讨论题

出纳人员在工作中可能会参与哪些税务事项？应当掌握哪些知识和技能才能正确办理各种税务事项？

实验项目

实验项目名称：网上报税

（一）实验目的及要求

通过本实验掌握网上报税基本技能。

要求同学们至少完成一种税的网上报税全部操作过程。

（二）实验设备、资料

1. 计算机。

2. 企业税收资料。

（三）实验内容与步骤

1. 将同学们按每 5 位一组进行分组，每组同学准备一套企业税收资料。

2. 登录四川省地方税务局网上申报系统。

3. 用户登录。

4. 纳税申报：

（1）征期内申报缴款提示；

（2）申报表填写；

（3）申报提交；

（4）划款提交；

（5）申报查询；

（6）申报期内补报；

（7）划款状态查询；

（8）打印电子缴款凭证。

（四）实验结果（结论）

1. 了解网上报税的基本知识。

2. 熟悉网上报税的基本程序。

3. 掌握网上报税的基本方法与技巧。

第十章 票据和结算凭证式样

第一节 银行汇票及相关凭证式样

一、银行汇票

银行汇票一式四联，式样如图 10-1、图 10-2、图 10-3、图 10-4、图 10-5 所示。

图 10-1 银行汇票第一联

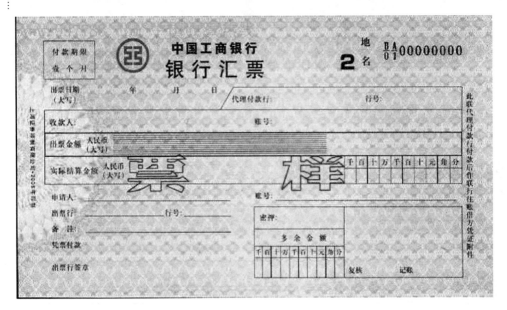

图 10-2　银行汇票第二联

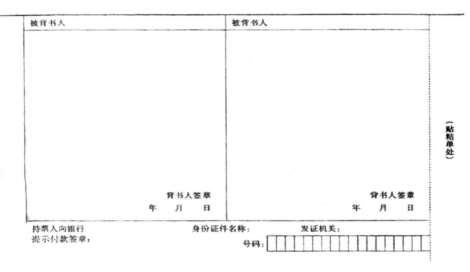

图 10-3　银行汇票第二联背面

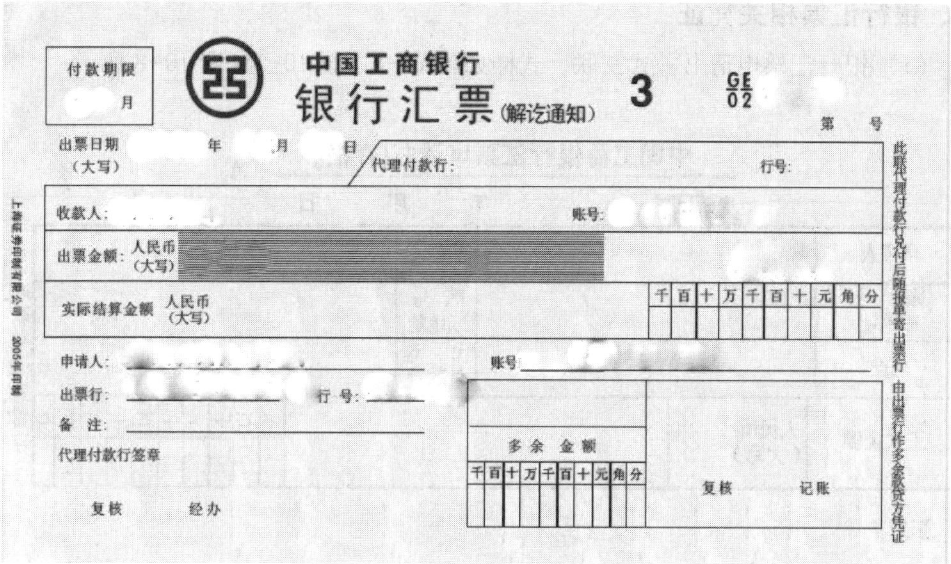

图 10-4 银行汇票第三联

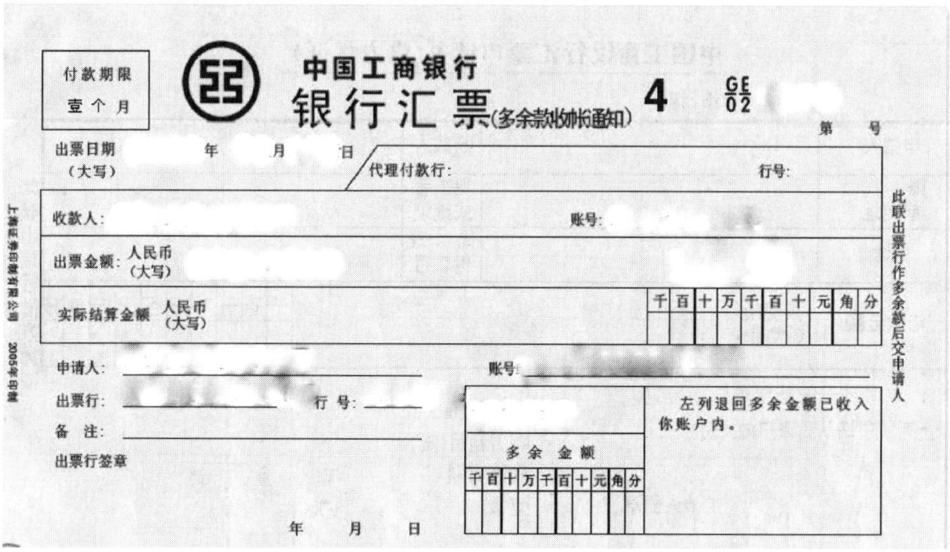

图 10-5 银行汇票第四联

二、银行汇票相关凭证

（1）银行汇票申请书一式三联，式样如图 10-6、图 10-7、图 10-8 所示。

中国工商银行汇票申请书(存根)　　第　　　　号

申请日期　　　　年　　月　　日

申请人		收款人	
账　号 或地址		账　号 或地址	
用途		代　理 付款行	
汇款金额	人民币 （大写）		千 百 十 万 千 百 十 元 角 分

此联申请人留存

备注：

图 10-6　银行汇票申请书第一联

中国工商银行汇票申请书(借方凭证)　　第　　　　号

申请日期　　　　年　　月　　日

申请人		收款人	
账　号 或地址		账　号 或地址	
用途		代　理 付款行	
汇款金额	人民币 （大写）		千 百 十 万 千 百 十 元 角 分

此联出票行借方凭证

上列款项请从我账户内支付

申请人盖章

科　目(借)
对方科目(贷)
转账日期　　　　年　　月　　日
复核　　　　记账

图 10-7　银行汇票申请书第二联

中国工商银行汇票申请书(贷方凭证)　第　　　号

申请日期　　　年　月　日

申请人		收款人		千	百	十	万	千	百	十	元	角	分
账　号 或地址		账　号 或地址											
用途		代　理 付款行											
汇款金额	人民币 (大写)												

备注:

科　目(借)
对方科目(贷)
转账日期　　　年　月　日
复核　　　　　记账

此联出票行作汇出汇款贷方凭证

图 10-8　银行汇票申请书第三联

（2）粘单式样如图 10-9 所示。

粘单

被背书人	被背书人
背书人签章 年　月　日	背书人签章 年　月　日

图 10-9　粘单

（3）挂失止付通知书式样如图 10-10 所示。

挂失止付通知书　1

填写日期　　年　　月　　日

挂失止付人：		票据种类	
票据丧失时间：	丧失票据记载的主要内容	号　码	
票据丧失地点：		金　额	
票据丧失事由：		付款人	
		收款人	
		出票日期	
		付款日期	
		挂失止付人联系地址(电话)：	
失票人签章 年　月　日			

此联是银行给挂失止付人的受理回单

图 10-10　挂失止付通知书

（4）银行汇票挂失电报格式式样如图 10-11 所示。

××银行　**银行汇票挂失电报格式**

收报行行号 即电报挂号	收报行 地名	事　由	汇票号码	收款人	出票 金额	出票日期	通　知 止付人	发报行 行　号
××××	△△	汇票挂失	××××	△△△	（　）	（　　）	△△△	××× ×　×

图 10-11　银行汇票挂失电报

● 第二节　商业汇票及相关凭证式样

一、商业承兑汇票

商业承兑汇票一式三联，式样如图 10-12、图 10-13、图 10-14、图 10-15 所示。

图 10-12　商业承兑汇票第一联

图 10-13　商业承兑汇票第二联正面

被背书人	被背书人	被背书人	（贴粘单处）
背书人签章 年　月　日	背书人签章 年　月　日	背书人签章 年　月　日	

图 10-14　商业承兑汇票第二联背面

商 业 承 兑 汇 票 (存根)　3　　汇票号码

出票日期　　　　　年　　月　　日
（大写）　　　　　　　　　　　　　　第　号

付款人	全　称			收款人	全　称			此联出票人存查
	账　号				账　号			
	开户银行		行号		开户银行		行号	
出票金额	人民币 （大写）					千百十万千百十元角分		
汇票到期日				交易合同号码				
备注：								

图 10-15　商业承兑汇票第三联

二、银行承兑汇票

银行承兑汇票一式三联，式样如图 10-16、图 10-17、图 10-18 所示。

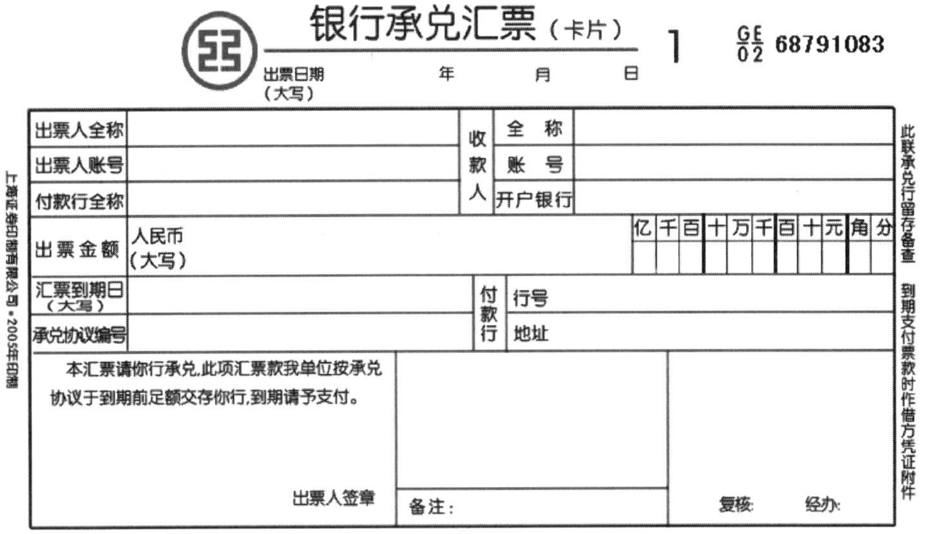

图 10-16　银行承兑汇票第一联

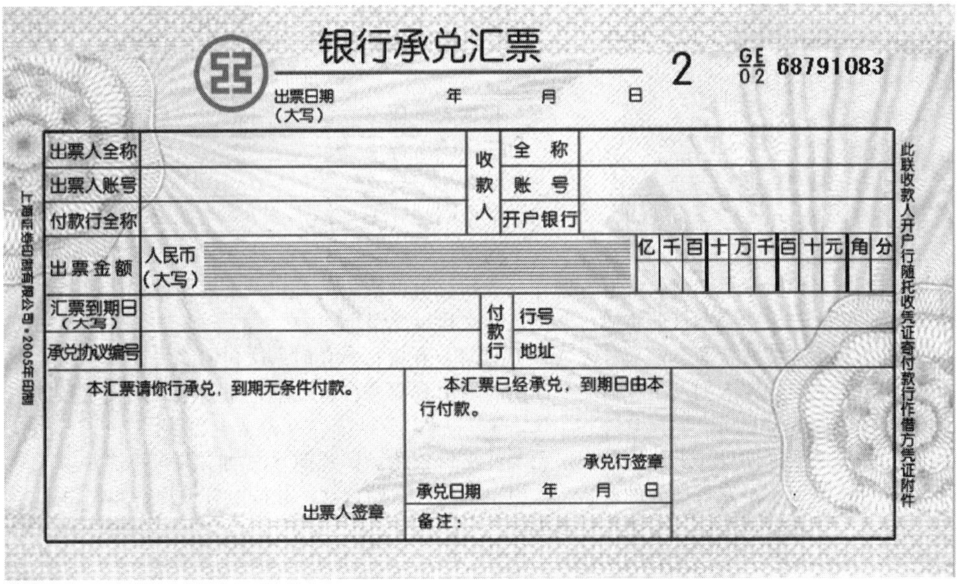

图 10-17　银行承兑汇票第二联正面

银行承兑汇票第二联背面与商业承兑汇票第二联背面相同，如图 10-14 所示。

银行承兑汇票（存根） 3 GE 02 68791083

出票日期 年 月 日
（大写）

出票人全称		收款人	全 称	
出票人账号			账 号	
付款行全称			开户银行	

| 出票金额 | 人民币（大写） | | 亿 千 百 十 万 千 百 十 元 角 分 |

| 汇票到期日（大写） | | 付款行 | 行号 | |
| 承兑协议编号 | | | 地址 | |

备注：　　　　　　　　　　　　　　复核：　　经办：

此联由出票人存查

图 10-18　银行承兑汇票第三联

三、商业汇票相关凭证

（1）银行承兑协议一式三联，式样如图 10-19 所示。

银 行 承 兑 协 议　1

编号：_____

银行承兑汇票的内容：

出票人全称_____　收款人全称_____
开 户 银 行_____　开 户 银 行_____
账　　　　号_____　账　　　　号_____
汇票号码_____　汇票金额（大写）_____
出票日期____年____月___日　到期日期____年____月___日

以上汇票经银行承兑，出票人愿意遵守《支付结算办法》的规定及下列条款：

一、出票人于汇票到期日前将应付票款足额交存承兑银行。

二、承兑手续费按票面金额千分之（　）计算，在银行承兑时一次付清。

三、出票人与持票人如发生任何交易纠纷，均由其双方自行处理，票款于到期前仍按第一条办理不误。

四、承兑汇票到期日，承兑银行凭票无条件支付票款。如到期日之前出票人不能足额交付票款时，承兑银行对不足支付部分的票款转作出票申请人逾期贷款，并按照有关规定计收罚息。

五、承兑汇票款付清后，本协议自动失效。

承兑银行盖章　　　　　　　　　出票人签章

订立承兑协议日期_____年_____月_____日

此联出票人存执一联，在"银行承兑协议"之后，第二联加印 2，第三联加印（副本）字样。

图 10-19　银行承兑协议第一联

（2）贴现凭证一式五联，式样如图 10-20 和图 10-21 所示。

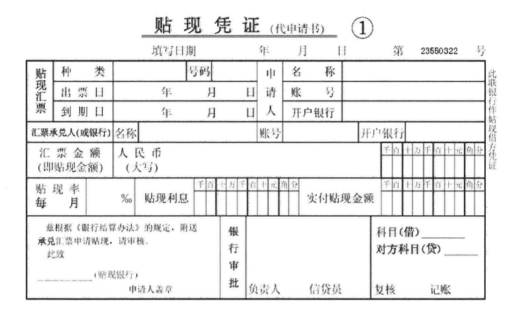

图 10-20　贴现凭证第一联

图 10-21　贴现凭证第二联

（3）承兑汇票申请书一式三联，式样如图 10-22 所示。

银行
承兑汇票申请书

编号：

我单位遵守中国人民银行《商业汇票办法》的一切规定，向贵行申请承兑。票据内容如下：

申请单位全称		开户银行全称		账号	
汇票号码					
汇票金额(大写)					
出票日期(大写)					
汇票到期日(大写)					
承兑单位或承兑银行					
收款人资料 收款人全称					
收款人开户行					
收款人账户					
申请承兑合计金额					

申请承兑的原因和用途：

申请单位　　　　　　　　　　　　　法人代表

（公章）　　　　　　　　　　　　　签　章：

　　　　　　　　　　　　　　　　　年　月　日

第一联：人民银行留存

注：本申请书一式叁份，两份提交银行，壹份由申请单位自留。

图 10-22　承兑汇票申请书第一联

第三节　银行本票及相关凭证式样

一、银行本票

银行本票一式两联，式样如图 10-23 和图 10-24 所示。

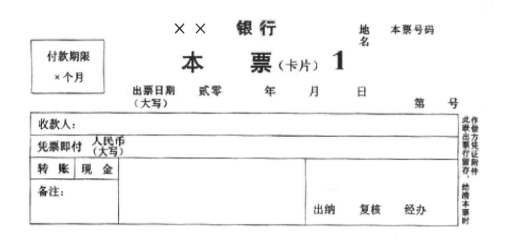

图 10-23　银行本票第一联

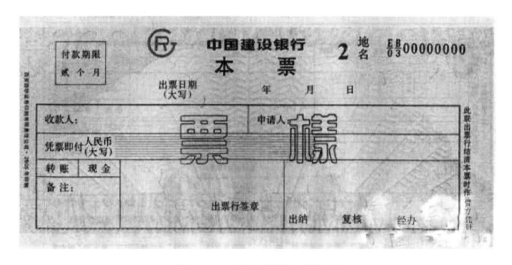

图 10-24　银行本票第二联正面

银行本票第二联背面与银行汇票第二联背面相同。

二、本票申请书

本票申请书一式三联，式样如图 10-25 和图 10-26 所示。

本票申请书（存根）　　　　第　　　　号

申请日期　　年　　月

申请人		收款人		此联申请人留存
账 号 或地址		账 号 或地址		
用途		代 理 付款行		
申请金额	人民币（大写）		千百十万千百十元角分	

备注：

图 10-25　银行本票申请书第一联

本票申请书(贷方凭证)　　　　第　　　　号

申请日期　　年　　月　　日

申请人		收款人		此联出票行作贷方凭证
账 号 或地址		账 号 或地址		
用途		代 理 付款行		
申请金额	人民币（大写）		千百十万千百十元角分	

备注：

科　目(借)＿＿＿＿＿＿＿＿
对方科目(贷)＿＿＿＿＿＿＿＿
转账日期　　　年　　　月　　　日
复核　　　　　记账

图 10-26　银行本票申请书第二联

第四节　支票及相关凭证式样

一、现金支票

现金支票式样如图 10-27 和图 10-28 所示。

274

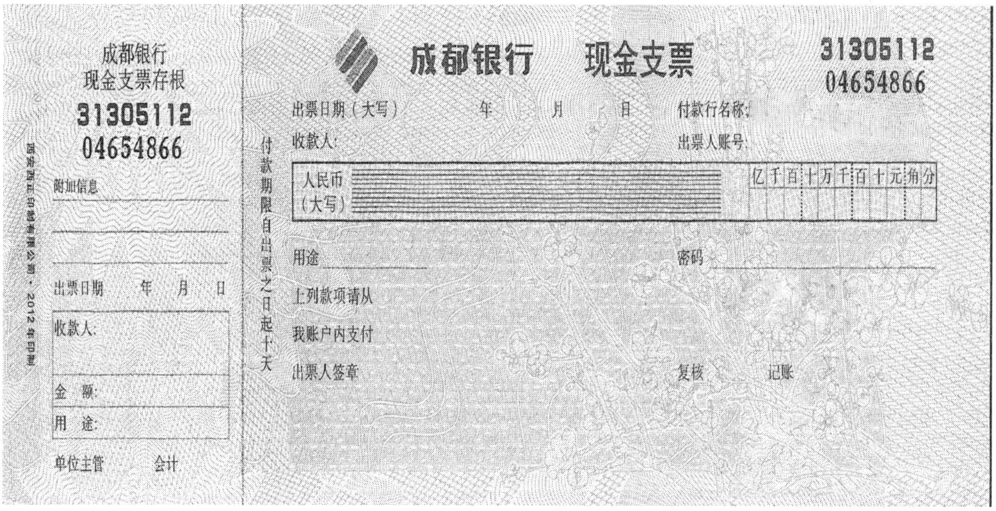

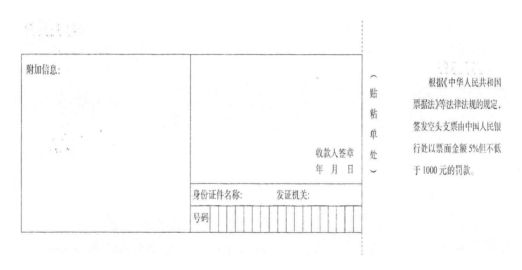

图 10-27 现金支票正面

图 10-28 现金支票背面

二、转账支票

转账支票式样如图 10-29 和图 10-30 所示。

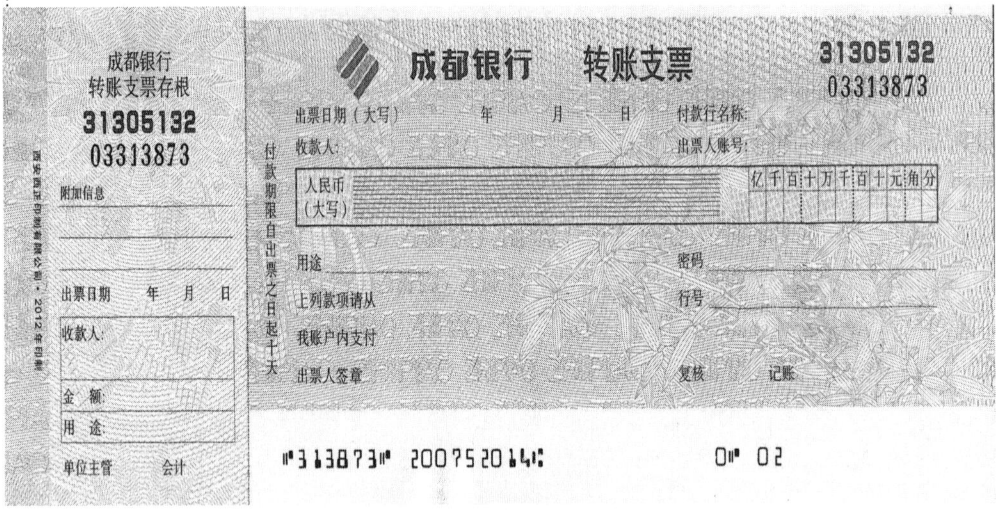

图 10-29　转账支票正面

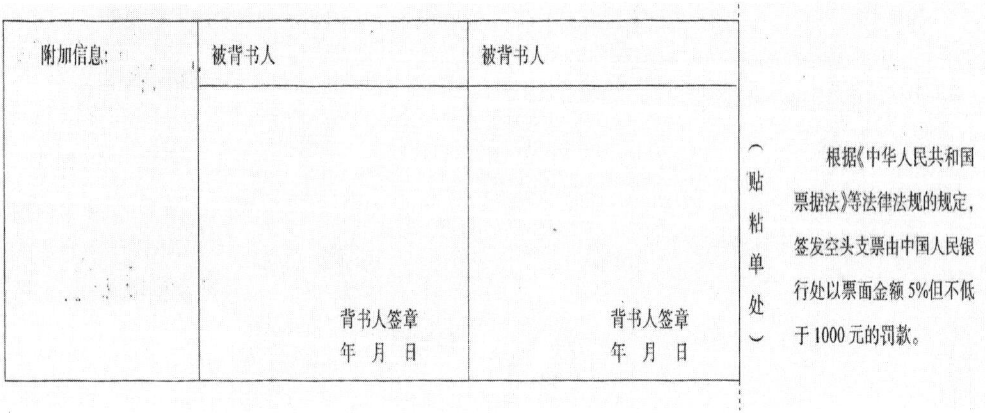

图 10-30　转账支票背面

三、普通支票

普通支票正面式样如图 10-31 所示，普通支票背面与转账支票背面相同。

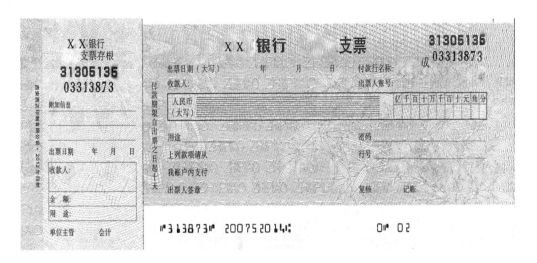

图 10-31　普通支票正面

四、进账单

进账单一式三联，式样如图 10-32、图 10-33、图 10-34 所示。

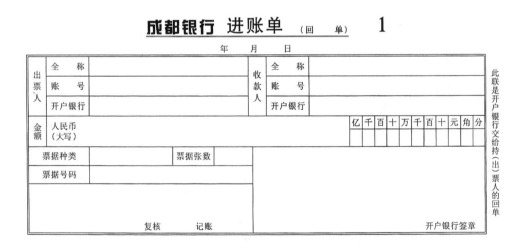

图 10-32　进账单第一联

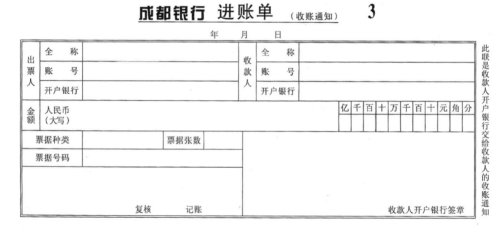

成都银行 进账单 (贷方凭证) **2**

图 10-33 进账单第二联

成都银行 进账单 (收账通知) **3**

图 10-34 进账单第三联

● 第五节 信用卡及相关凭证式样

一、汇计单

汇计单一式三联，式样如图 10-35 所示。

（行徽） × × 银行

× ×卡

汇计单

特约单位名称、代号

————————————

编号 0000000

日 期 _____

签购单总份数 _____ 份

总计金额（¥）

手续费 _____ %

净计金额（¥）

第一联：银行盖章后退特约单位作交费收据

图 10-35 汇计单第一联

二、签购单

（1）签购单封面式样如图 10-36 所示。

（行徽） × × 银 行

× ×卡

签购单

注 意

1. 核对信用卡有效期限。

2. 核对信用卡号码是否被列入"止付名单"。

3. 将信用卡上资料压印在签购单上并检查是否清晰。

4. 填明收款单位名称、交易金额、日期、摘要及身份证号码。

5. 核对持卡人签名及身份证件。

6. 如索要授权，请将授权号码填入有关栏目。

编号 0000000 在压卡前请勿将此页撕去

图 10-36 签购单封面

（2）签购单一式四联，式样如图 10-37 所示。

持卡人姓名及账号		编号 0000000	第一联：代理行给持卡人的回单
		××银行 **（英文缩写）** ×× **卡** 签购单	
证件	持卡人签名		
授权号码	日 期		
特约单位名称、代号		人民币	
	存款金额（小写）		
银行盖单	手续费（小写）		
请持卡人妥善保管	交款金额（大写）		

主管   复核   记账

图 10-37　签购单第一联

三、取现单

（1）取现单封面式样如图 10-38 所示。

（行徽）　×　×　**银 行**

注　意

1. 核对信用卡有效期限。
2. 核对信用卡号码是否被列入"止付名单"。
3. 将信用卡上资料压印在取现单上并检查是否清晰。
4. 填明代理行名称、取现金额、日期、摘要及身份证件号码。
5. 核对持卡人签名及身份证件。
6. 如索要授权，请将授权号码填入有关栏目。

×× **卡**

取现单

编号　0000000　　**在压卡前请勿将此页撕去**

图 10-38　取现单封面

（2）取现单一式四联，式样如图 10-39 所示。

图 10-39　取现单第一联

四、存款单

（1）存款单封面式样如图 10-40 所示。

（行徽）　×　×　银　行

× × 卡
存款单

编号　0000000

注　意

1. 核对信用卡有效期限。
2. 将信用卡上资料压印在存款单上并检查是否清晰。
3. 填明代理行名称、存款金额、日期及摘要。
4. 核对持卡人签名。
5. 如不压卡，请将有关内容填写正确。

在压卡前请勿将此页撕去

图 10-40　存款单封面

（2）存款单一式四联，式样如图 10-41 所示。

图 10-41 存款单第一联

五、转账单

（1）转账单封面式样如图 10-42 所示。

（行徽） × × 银 行

注 意

1、核对信用卡有效期限。

2、核对信用卡号码是否被列入"止付名单"。

3、将信用卡上资料压印在转账单上并检查是否清晰。

4、填明收款单位名称、账号、开户银行、交易金额、日期、摘要及身份证件号码。

5、核对持卡人签名及身份证件。

6、如索要授权，请将授权号码填入有关栏目。

××卡

转账单

编号 0000000   **在压卡前请勿将此页撕去**

图 10-42 转账单封面

（2）转账单一式四联，式样如图 10-43 所示。

<table>
<tr><td colspan="3">持卡人姓名及账号</td><td colspan="4" rowspan="3">编号 0 000000 0
××银行
（英文缩写）
××卡转账单</td></tr>
<tr><td colspan="2">证 件</td><td>持卡人签名</td></tr>
<tr><td colspan="2">授权号码</td><td>日 期</td></tr>
<tr><td colspan="2" rowspan="3">受理银行名称、代号</td><td rowspan="3">收款单位</td><td>全称</td><td colspan="3"></td></tr>
<tr><td>账号</td><td colspan="3"></td></tr>
<tr><td>开户银行</td><td></td><td>行号</td><td></td></tr>
<tr><td rowspan="2">摘要</td><td rowspan="2">银行盖章
请持卡人妥善保管</td><td rowspan="2"></td><td rowspan="2">金额</td><td>小写</td><td colspan="2"></td></tr>
<tr><td>大写</td><td colspan="2"></td></tr>
</table>

第一联：发卡银行给持卡人回单

主管 复核 记账

图 10-43 转账单第一联

第六节 汇兑结算凭证式样

一、汇兑结算

（1）信汇结算凭证一式四联，式样如图 10-44 所示。

××银行信汇凭证（回单） 1

委托日期 年 月 日

<table>
<tr><td rowspan="3">汇款人</td><td>全称</td><td colspan="2"></td><td rowspan="3">收款人</td><td>全称</td><td colspan="2"></td></tr>
<tr><td>账号</td><td colspan="2"></td><td>账号</td><td colspan="2"></td></tr>
<tr><td>汇出地点</td><td>省</td><td>市/县</td><td>汇入地点</td><td>省</td><td>市/县</td></tr>
<tr><td colspan="2">汇出行名称</td><td colspan="3"></td><td colspan="3"></td></tr>
<tr><td>金额</td><td colspan="5">人民币
（大写）</td><td colspan="2">亿 千 百 十 万 千 百 十 元 角 分</td></tr>
<tr><td colspan="4" rowspan="2">汇出行签章</td><td colspan="2">支付密码</td><td colspan="2"></td></tr>
<tr><td colspan="4">附加信息及用途

复核 记账</td></tr>
</table>

此联汇出行给汇款人的回单

图 10-44 信汇结算凭证第一联

（2）电汇结算凭证一式四联，式样如图 10-45 所示。

图 10-45　电汇结算凭证第一联

二、支付结算通知（查询查复）书

支付结算通知（查询查复）书一式四联，式样如图 10-46 所示。

说明：本联作支付结算通知书时，将"查询查复"字样划去；作查询书时，将"通知"、"查复"字样划去；作查复书时，将"通知"、"查询"字样划去。

图 10-46　支付结算通知（查询查复）书

第七节　托收承付和委托收款结算凭证式样

一、托收凭证

托收凭证一式五联，式样如图 10-47 至图 10-51 所示。

图 10-47　托收凭证第一联

托收凭证 （贷方凭证）2

委托日期　　年　月　日

业务类型	委托收款(□邮划、 □电划) 托收承付 (□邮划、 □电划)																		
付款人	全　称							收款人	全　称										
	账　号								账　号										
	地　址	省	市县	开户行				地　址	省	市县	开户行							
金额	人民币 (大写)										亿	千	百	十	万	千	百	十	元	角	分
款项内容		托收凭据名　称		附寄单证张数		
商品发运情况		合同名称号码		
备注：	上列款项随附有关债务证明,请予办理。
收款人开户银行收到日期 年 月 日	
	收款人签章　　　　复核　　记账

此联收款人开户银行作贷方凭证

图 10-48　托收凭证第二联

托收凭证 （借方凭证）3

委托日期　　年　月　日　　　　　付款期限　　年　月　日

业务类型	委托收款(□邮划、 □电划) 托收承付 (□邮划、 □电划)																		
付款人	全　称							收款人	全　称										
	账　号								账　号										
	地　址	省	市县	开户行				地　址	省	市县	开户行							
金额	人民币 (大写)										亿	千	百	十	万	千	百	十	元	角	分
款项内容		托收凭据名　称		附寄单证张数		
商品发运情况		合同名称号码		
备注：	
付款人开户银行收到日期 年 月 日	收款人开户银行签章 年 月 日
	复核　　记账

此联付款人开户银行作借方凭证

图 10-49　托收凭证第三联

托收凭证 （汇款依据或收账通知） 4

委托日期　　年　月　日　　　　　付款期限　　年　月　日

业务类型	委托收款（□ 邮划、□ 电划） 托收承付（□ 邮划、□ 电划）															
付款人	全称				收款人	全称										
	账号					账号										
	地址	省 市县 开户行				地址	省 市县 开户行									
金额	人民币（大写）			亿	千	百	十	万	千	百	十	元	角	分		
款项内容		托收凭据名称			附寄单证张数											
商品发运情况			合同名称号码													
备注：　　　　复核　　记账	上列款项已划回收入你方账户内　　　　　　　收款人开户银行签章　　年　月　日															

此联付款人开户银行凭以汇款或收款人开户银行作收账通知

图 10-50　托收凭证第四联

托收凭证 （付款通知） 5

委托日期　　年　月　日　　　　　付款期限　　年　　月　　日

业务类型	委托收款（□ 邮划、□ 电划） 托收承付（□ 邮划、□ 电划）															
付款人	全称				收款人	全称										
	账号					账号										
	地址	省 市县 开户行				地址	省 市县 开户行									
金额	人民币（大写）			亿	千	百	十	万	千	百	十	元	角	分		
款项内容		托收凭据名称			附寄单证张数											
商品发运情况			合同名称号码													
备注：　付款人开户银行收到日期　　年　月　日　　复核　　记账	付款人开户银行签章　　年　月　日	付款人注意：1.根据支付结算办法，上列委托收款（托收承付）款项在付款期限内未提出拒付，即视为同意付款，以此代付款通知。2.如需提出全部或部分拒付，应在规定期限内，将拒付理由书并附债务证明退交开户银行。														

此联付款人开户银行给付款人按期付款通知

图 10-51　托收凭证第五联

二、托收承付（委托收款）结算全部（部分）拒绝付款理由书

托收承付（委托收款）结算全部（部分）拒绝付款理由书一式四联，式样如图 10-52 所示。

托收承付／委托收款 结算 全部／部分 拒绝付款理由书（回单或付款通知） 1

拒付日期　年　月　日　　　　原托收号码：

付款人	全称			收款人	全称			
	账号				账号			
	开户银行		行号		开户银行		行号	

托收金额		拒付金额		部分付款金额	千 百 十 万 千 百 十 元 角 分
附寄单证	张	部分付款金额（大写）			
拒付理由：				付款人盖章	

此联是银行给付款人的回单或付款通知

图 10-52　托收承付（委托收款）结算全部（部分）拒绝付款理由书第一联

三、应付账款证明单

应付账款证明单一式两联，式样如图 10-53 所示。

应付账款证明单

年　月　日　　　　　　　　第　号

付款人名称		收款人名称	
单证名称		单证编号	
单证日期		单证内容	
单证未退回原因		我单位应付款项：人民币（大写）	
			付款人盖章

注：一式两联。第二联付款人留存作为应付款项的凭据。

图 10-53　应付账款证明单

参考文献

1. 中华人民共和国财政部. 企业会计准则——应用指南［M］. 北京：中国财政经济出版社，2006.

2. 中国人民银行支付结算司. 中国支付结算制度汇编［M］. 北京：长安出版社，2009.

3. 国务院法制办公室. 中华人民共和国票据法（实用版）［M］. 北京：中国法制出版社，2010.

4. 国家税务总局教材编写组. 中华人民共和国发票管理办法及其实施细则［M］. 北京：中国税务出版，2011.

5. 胡世强. 出纳实务［M］. 3 版. 成都：西南财经大学出版社，2012.

6. 小企业会计准则编审委员会. 2013 年版小企业会计准则讲解［M］. 上海：立信会计出版社，2013.

7. 胡世强，刘金彬，曹明才. 中级财务会计［M］. 成都：西南财经大学出版社，2013.

8. 企业会计准则编审委员会. 企业会计准则案例讲解［M］. 上海：立信会计出版社，2014.